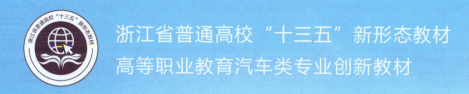

浙江省普通高校"十三五"新形态教材

高等职业教育汽车类专业创新教材

汽车电气设备结构原理与检修

（配实训工单）

主　编　管伟雄　吴荣辉
副主编　顾小冬　孙　丽　李　盼

本书是2020年浙江省普通高校"十三五"新形态教材建设项目，以市场上典型的主流车型为例，全面、系统地介绍汽车电气设备的结构组成、工作原理以及故障诊断与维修的知识和技能，包括汽车电气设备总体构造认知与电路图识读，以及电源与起动系统、照明与信号系统、组合仪表系统、乘员安全防护系统、中控防盗系统、车载局域网络与互联网系统、空调与暖风系统、车身其他电气系统的检修。

本书通俗易懂、图文并茂、形式生动活泼，有利于激发学生的学习兴趣。本书配套有教学视频、PPT课件、可修改的实训工单等丰富的资源供参考和使用。

本书适合职业院校汽车检测与维修等相关专业学生使用，也适合其他汽车专业方向学生学习，同时还可供在职的汽车售后服务顾问、维修技师、保险理赔员以及其他汽车行业工程技术人员阅读参考。

图书在版编目（CIP）数据

汽车电气设备结构原理与检修：配实训工单 / 管伟雄，吴荣辉主编. — 北京：机械工业出版社，2021.12（2022.10重印）
高等职业教育汽车类专业创新教材
ISBN 978-7-111-69963-7

Ⅰ.①汽… Ⅱ.①管… ②吴… Ⅲ.①汽车-电气设备-构造-高等职业教育-教材 ②汽车-电气设备-车辆修理-高等职业教育-教材
Ⅳ.①U472.41

中国版本图书馆CIP数据核字（2021）第267499号

机械工业出版社（北京市百万庄大街22号　邮政编码100037）
策划编辑：齐福江　　　　　责任编辑：齐福江
责任校对：张　征　张　薇　封面设计：张　静
责任印制：张　博
北京新华印刷有限公司印刷

2022年10月第1版第2次印刷
184mm×260mm・16.5印张・437千字
标准书号：ISBN 978-7-111-69963-7
定价：69.00元

电话服务　　　　　　　　　　　网络服务
客服电话：010-88361066　　　机　工　官　网：www.cmpbook.com
　　　　　010-88379833　　　机　工　官　博：weibo.com/cmp1952
　　　　　010-68326294　　　金　书　网：www.golden-book.com
封底无防伪标均为盗版　　　　　机工教育服务网：www.cmpedu.com

前言

"汽车电气设备结构原理与检修"是职业教育汽车类专业群的主干课程之一,是学习后续课程的重要基础。在汽车类人才培养计划中,掌握汽车电气的结构、原理,掌握汽车电气的检测与维修技术是对汽车类专业毕业生的基本要求。"汽车电气设备结构原理与检修"课程在汽车类人才培养计划中占有举足轻重的地位,课程质量的高低直接影响人才培养的质量。因此,我们组织教学一线的教师、行业专家和实践型技能人才,共同编写这本《汽车电气设备结构原理与检修(配实训工单)》,供汽车职业教育相关专业师生选择使用。

本书是2020年浙江省普通高校"十三五"新形态教材建设项目,并在"浙江省高校教材建设网"公示,全书共分为9个项目。项目一介绍汽车电气设备总体构造认知与电路图识读,内容为汽车电气设备总体构造的认知及常见车型电路图的识读;项目二介绍电源与起动系统检修,包含蓄电池性能检测、充电系统检修及起动系统检修;项目三介绍照明与信号系统检修,包含照明系统检修和信号系统检修;项目四介绍组合仪表系统检修,包含组合仪表识别与检查及组合仪表不工作检修;项目五介绍乘员安全防护系统检修,包含预紧式安全带检修和安全气囊检修;项目六介绍中控防盗系统检修,包含中控门锁检修和遥控与防起动钥匙系统检修;项目七介绍车载局域网络与互联网系统检修,包含车载局域网络系统认知与检修及车载互联网系统认知与应用;项目八介绍空调与暖风系统检修,包括空调与暖风系统认识及检查和维护及检修;项目九介绍车身其他电气系统检修,包含刮水器与洗涤器系统检修、电动车窗与天窗系统检修、电动座椅系统检修及电动后视镜系统检修。

本书有很强的实用性和可读性、涵盖内容广泛、思路表达清晰,适合职业院校汽车检测与维修等相关专业使用,还可供汽车修理工、驾驶员、汽车行业工程技术人员阅读参考。

本书由台州职业技术学院管伟雄(编写项目一、二、三、四及拍摄制作视频资源)、汽车行业专家吴荣辉(全书内容规划及资源整合)任主编,苏州工业园区工业技术学校顾小冬(编写项目五、六)、包头职业技术学院孙丽(编写项目七、八)、内蒙古农业大学职业技术学院李盼(编写项目九)任副主编,参编人员有台州职业技术学院赵明(编写实训工单的项目一、二、三)、台州职业技术学院林美杰(编写实训工单的项目四、五)、成都工业职业技术学院胡丁凡(编写实训工单的项目六、七)、汽车行业专家税绍军(编写实训工单的项目八、九)。

本书在编写过程中,参考了大量国内外相关著作、汽车厂家的培训课件及其他文献资料,在此一并向有关作者及汽车厂家表示最真诚的感谢!

限于编者的水平,书中难免存在不当之处,敬请广大读者批评指正。

编 者

二维码总目录

名　称	二维码	名　称	二维码
1. 蓄电池的检测 / 020		8. 尾灯的拆装 / 054	
2. 蓄电池的充电 / 020		9. 制动灯线路检测 / 056	
3. 发电机检测 / 028		10. 数据总线检测 / 108	
4. 发电机总成拆装 / 029		11. 刮水器电机总成拆卸 / 154	
5. 起动机的解体 / 041		12. 刮水器喷水电机检测 / 157	
6. 前照灯的拆卸 / 048		13. 左前车窗电机拆卸 / 159	
7. 前雾灯的拆装与检测 / 050			

目 录

前言

项目一
汽车电气设备总体构造认知与电路图识读 / 001
任务一 汽车电气设备总体构造认知 / 001
任务二 汽车电路图识读 / 006

项目二
电源与起动系统检修 / 017
任务一 蓄电池性能检测 / 017
任务二 充电系统检修 / 022
任务三 起动系统检修 / 032

项目三
照明与信号系统检修 / 047
任务一 照明系统检修 / 047
任务二 信号系统检修 / 052

项目四
组合仪表系统检修 / 057
任务一 组合仪表识别与检查 / 057
任务二 组合仪表不工作检修 / 064

项目五
乘员安全防护系统检修 / 068
任务一 预紧式安全带检修 / 068
任务二 安全气囊检修 / 073

项目六
中控防盗系统检修 / 082
任务一 中控门锁检修 / 082
任务二 遥控与防起动钥匙系统检修 / 088

项目七
车载局域网络与互联网系统检修 / 098
任务一 车载局域网络系统认知与检修 / 098
任务二 车载互联网系统认知与应用 / 114

项目八
空调与暖风系统检修 / 123
任务一 空调与暖风系统认识及检查 / 123
任务二 空调与暖风系统维护及检修 / 134

项目九
车身其他电气系统检修 / 150
任务一 刮水器与洗涤器系统检修 / 150
任务二 电动车窗与天窗系统检修 / 158
任务三 电动座椅系统检修 / 166
任务四 电动后视镜系统检修 / 170

参考文献 / 176

项目一
汽车电气设备总体构造认知与电路图识读

本项目主要学习汽车电气设备总体构造认知与电路图识读，有两个工作任务：任务一汽车电气设备总体构造认知；任务二汽车电路图识读。通过这两个工作任务的学习，你能够对汽车电气设备总体构造有初步的认知，并学会阅读电路图，为后续的学习奠定基础。

任务一　汽车电气设备总体构造认知

➡ 情境导入

情境描述

一辆 2017 年款一汽大众迈腾 B8，因为下暴雨导致进水，需要对全车电气设备做检查。你能完成这个检修任务吗？

情境提示

为了让汽车能正常使用和保证乘坐的舒适性，车上装备了种类繁多的电气设备，可以根据其用途或归属的系统，也可以根据其安装位置进行检查。

➡ 学习目标

知识目标

1）能描述汽车电气设备的作用、发展、类型和特点。
2）能描述汽车电气设备的组成。

技能目标

能认识汽车电气设备的位置和功能。

一　基本知识

1. 汽车电气设备的作用

汽车电气设备是汽车的重要组成部分，用于汽车的发动机起动、点火、照明、灯光信号及仪表等装置，随着人们对车辆舒适性要求的提高，汽车电气设备种类越来越多，功能越来越强大。图 1-1-1 是汽车电气设备的示意图。

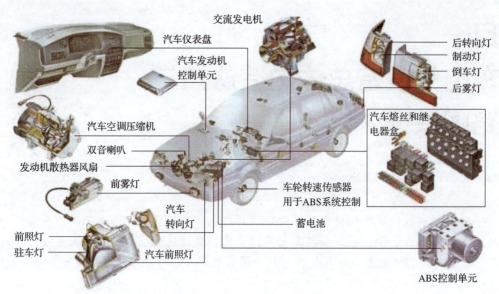

图 1-1-1　汽车电气设备示意图

2. 汽车电气设备的发展

汽车问世以来，在很长一段时间内其技术发展主要表现在机械方面，随着电子技术的进步，电子技术在汽车上的应用和发展代表了汽车技术发展的主流和趋势。

20 世纪 50 年代以前，汽车电气设备在汽车上的应用较少，只是一些必要的电源和用电设备。

20 世纪 60 年代以后，汽车广泛应用了交流发电机，采用二极管整流技术，将交流电变为直流电，减少了发电机的重量和体积，提高了发电机的可靠性。

进入 20 世纪 70 年代，电子技术应用于点火系统中，出现了电子控制高能点火系统，点火提前的电子控制系统，使点火能量大大提高，点火提前的控制更加精确，提高了汽车的动力性，降低了汽车的排放污染。

20 世纪 80 年代以后，汽车用的电子装置越来越多，诸如驾驶辅助系统、安全警报装置、通信、娱乐装置等，特别是计算机技术的发展，给汽车电子控制技术带来了一场技术革命。

进入 21 世纪后，电子控制系统已在汽车上普遍应用，并且向着网络化、智能化的方向快速发展，使得汽车的性能得到了大幅度的提高。

3. 汽车电气设备的类型

汽车的电气设备种类和数量很多，大致分为三大部分：电源、用电设备、全车电路及配电装置。

（1）**电源**　汽车上的电源有两个，蓄电池和发电机。发动机不工作时由蓄电池供电；发动机起动后，由发电机供电。发电机向用电设备供电的同时，也向蓄电池充电。

（2）**用电设备**　用电设备包括起动系统、照明系统、信号装置、仪表和报警装置、空调系统、娱乐和信息系统等。

（3）**全车电路及配电装置**　全车电路及配电装置包括中央接线盒、保险装置、继电器、电线束及插接件、电路开关等，使全车电路构成一个统一的整体。

4.汽车电气设备的特点

汽车电气设备的设计一般都遵循一定的规律,均具有以下特点:

1)采用直流电源:车载蓄电池为直流电源。

2)采用低压电源:汽车电气系统的额定电压有 12V 和 24V 两种,目前汽油车普遍采用 12V 电源,重型柴油车多采用 24V 电源。

3)用电设备并联:汽车上的用电设备之间都采用并联的方式,每个用电设备均由各支路的专用开关控制,互不干扰。

4)采用单线制:汽车上所有的用电设备都是并联的,可以用汽车的金属机体作为一条公共导线,作为搭铁线,使线路简单。

5)负极搭铁:按照国际通行的做法,汽车电气系统一般为负极搭铁。

6)各用电设备前均装有控制及保险装置:继电器(控制电路通断)、熔丝或易熔线。

7)汽车线路有颜色和编号:汽车所有低压线必须选用不同颜色的单色、双色甚至多色线,并在其上标有标号,编号由厂家统一编定。

二 基本技能

以下以 2017 年款一汽大众迈腾 B8 为例,介绍汽车电气设备的外观认识。

(1)电源系统 电源系统包括蓄电池(图 1-1-2)和发电机(图 1-1-3)。

图 1-1-2 蓄电池

图 1-1-3 发电机

(2)起动系统 起动系统包括点火开关(图 1-1-4)、起动机(图 1-1-5)等。

图 1-1-4 点火开关

图 1-1-5 起动机

(3)照明与信号系统 照明与信号系统包括外部照明(图 1-1-6)、内部照明(图 1-1-7)及信号灯光系统(图 1-1-8)等。

图 1-1-6　外部照明（前照灯总成）

图 1-1-7　内部照明（阅读灯）

图 1-1-8　信号灯光系统（转向灯）

（4）组合仪表系统　组合仪表系统包括组合仪表（图 1-1-9）内的各种仪表和指示灯。

图 1-1-9　组合仪表

（5）刮水器及洗涤器系统　刮水器及洗涤器系统包括风窗玻璃刮水器（图 1-1-10）、前照灯喷水器（图 1-1-11）、风窗玻璃洗涤器（图 1-1-12）。

图 1-1-10　风窗玻璃刮水器

图 1-1-11　前照灯喷水器

图 1-1-12　风窗玻璃洗涤器

（6）乘员安全防护系统　乘员安全防护系统包括预紧式安全带（图 1-1-13）、安全气囊（图 1-1-14）。

图 1-1-13　安全带及锁扣

图 1-1-14　安全气囊（驾驶侧）

（7）中控防盗系统　中控防盗系统包括中央门锁及开关、内外把手（图 1-1-15）、遥控系统、防起动钥匙（图 1-1-16）系统。

图 1-1-15　门锁控制开关及外把手总成　　　　图 1-1-16　带遥控和防起动系统的钥匙

（8）**电动车窗/天窗系统**　电动车窗/天窗系统包括电动车窗（图 1-1-17）、电动天窗（图 1-1-18）。

图 1-1-17　电动车窗开关　　　　　　　　图 1-1-18　电动天窗前后调节开关

（9）**空调系统**　空调系统包括制冷系统、暖风系统以及配套的送风系统和控制系统。图 1-1-19 是空调系统的控制面板。

（10）**车载局域网络系统**　车载局域网络系统是指连接各控制单元的车载局域网络系统，图 1-1-20 为局域网络的（OBD）诊断接口。

图 1-1-19　空调控制面板　　　　　　　　图 1-1-20　OBD 诊断接口

（11）**舒适性系统**　舒适性系统包括电动座椅（图 1-1-21）、电动后视镜（图 1-1-22）等。

（12）**其他电气设备**　其他电气设备包括点烟器、喇叭、导航、影音系统等。图 1-1-23 是导航系统。

图 1-1-21　电动座椅　　　　　　图 1-1-22　电动后视镜　　　　　　图 1-1-23　导航系统

任务二　汽车电路图识读

情境导入

情境描述

一辆2017年款一汽大众迈腾B8，需要检修全车电路，你的主管要求你协助查阅电路图，你能完成吗？

情境提示

电路图查询分析是汽车维修的基本技能，应掌握各种车型的电路图特点及阅读方法。

查阅大众汽车电路图，必须先学习大众汽车电路图的特点、电路图符号的含义等基础知识。

学习目标

知识目标

1）能描述汽车电路图的特点。
2）能识读汽车电路图的各种符号。

技能目标

能进行大众汽车等常见车型电路图识读。

一　基本知识

汽车电路图是将汽车的电源及各种用电设备按照它们各自的电路连接关系，通过开关、导线、熔丝等配电设备连接起来构成完整的电路，并用特定的符号形式表示出来的图形。汽车电路图能够清楚地表示出汽车电气设备各系统和装置的工作原理，以及相互之间的内在连接关系。汽车电路图是汽车电气系统维修的重要资料，电路图识读也是汽车维修技术人员必备的基本技能。

以下介绍汽车电路图的特点、符号及识读方法。

1. 大众汽车电路图

（1）大众汽车电路图的特点　大众汽车电路图具有以下特点：

1）所有电路纵向排列，垂直布置。
2）采用断线代号解决电路交叉问题。
3）全车电路分为三部分：电源与继电器、搭铁、电器元件控制逻辑，在表示线路走向的同时，还表示出了线路结构情况。

（2）大众汽车电路图中符号含义　以下以大众汽车燃油泵继电器（图1-2-1）电路图为例，介绍大众汽车基本电源的符号含义。

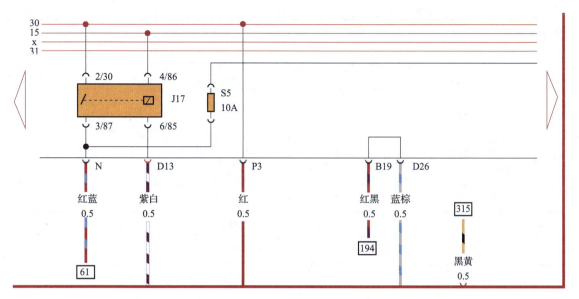

图 1-2-1 大众汽车燃油泵继电器电路图

30—直接接蓄电池正极蓄电池 12V/24V 转换继电器　15—蓄电池的下游受开关控制的正极（来自点火 / 行驶开关）
x—点火开关控制卸载荷继电器的蓄电池正极端子　31—连接蓄电池负极端子的回线或接地　J17—油泵继电器

（3）大众汽车电路元件符号　大众汽车电路图中元件符号对照如图 1-2-2 所示。

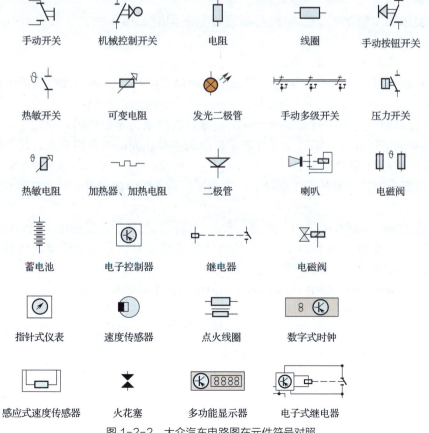

图 1-2-2 大众汽车电路图在元件符号对照

（4）大众汽车电路图线束常用颜色英文缩写　大众汽车电路图中线束常用颜色英文缩写见表1-2-1。

表1-2-1　大众汽车电路图中线束常用颜色英文缩写

颜色	英文缩写	颜色	英文缩写
白色	w	黑色	sw
红色	r	褐色	br
绿色	gn	蓝色	bl
灰色	gr	浅紫色	li
黄色	ge	橘黄色	or
粉红色	rs		

2. 丰田汽车电路图

（1）**丰田汽车电路图中符号含义**　以下以丰田汽车（卡罗拉）制动灯电路图为例，介绍丰田汽车电路图的符号含义。其中：

【A】表示系统名称。Stop Light：制动灯。

【B】表示继电器盒，无阴影表示且仅显示继电器盒以区别接线盒。例如：①表示1号继电器盒。

【C】表示当车辆型号、发动机类型或规格不同时，用（　）来表示不同的配线和插接器。

【D】表示线路连接到相关系统。

【E】表示用以连接两根线束的（阴或阳）插接器的代码。该插接器代码由两个字母和一个数字组成。

插接器代码的第一个字符表示指示带阴插接器的线束的字母代码，第二个字符表示带阳插接器的线束的字母代码。第三个字母表示在出现多种相同的线束组合时，用于区分线束组合的系列号（如CH1和CH2）。

符号 ⌄ 表示阳插接器（图1-2-3），插接器代码外侧的数字表示阳插接器或阴插接器的引脚编号。

【F】表示零件（所有零件用天蓝色表示）。此代码与零件位置图中所用的代码相同。

【G】表示接线盒（图1-2-4，圈内的数字是接线盒号，旁边为插接器代码）。接线盒用阴影标出，以便将它与其他零件清楚区别开来。

【H】表示线束配线的颜色。线束配线颜色用英文字母表示（表1-2-2，图1-2-5）。

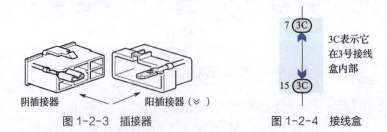

图1-2-3　插接器　　　　　图1-2-4　接线盒

表 1-2-2　丰田汽车电路图中线束常用颜色英文缩写

O—橙色	SB—天蓝色	R—红色	G—绿色
LG—浅绿色	P—粉色	Y—黄色	GR—灰色
B—黑色	W—白色	BR—褐色	L—蓝色
V—紫色			

其中第一个字母表示基本配线颜色，第二个字母表示条纹的颜色。

【I】表示屏蔽电缆。

【J】表示插接器引脚的编号。阳插接器和阴插接器的编号系统各异，如图 1-2-6 所示。

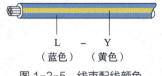

图 1-2-5　线束配线颜色　　　图 1-2-6　插接器引脚编号

【K】表示搭铁（接地）点。该代码由两个字符组成：一个字母和一个数字。

该代码的第一个字符表示指示线束的字母代码。第二个字符表示在同一线束有多个搭铁点时做区别用的系列号。

【L】表示页码。

【M】表示熔丝通电时的点火开关位置。

【N】表示配线接点。

> 提示：以下注释在电路图中（图 1-2-7）未体现，会出现在后续电路图中。

【O】解释系统概述。

【P】表示显示系统电路中的零件在车辆上的位置的参考页码。例如：H4 代码的第一个字符表示线束的字母，第二个字符表示与线束连接的零件的系列号。

【Q】显示系统电路中的继电器和插接器在车辆上的位置的参考页码。

【R】显示系统电路中的接线盒和线束在车辆上的位置的参考页码。

【S】显示描述线束和线束插接器（首先显示阴插接器线束，然后显示接头线束）的参考页码。

【T】显示车辆上搭铁点位置的参考页码。例如：搭铁点"H2"位于背板中间。

（2）**丰田汽车电路图中英文缩写**　表 1-2-3 是丰田汽车电路图中常用英文名词缩写，其他涉及英文版电路图中的英文请查阅相关的汽车中英文对照词典。

3. 通用汽车电路图

（1）**通用汽车电路图中符号含义**　以下以通用汽车动力控制模块电路图（图 1-2-8）为例，介绍通用汽车电路图的符号含义。

图 1-2-8 所示各组件间的连接关系和实车是相符合的，但是图中所示组件及导线和实车是有差别的。例如：在图中，一段几英尺长和一段几英寸长的导线是没有区别的。而且为帮助你理解电路的工作原理，已经将复杂的组件的内部电路进行了简化。

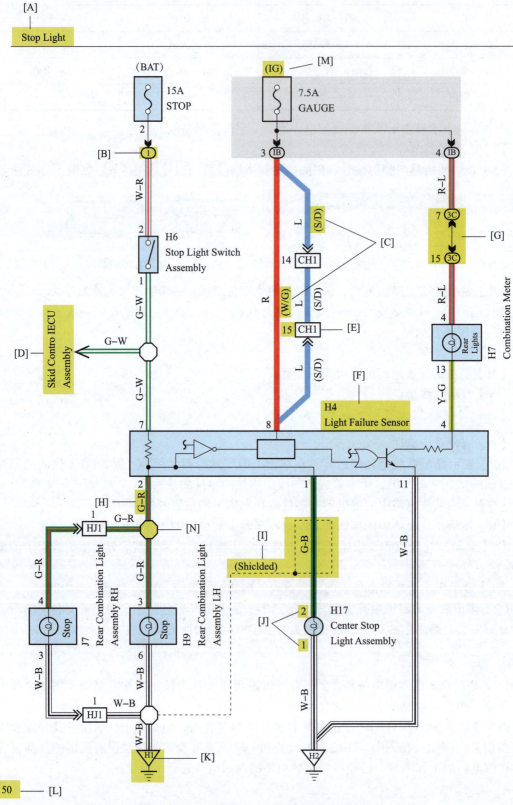

图 1-2-7　丰田卡罗拉汽车制动灯电路图（英文版）

表 1-2-3　丰田汽车电路图常用英文名词缩写

名称	缩写	名称	缩写	名称	缩写
空调	A/C	发动机控制模块	ECM	发光二极管	LED
自动传动桥	A/T	电子燃油喷射	EFI	蓄电池	BAT
防抱死制动系统	ABS	电子点火提前	ESA	继电器盒	R/B
电子制动力分配	EBD	可变气门正时	VVT	接线盒	J/B
牵引力控制系统	TRC	真空开关阀	VSV	熔断丝	FL
车辆稳定性控制系统	VSC	中央处理器	CPU	左侧	LH
辅助约束系统	SRS	数据链路连接器 3	DLC3	右侧	RH
电子动力转向	EPS	高压气体放电	HID	带	W
控制器局域网络	CAN	集成电路	IC	不带	W/O

整体电路图：

每一电路都独立而完整地在一章或一个单元中绘出，其他连接在该电路上的电器组件，除非对该电路有影响，可能未予绘出。

电流流通路径①：

通常情况下，每一电路的起点总是从诸如熔丝或点火开关等提供电源的组件开始。电路图中，电流流通路径是按从该页顶部电源处到底部接地点的路线流动的。

开关位置②：

电路图中，所有开关、传感器及继电器等都处于不工作状态（如点火开关在 OFF 时一样）。

电路结合处③：

用箭头指示某结合处没有被完全绘出。完整的结合处所在页码已在索引中列出了。

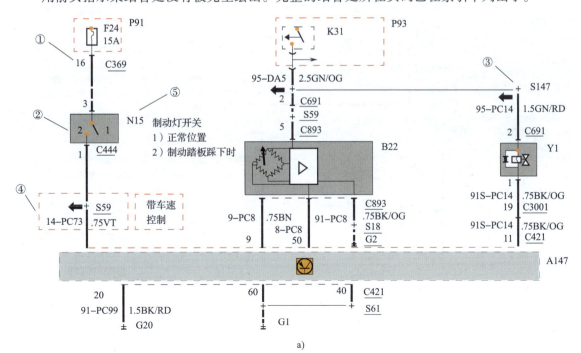

a)

图 1-2-8　通用汽车动力控制模块电路图

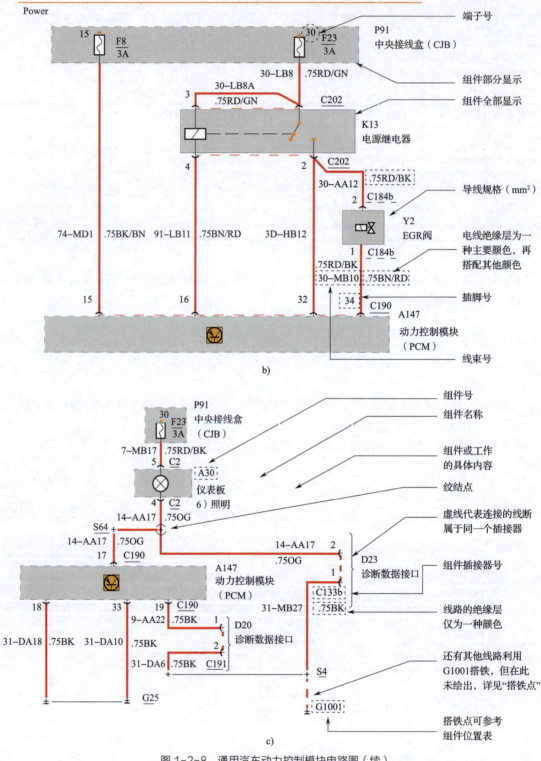

图 1-2-8 通用汽车动力控制模块电路图（续）

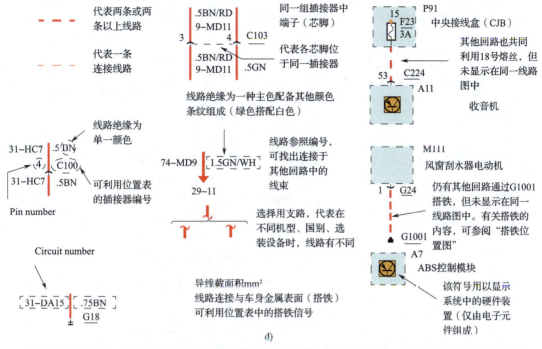

图 1-2-8 通用汽车动力控制模块电路图（续）

虚线方框④：

电路图中，窄的虚线方框表示该部分电路仅限某些特殊车型、某国使用或选配件。对该限制的备注标在图中方框旁。

组件名称与标注⑤：

组件名称标注于该组件右侧，说明开关位置或工作条件的备注紧邻着它。内部组件（如速度传感器）的说明也标注于此。

（2）通用汽车电路元件符号 通用汽车电路图中元件符号对照如图 1-2-9 所示。

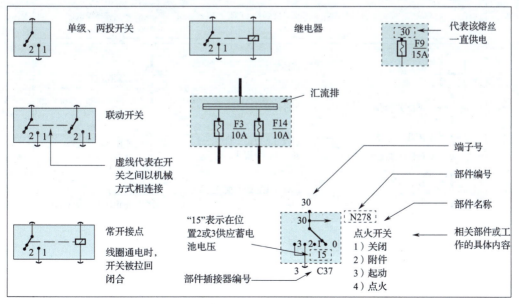

图 1-2-9 通用汽车电路图中元件符号对照

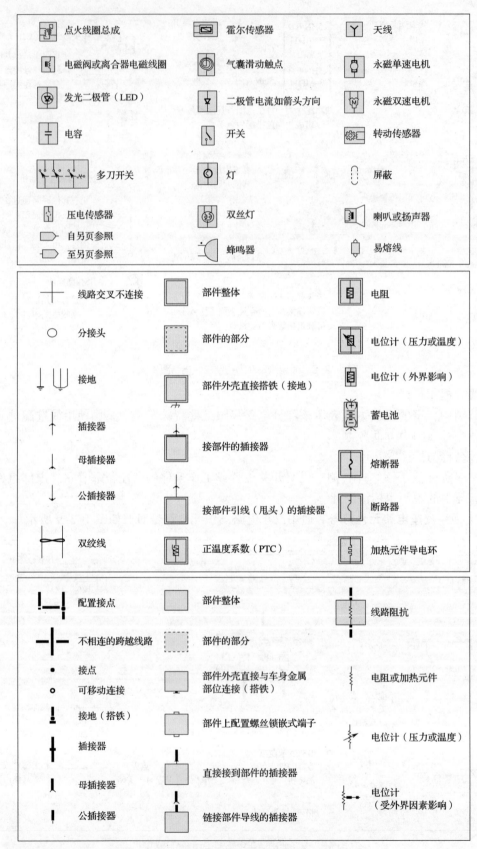

图 1-2-9　通用汽车电路图中元件符号对照（续）

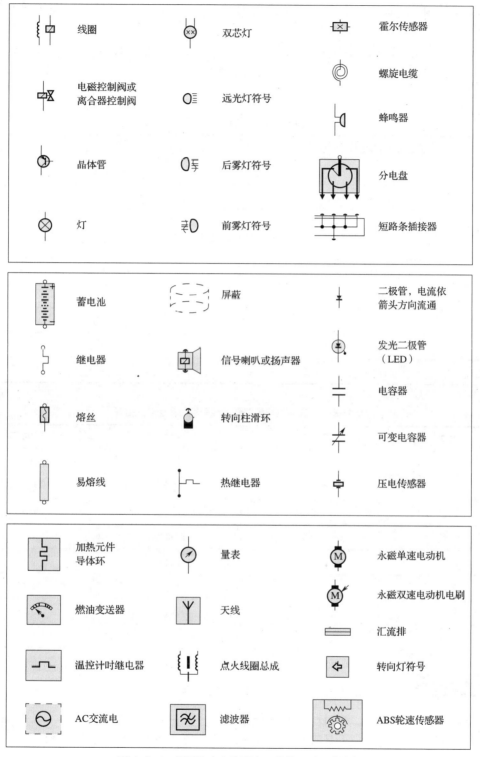

图 1-2-9 通用汽车电路图中元件符号对照（续）

（3）通用汽车电路图导线规格和颜色 大多数导体都由覆有塑料绝缘层的铜线构成。使用的导线尺寸由导线需承载的电流量决定；绝缘层的厚度取决于电路内电压的高低。

由于电流对电阻变化非常敏感，必须使用尺寸适当的导线。维修电路时，必须同时考虑导线规格编号和导线长度。通用型车辆导线能传导15V电压，绝缘层较薄。火花塞导线的绝缘层较厚，以防高电压引起接地电弧。

常见的导线尺寸体系是美国导线规格（AWG）体系，见表1-2-4。

导线颜色由字母代码表示，第一个代码表示导线的基色，第二个代码表示条纹颜色，见表1-2-5。

表1-2-4 通用汽车导线规格

AWG 规格代号（美国导线规格）	导线公制规格 /mm^2
….20	0.5
18	0.8
16	1.0
14	2.0
12	3.0
10	5.0
8	8.0
6	13.0
4	19.0

表1-2-5 通用汽车电路图中线束常用颜色英文缩写

中文	英文缩写	中文	英文缩写
蓝色	BL	橙色	OR
粉红	PK	黑色	BK
棕色	BR	深蓝	DB
红色	RD	棕黄色	TN
深绿	DG	白色	WT
紫色	VT	浅蓝	LB
灰色	GY	黄色	YL
浅绿	LG		

二 基本技能

大众汽车、丰田汽车、通用汽车分别是德系、日系、美系汽车的代表车型，掌握这三种汽车品牌电路图的识读方法，是汽车维修技术人员必备的基本技能。实际维修工作中，请查阅相关车型维修手册的电路图说明。

项目二
电源与起动系统检修

本项目主要学习汽车电源与起动系统的组成、性能测试和检修,分为三个工作任务:任务一蓄电池性能检测;任务二充电系统检修;任务三起动系统检修。通过三个工作任务的学习,你能够掌握电源与起动系统的组成与结构原理,能够进行电源系统与起动系统的检修。

任务一　蓄电池性能检测

➡ 情境导入

情境描述

一辆2017年款的一汽迈腾B8,在起动时只听到起动机带动发动机缓慢旋转的声音,但发动机无法起动。你能完成这个检修任务吗?

情境提示

起动机运转缓慢,可能性最大的原因是蓄电池亏电,如果蓄电池性能正常,只要按要求充电即可,如果蓄电池损坏,则必须更换。

➡ 学习目标

知识目标

1)能描述蓄电池的作用和结构。
2)能描述蓄电池的型号和性能指标。

技能目标

能进行蓄电池性能检测。

一　基本知识

1. 电源系统概述

汽车上采用的电源有两个:一个是蓄电池,如图2-1-1所示;另一个是发电机,如图2-1-2所示。

蓄电池是一种将化学能转变为电能的装置。用于汽车的蓄电池不仅必须满足起动发动机的需要，即在短时间内为汽车起动机提供足够大的电流，同时，还能为汽车上其他用电设备提供电能。汽车上采用的蓄电池一般是铅酸蓄电池。铅酸蓄电池结构简单、价格低廉，同时由于其内阻小、起动性能好，在汽车上得到广泛应用。

发电机主要作用是对除起动机以外的用电设备供电，还为蓄电池充电。汽车上采用的发电机一般是硅整流交流发电机。

图 2-1-1　蓄电池实物图

图 2-1-2　交流发电机实物图

2. 蓄电池类型、结构、型号和容量

目前汽车上使用的蓄电池主要类型有普通铅酸蓄电池和免维护蓄电池两种。

（1）普通铅酸蓄电池的结构　铅酸蓄电池是在盛有稀硫酸的容器中插入两组极板而构成的电能储存器。容器一般分为6格，每格装有电解液，正负极板组浸入电解液成为单格电池。每个单格电池充满电时的标称电压为2.1V，6格串联起来成为12.6V蓄电池。

铅酸蓄电池由极板、隔板、外壳（壳体）、电解液等部分组成，如图2-1-3所示。

1）极板。极板是蓄电池的基本部件，用于接受充入的电能和向外释放电能，通过极板上活性物质与电解液中硫酸的化学反应实现蓄电池在充电与放电过程中电能和化学能之间相互转换。

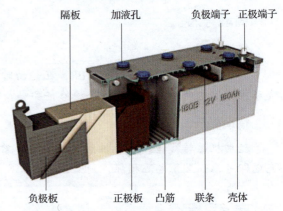
图 2-1-3　蓄电池结构图

极板分正极板和负极板两种。正极板上的活性物质是二氧化铅，棕红色；负极板上的活性物质是海绵状纯铅，青灰色。正、负极板上的活性物质分别填充在铅锑合金铸成的栅架上。

2）隔板。为了避免正负极板相互接触而短路，正负极板之间采用绝缘的隔板隔开。隔板材料具有多孔性结构，以使电解液自由渗透，而且它的化学性能稳定，具有良好的耐酸性和抗氧化性。常见的隔板材料有木材、微孔橡胶、微孔塑料、玻璃纤维纸浆和玻璃丝棉等几类。

3）电解液。铅酸蓄电池的电解液由密度为$1.84g/cm^3$的纯硫酸和蒸馏水配制而成，密度一般在$1.24\sim1.31g/cm^3$，使用时根据当地最低气温或制造厂的要求进行选择。

4）外壳。蓄电池外壳为一整体式结构的容器，极板、隔板和电解液均装入外壳内。

5）其他零部件。蓄电池的其他零部件包括铅联条和加液孔（含加液孔盖）等。

（2）免维护蓄电池　免维护铅蓄电池又称MF蓄电池，结构组成和普通蓄电池相同，主要是制造工艺上得到改善，外观上没有普通蓄电池的加液孔盖，如图2-1-4所示。

免维护蓄电池主要有以下特点：

1）使用中不需要加水。普通蓄电池用铅锑合金制造，栅架上的锑会污染负极板上的海绵状纯铅，减弱了完全充电后蓄电池内的反电动势，造成水的过度分解，大量氧气和氢气分别从正负极板上逸出，使电解液减少，在使用过程中会发生减液现象。免维护蓄电池采用铅钙合金制造，用钙代替锑，并且采用袋式隔板将极板完全包住，从而改变完全充电后蓄电池的反电动势，减少过充电流，液体汽化速度减低，从而减低了电解液的损失。

图 2-1-4 免维护蓄电池

免维护蓄电池因其在正常充电电压下，电解液仅产生少量的气体，极板有很强的抗过充电能力，而且具有内阻小、低温起动性能好等特点，因而在整个使用期间不需添加蒸馏水。

2）起动性能好。免维护蓄电池由于单格电池之间采用了穿壁式连接，缩短了电路的连接长度，减小了内阻，可以使联条上的功率损失减少 80%，放电电压提高 0.15~0.4 V，因此与普通蓄电池相比具有较好的起动性能。

3）接线柱腐蚀较小。免维护蓄电池设有新型安全通气装置，不仅能将酸气保留在单格电池内部，而且能够预防火花或火焰进入蓄电池；该种电池不但可以减少或避免由外部原因引起的蓄电池爆炸，而且能够保持蓄电池盖顶部的干燥，从而减少了接线柱的腐蚀，保证电气线路连接牢固可靠。

4）自放电少，寿命长。免维护蓄电池的正常使用寿命为 4 年，比普通蓄电池提高一倍。

（3）铅酸蓄电池的型号　根据汽车用起动型铅蓄电池相关标准规定，国产铅酸蓄电池的型号分为三个部分，其排列及其含义如图 2-1-5 所示。

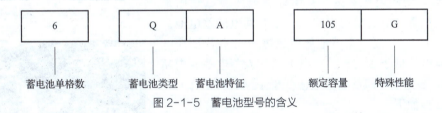

图 2-1-5 蓄电池型号的含义

第 1 部分表示串联的单格电池数，用阿拉伯数字组成，蓄电池额定电压是这个数字的 2 倍。

第 2 部分表示蓄电池的类型和特征，用汉语拼音字母表示。其中前一部分字母表示蓄电池的类型，如 Q 表示起动用铅蓄电池；后一部分为蓄电池的特征代号见表 2-1-1，如 A 表示干荷电式。

表 2-1-1 蓄电池的特征

特征代号	蓄电池特征	特征代号	蓄电池特征	特征代号	蓄电池特征
A	干荷电	J	胶体电解液	D	带液式
H	湿荷电	M	密闭式	Y	液密式
W	免维护	B	半密闭式	Q	气密式
S	少维护	F	防酸式	I	激活式

第 3 部分表示蓄电池的额定容量，单位为安培小时（A·h）。

此外，部分蓄电池在额定容量后面用一个字母表示其具有的特殊性能，如：Q 表示高起动率；S 表示塑料槽；D 表示低温起动性能好；G 表示薄型极板的高起动率电池。

例如，6-QAW-100，表示由 6 个单格电池组成，额定电压为 12V，额定容量为 100A·h 的起动用干荷电免维护铅蓄电池。

（4）铅酸蓄电池的容量

1）额定容量。额定容量是指完全充足电的蓄电池，在电解液平均温度为 25℃ 的情况下，以 20h 率放电的电流，连续放电至单格电压降为 1.75V 时所输出的电量。

例如，3-Q-90 型蓄电池，在电解液平均温度为 25℃ 的情况下，以 4.5A 放电电流连续放电 20h 后，单格电压降为 1.75V，它的额定容量 $Q=4.5A \times 20h = 90A·h$。

2）起动容量。起动容量表示蓄电池接通起动机时的供电能力，有常温和低温两种起动容量。

①常温起动容量是指当电解液温度为 25℃ 时，以 3 倍额定容量电流放电，放电持续时间 5min 以上，连续放电至规定的终止电压时输出的电量。

例如，3-Q-90 型蓄电池，在电解液平均温度为 25℃ 的情况下，以 270A 放电电流放电 5min 后，电池的端电压降为 4.5V，其起动容量 $Q=270A \times (5/60)h = 22.5A·h$。

②低温起动容量是指电解液温度为 -18℃ 时，以 3 倍额定容量电流放电，持续时间 2.5min 以上，连续放电至规定的终止电压时输出的电量。

二 基本技能

以下介绍蓄电池的性能检测指标和检测方法。

（1）蓄电池端电压测试 蓄电池端电压测试是用来判断蓄电池是否亏电的常用方法，一个充满电的蓄电池，理论电压为 12.6V，夏天蓄电池放电超过 50% 就需要充电（即蓄电池电压低于 12.2V 需充电），冬天蓄电池放电超过 25% 就需要充电（即蓄电池电压低于 12.4V 需充电）。

▶ 蓄电池的检测　　▶ 蓄电池的充电

测试步骤如下：

1）检查蓄电池外观。如图 2-1-6 所示，检查蓄电池极桩处有无腐蚀；蓄电池有无电解液渗漏；摇晃蓄电池有无松动。发现异常应维修或更换。

▶ **警告**：在检查过程中，避免手接触到极桩的腐蚀物和渗漏的电解液。

图 2-1-6　检查蓄电池外观

2）打开点火开关。

3）打开前照灯或者鼓风机风速调到最大，工作 30s 左右。

4）关闭点火开关，关闭汽车上所有的用电设备。

5）检查万用表，然后调至直流电压 20V 档位。

6）测试蓄电池电压。如图 2-1-7 所示，万用表红色表笔连接至蓄电池正极，黑色表笔连接至蓄电池负极，然后观察万用表的读数和记录数据。

理论电压：12.6V，夏天低于 12.2V 需充电，冬天低于 12.4V 需充电。

（2）蓄电池冷起动电流测试　在起动发动机时由蓄电池向起动机供电，如果蓄电池不能满足起动需要,就需要更换蓄电池。为了满足汽车起动需要,蓄电池必须满足冷起动测试和起动电压测试,为了延长蓄电池的使用寿命,建议使用蓄电池智能测试检测。

1)关闭汽车所有用电设备。

2)如图 2-1-8 所示,读取蓄电池标签上的相关信息,记录蓄电池上的额定容量、冷起动电流等信息。

3)如图 2-1-9 所示,蓄电池测试仪红色夹子连接蓄电池正极,黑色夹子连接蓄电池负极。

图 2-1-7 万用表检查蓄电池

图 2-1-8 读取蓄电池信息

图 2-1-9 测试仪连接蓄电池极桩

4)如图 2-1-10 所示,根据参数,在测试内容选择"蓄电池",选择"STANDARD 标准选择",按"ENTER"确认,选择蓄电池测试标准范围。

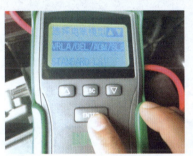

图 2-1-10 蓄电池测试仪选择蓄电池测试内容

5)按"ENTER"选择"冷起动电流选择",调节至蓄电池上的参考值。

6)如图 2-1-11 所示,按"ENTER"选择"蓄电池测试",再按"ENTER"进行测试,屏幕会显示测试结果。

(3)起动电压测试

1)关闭汽车所有用电设备。

2)蓄电池测试仪红色夹子连接在蓄电池正极,黑色夹子连接至蓄电池负极。

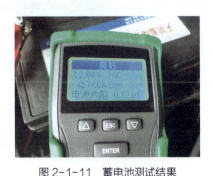

图 2-1-11 蓄电池测试结果

3)如图 2-1-12 所示,进入主界面选择"起动系统负荷",按"ENTER"进入测试界面,起动发动机,测试仪会自动记录起动时蓄电池的最低电压,并记录测试结果。

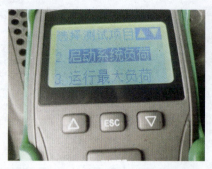 

图 2-1-12 起动电压测试

任务二 充电系统检修

情境导入

情境描述

一辆 2017 年款的一汽大众迈腾 B8,在行驶中充电指示灯亮。你的主管把检修任务交给你,你能完成吗?

情境提示

发动机运行时充电指示灯亮,说明充电系统不工作,应检修充电系统电路及相关部件。如果发电机不发电,除了检查电路外,还需要对发电机进行解体检修。

本情境中,如果确认发电机总成故障,需要分解检查各部件是否故障,发现异常则修理或更换,如果故障严重,应更换发电机总成。

学习目标

知识目标

1)能描述充电系统的工作原理。
2)能描述交流发电机的结构组成和工作原理。

技能目标

1)能进行充电电路检修。
2)能进行发电机解体检修。

一 基本知识

1.充电系统的工作原理

充电系统主要由蓄电池、交流发电机(含电压调节器)、充电指示灯、点火开关等几部分组成。根据工作过程,充电系统的工作原理主要有三个阶段,如图 2-2-1 所示。

(1)未起动发动机时 在未起动发动机时,汽车上除起动系统外的所有用电设备由蓄电池供电,为了提醒驾驶人节约蓄电池的电量,这时充电指灯亮起。

项目二 电源与起动系统检修 023

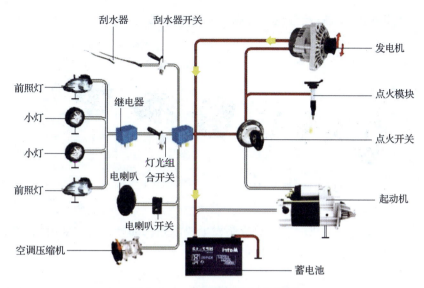

图 2-2-1 充电系统的工作原理图

（2）起动发动机时　在起动发动机时，发电机虽然在转动发电，但因其输出的电量未达到规定，所以还不能满足向汽车用电设备供电，这时主要还是由蓄电池向起动机和汽车其他用电设备供电，所以在起动瞬间能看到蓄电池充电指示灯亮。

（3）发动机正常运行时　在起动完成后，汽车上的用电设备由发电机供电，并向蓄电池充电。当蓄电池亏电严重时，由于蓄电池的端电压和发电机输出的电压差值过大，可能会在起动完成后几秒内看到充电指示灯亮，随着充电时间的延长，充电指示灯就应该熄灭。

2. 充电系统电路

以一汽大众迈腾 B7、B8 车型为例，发电机（代号 CX1）电路如图 2-2-2 所示。电路说明如下：

B+ 输出端：通往蓄电池正极。

DFM 线：连接到发动机控制单元，发动机控制单元通过 DFM 控制线对发电机发送一个用于监控发电机负载的 0V 到 +B 的方波。如果监测到发电机输出异常就让发动机控制单元提高发动机怠速。

L 线：连接车载电网控制单元 J519，是

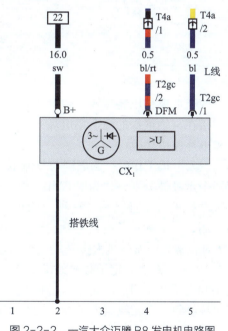

图 2-2-2 一汽大众迈腾 B8 发电机电路图

J519 的励磁监控线，仪表上充电指示灯点亮 / 熄灭，取决于 J519 励磁监控线上电压的变化。点火开关 ON 时约 1V，发电机运转时约 12V（主要作用为检测发电量和控制蓄电池充电指示灯亮）。

搭铁线：通过发动机壳体搭铁（接地）。

3. 交流发电机结构组成与工作原理

（1）交流发电机结构组成　汽车用交流发电机主要由定子总成、转子总成、电刷、整流

器、前后端盖、调节器、风扇及带轮等组成，如图 2-2-3 所示。

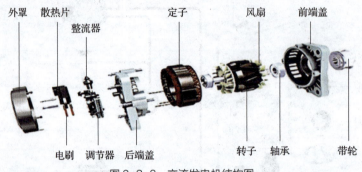

图 2-2-3　交流发电机结构图

1）转子总成。交流发电机的转子总成是发电机的磁场部分，它主要由两个爪极、励磁绕组、集电环及转子轴等组成，如图 2-2-4 所示。

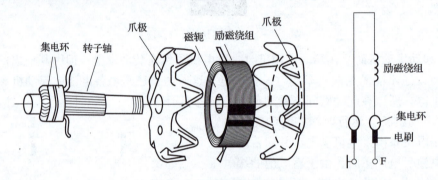

图 2-2-4　转子总成结构图

两个爪极被压装在转子轴上，且内腔装有磁轭，其上绕有励磁绕组。绕组两端的引线分别连接在与轴绝缘的两个集电环上。两个电刷装在与端盖绝缘的电刷盒内，通过弹簧力使其与集电环保持接触。

当发电机工作时，两电刷与直流电源连通，可为励磁绕组提供定向电流并产生轴向磁通，使两个爪极被分别磁化为 N 极和 S 极，从而形成犬牙交错的磁极对并沿圆周方向均匀分布。爪极凸线的外形像鸟嘴，这种形状可以使定子感应的交流电动势近似于正弦波形，转子每转一周，定子的每条电路上就能产生周波个数等于磁极对数的交流电动势。磁极对数一般为 4~7 对，常见的发电机大多采用 6 对磁极。

2）定子总成。定子总成如图 2-2-5，是产生和输出交流电的部件，又称为电枢，由定子铁心和定子绕组组成。定子铁心由相互绝缘的内圆带槽的环状硅钢片叠成。定子槽内置有三相对称绕组，三相绕组大多数采用 Y（星形）联结，如图 2-2-6 所示。

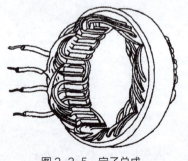

图 2-2-5　定子总成

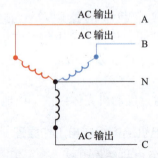

图 2-2-6　定子绕组的连接方式

3）整流器。交流发电机的整流器一般由 6 只硅二极管组成，由于技术发展之后又生产了 9 管发电机，增加了 3 只小功率的磁场二极管。外壳为正极、中心引线为负极的二极管，称为负极管；外壳为负极、中心引线为正极的二极管，称为正极管，如图 2-2-7 所示。

安装二极管的散热板称为整流板（也称元件板），通常用合金制成以利散热。现代汽车用交流发电机都有两块整流板，安装 3 只正极管的整流板（装在外侧）称为正整流板，安装 3 只负极管的整流板（装在内侧）称为负整流板，两块板绝缘地安装在一起，它与后端盖用尼龙或其他绝缘材料制成的垫片隔开且固定在后端盖上。

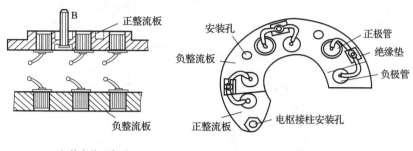

a) 二极管安装示意图　　b) 整流板总成

图 2-2-7　整流板及二极管的安装

安装在正整流板上并与之绝缘的三个接线柱分别固定正、负极管子的引线和来自三相绕组某一相的端头，与正整流板连接在一起的螺栓引至后端盖外部作为发电机的电源输出端，并标记为"B"。

4）端盖与电刷总成。端盖包括驱动端盖、整流端盖以及安装在其上的轴承、轴承盖等零部件。由于铝合金为非导磁材料，可减少漏磁并具有轻便、散热性能良好等优点，所以端盖由铝合金制成。为了提高轴承孔的机械强度，增加其耐磨性，在部分发电机端盖的轴承座内镶有铜套。

后端盖装有电刷盒，两个电刷分别装在电刷盒的孔内，借弹簧压力与集电环保持接触。国产交流发电机的电刷盒有两种结构形式：一种电刷盒可直接从发电机外部进行拆装，如图 2-2-8a；另一种则不能直接在发电机外部进行拆装，如图 2-2-8b，若需要更换电刷，必须将发电机拆开。

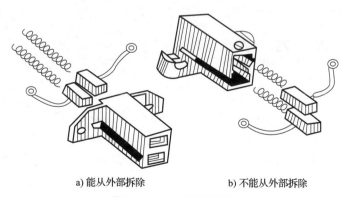

a) 能从外部拆除　　b) 不能从外部拆除

图 2-2-8　电刷盒的结构

5）电压调节器。电压调节器主要是用在发电机转速变化时，控制发电机的输出电压，使其保持恒定。发电机的输出电压经过调节之后稳定在 13.8~14.5V。

电压调节器按工作原理的不同可分为触点式电压调节器、晶体管调节器、集成电路调节器和控制单元（模块）控制调节器。控制单元控制调节器是目前普遍采用的一种新型调节器，由内部的电负载检测仪测量系统总负载后，向发动机控制单元发送信号，然后由发动机控制单元控制发电机电压调节器，适时地接通和断开磁场电路，既能可靠地保证电器系统正常工作，又能减轻发动机负荷，提高燃料经济性。

（2）交流发电机的工作原理

1）交流电动势的产生。交流发电机工作原理如图 2-2-9 所示。交流发电机定子的三相绕组按一定规律排列在发电机的定子铁心槽内，三相首端依次相差 120° 电角度。当励磁绕组接通直流电源时即被激励，转子爪极的磁爪被磁化为 N 极和 S 极。其磁力线由 N 极出发，穿过转子与定子之间很小的气隙进入定子铁心，最后又通过气隙回到相邻的 S 极。

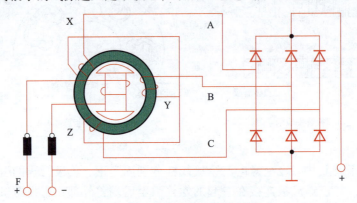

图 2-2-9　交流发电机工作原理图

当转子旋转时，由于定子绕组与磁力线有相对的切割运动，在三相绕组中产生频率相同、幅值相等、相位相差 120° 的正弦电动势 e_A、e_B、e_C，如图 2-2-10 所示。使用中的交流发电机，其交变电动势的有效值取决于转速和转子的磁通量，这一性质将直接决定着交流发电机的输出电压值。

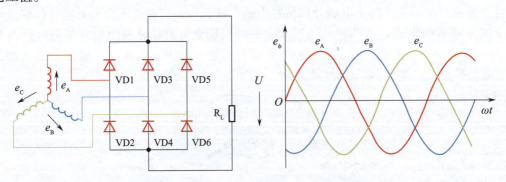

图 2-2-10　交流发电机电路及产生的电动势波形图

2）发电机的整流原理。交流发电机以硅二极管为整流器，将交流电变换成直流电。交流发电机按整流器结构可以分为 6 管、8 管、9 管和 11 管四种类型，整流原理基本相同。

以 6 管交流发电机为例，整流器（图 2-2-10）实际是一个由 6 个硅整流二极管组成的三相桥式整流电路。3 个二极管 VD2、VD4、VD6 组成共阳极组接法，3 个二极管 VD1、VD3、VD5 组成共阴极组接法。每个时刻有 2 个二极管同时导通，其中一个在共阴极组，一个在共阳极组，同时导通的两个二极管总是将发电机的电压加在负载 R_L 两端。如图 2-2-11 所示：

在 $t_0 \sim t_1$ 时间内，C 相电位最高，而 B 相电位最低，所对应的二极管 VD5、VD4 均处于正向导通。电流从绕组 C 出发，经 VD5→负载 R_L→VD4→绕组 B 构成回路。由于二极管的内阻很小，所以此时发电机的输出电压可视为 B、C 绕组之间的线电压。

在 $t_1 \sim t_2$ 时间内，A 相的电位最高，而 B 相电位最低，故对应 VD1、VD4 处于正向导通。同理，交流发动机的输出电压可视为 A、B 绕组之间的线电压。

在 $t_2 \sim t_3$ 时间内，A 相电位最高，而 C 相电位最低，故 VD1、VD6 处于正向导通。同理，交流发动机的输出电压可视为 A、C 绕组之间的线电压。以此类推，周而复始，在负载上便可获得一个比较平稳的直流脉动电压。

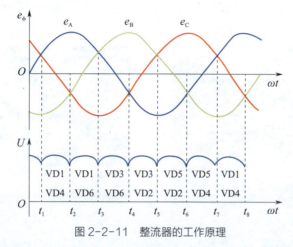

图 2-2-11 整流器的工作原理

3）电压调节的工作原理。电子式电压调节器的工作原理如图 2-2-12 所示，当发电机输出电压较低时，稳压管处于截止状态，放大器晶体管处于截止状态；开关晶体管 VT1 基极得到一个高电位信号，晶体管 VT1 导通，电流经晶体管集电极—发射极到发电机励磁绕组，发电机开始发电，并对外输出；当输出电压升高到调节器电压调整值时，使得稳压管击穿而导通，放大器晶体管因基极得到偏置电压而导通、而开关晶体管 VT1 截止，切断了励磁电流。发电机因失去励磁电流而停止发电。此时作用在稳压管上的端电压便下降，使得放大晶体管截止、开关晶体管 VT1 导通，励磁绕组得电、发电机又开始发电。如此反复，使得发电机输出电压稳定在一定范围值。

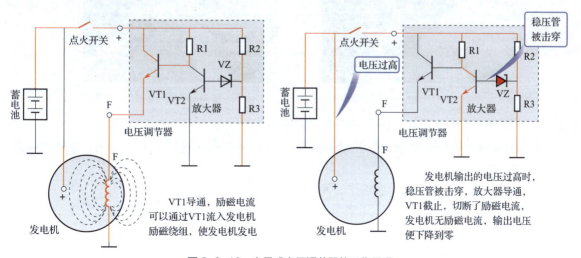

图 2-2-12 电子式电压调节器的工作原理

二 基本技能

当汽车在行驶中出现充电指示灯亮时,需要对充电系统电路进行检修,必要时对发电机解体检修。

1. 充电系统电路检修

(1)**检查充电系统相关熔丝** 如图 2-2-13 所示,用万用表测量充电系统电路相关熔丝的电阻,电阻值应小于 1Ω。

(2)**检查蓄电池接线柱** 如图 2-2-14 所示,检查蓄电池接线柱有无松动和腐蚀,如有,应进行紧固和清洁。

▶ 发电机检测

图 2-2-13 熔丝的检查

图 2-2-14 蓄电池接线柱的检查

(3)**检查发电机插接器** 如图 2-2-15 所示,检查发电机总成上的插接器有无松动腐蚀,如有,应更换相应端子。

(4)**检查发电机插接器各端子电压** 如图 2-2-16 所示,将万用表调至直流电压 20V 档,红表笔连接发电机插接器需要测试的端子,黑表笔搭铁。

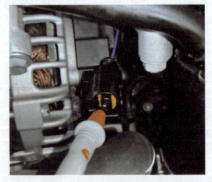

图 2-2-15 检查发电机插接器　　图 2-2-16 检查发电机插接器各端子电压

▶ **提示:** B+ 端子直接连接至蓄电池,提供 12V 电压。

1 号端子是发电机充电指示灯 L 端子,当点火开关接通时,提供 1V 的电压,发动机起动后约为 12V 电压。

2 号端子是 DFM 调节器控制端子,发动机控制单元提供约 10V 电压(图 2-2-17)。

(5)**发电机搭铁检查** 将万用表调至电阻 200Ω 档位,红表笔连接发电机壳体,黑表笔搭铁。

▶ **提示:** 测量电阻值应接近于零。

（6）充电系统不带负载检查（图2-2-18）

图2-2-17 检查发电机调节器控制端子电压

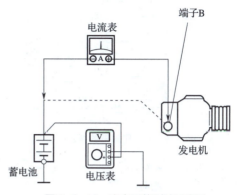

图2-2-18 充电系统测试示意图

1）将发电机端子B断开，并将其连接到电流表的负极上。
2）将电流表的正极连接至发电机的端子B上。
3）将电压表的正极连接至蓄电池的正极上，电压表负极搭铁。
4）运行发动机到2000r/min，读取数据。

▶ 提示：测试前应保证蓄电池充满电，标准电流应为10A或更小，标准电压为13.2~14.8V，否则更换发电机。

（7）充电系统带负载检查
1）保持发动机转速在2000r/min，打开远光灯，并将鼓风机档位调至最大。
2）如果蓄电池充满电，要同时打开刮水器和后风窗玻璃除霜。
3）读取电流表读数。

▶ 提示：标准电流值应为30A或更大，如果电流增大，也就检测了发电机插接器DFM端子接收到控制单元的增大发电机输出功率信号。

2. 发电机解体检修

（1）发电机的分解
1）拆卸发电机后端盖。如图2-2-19所示，拆下3个螺母和发电机后端盖。
2）拆卸发电机端子总成绝缘垫。如图2-2-20所示，从发电机线圈上拆下端子绝缘垫。

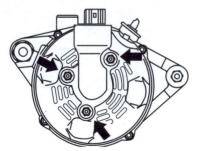

图2-2-19 发电机后端盖的螺母位置

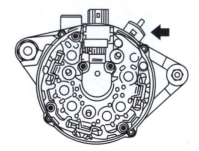

图2-2-20 发电机端子总成绝缘垫的位置

3）拆卸发电机电刷总成。如图2-2-21所示，从发电机线圈上拆下2个螺钉和电刷架。
4）拆卸发电机线圈总成固定螺栓。如图2-2-22所示，拆下4个螺栓。

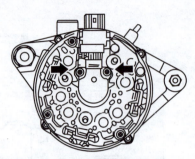 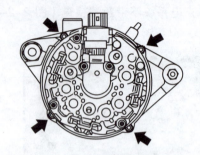

图 2-2-21　电刷架的螺钉位置　　　　　图 2-2-22　发电机总成固定螺栓位置

5）拆卸发电机线圈总成。如图 2-2-23 所示，使用发电机线圈总成拆装工具拆卸。

（2）发电机的解体检测

1）检查发电机电刷总成。如图 2-2-24 所示，使用游标卡尺测量电刷的外露长度。

▶ **提示**：标准长度为 9.5~11.5mm，小于 4.5mm 则应更换电刷盒总成。

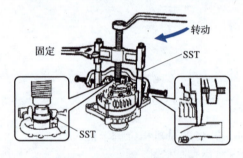 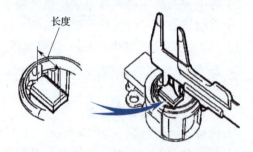

图 2-2-23　拆卸发电机线圈总成　　　　图 2-2-24　测量电刷外露长度

2）检查发电机转子励磁电路是否正常。如图 2-2-25 所示，用万用表电阻档测量集电环之间的电阻。在 20℃左右时标准值为 2.3~2.7Ω，不在规定范围内更换发电机转子总成。

3）检查转子是否搭铁短路。如图 2-2-26 所示，使用万用表电阻档测量集电环和转子爪极之间的电阻。标准值应大于 1MΩ，否则更换转子总成。

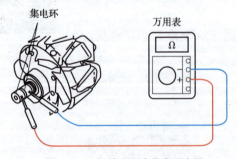 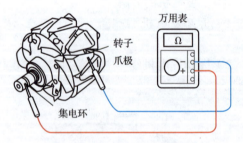

图 2-2-25　检查两个集电环电阻　　　　图 2-2-26　检查转子搭铁情况

4）测量集电环直径。如图 2-2-27 所示，使用游标卡尺测量集电环直径。

▶ **提示**：标准值为 14.2~14.4mm，不能低于最小值 14.0mm，否则更换发电机转子总成。

5）检查发电机各轴承。如图 2-2-28 所示，检查发电机总成轴承，没有粗糙和磨损，否则更换转子总成。

检查发电机端盖轴承，无明显粗糙和磨损，否则更换向相应端盖轴承及端盖。

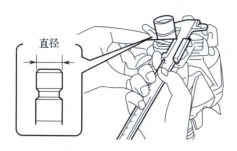

图 2-2-27 测量集电环直径

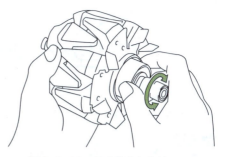

图 2-2-28 检查发电机各轴承

（3）发电机的组装

1）安装发电机线圈总成。如图 2-2-29 所示，使用发电机线圈总成安装工具（SST）和压力机，慢慢压入发电机线圈总成。安装发电机线圈总成 4 个螺栓，拧紧力矩为 5.9N·m。

2）安装发电机电刷盒总成，如图 2-2-30 所示。

① 将 2 个电刷推入发电机电刷总成的同时，在电刷盒孔中插入一个直径 1.0mm 的销。

② 用 2 个螺钉安装发电机电刷架总成（拧紧力矩为 1.8N·m）。

③ 将销从发电机电刷盒中拔出。

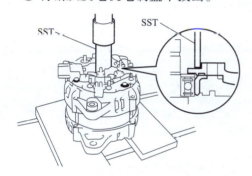

图 2-2-29 安装发电机线圈总成

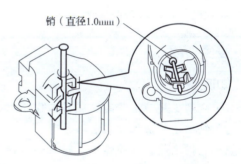

图 2-2-30 安装发电机电刷盒

3）安装发电机端子绝缘板。如图 2-2-31 所示，将端子绝缘垫安装到发电机线圈上，注意安装方向。

4）安装发电机后端盖。用 3 个螺母安装发电机后端盖，拧紧力矩为 4.6N·m。

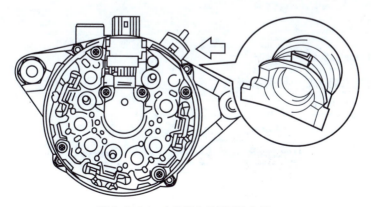

图 2-2-31 安装发电机端子绝缘板

任务三 起动系统检修

情境导入

情境描述

一辆 2017 年款迈腾 B8，起动发动机时，起动机无反应。你的主管把检修任务交给你，你能完成吗？

情境提示

起动机不工作时，需要排除电源、起动机、起动机控制电路系统的故障。

本情境中，根据故障现象，可能原因为蓄电池电量不足、起动机或起动电路故障。

在确认蓄电池正常的前提下，需要对起动电路进行检修。不同车型的起动电路有区别，需要分析相关车型的起动电路，根据其控制特点进行检修。

确定蓄电池和起动电路正常后，需要解体检修起动机总成，发现异常则进行维修或更换，如果故障严重，则更换起动机总成。

学习目标

知识目标

1）能描述起动系统的组成与工作原理。
2）能描述起动机控制电路原理。
3）能描述起动机的作用、组成和工作原理。

技能目标

1）能通过检测与诊断，排除起动机不工作的故障。
2）能进行起动机的解体检测。

一 基本知识

1. 起动系统的组成与工作原理

（1）**起动系统的组成**　起动系统由蓄电池、电源线、起动机总成、起动机控制系统四部分组成，如图 2-3-1 所示。

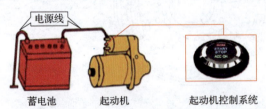

图 2-3-1　起动系统的组成

蓄电池即电源，是为起动机提供电能的装置，也是给全车电器提供电能的装置。汽车电源由发电机和蓄电池组成，而直接给起动机提供电源的唯有蓄电池。由于起动机工作电流较大（100~300A），蓄电池的性能和电容量直接决定起动机的工作是否正常。

电源线即蓄电池与起动机连接的电线，包括正极线和负极搭铁线。由于起动机是汽车工作电流最大的电器，其电源连接线也是全车线径最大的电线，起动机电源线的性能及连接状况直接影响起动机的工作状况。

起动机将蓄电池的电能转化为机械能，驱动发动机飞轮旋转，实现发动机的起动。起动机由磁力开关、直流电动机、啮合齿轮三部分组成。每个部分元件损坏或有故障，会产生不同故障现象，造成起动机不工作或工作不正常。

起动机控制电路的作用，是将驾驶人起动意图传达给起动机，由起动开关（点火开关起动档）及控制电路组成，并带有防起动、空档起动等功能。各车型起动控制电路设计各异，故障诊断思路也不同。

（2）**起动系统的工作原理** 汽车起动机主要由起动开关（点火开关）控制，当点火开关位于起动（ST）位置时，点火开关输出一个电源信号给起动继电器，而起动继电器受空档起动开关（A/T）、离合器开关（M/T）、防盗信号等功能的控制，当这些条件工作正常时，起动继电器吸合工作，将蓄电池电源传递到起动机的磁力开关，磁力开关吸合，起动机工作，带动发动机运转。

（3）**起动系统的常见故障** 起动系统的电源、线路、起动机总成、起动机控制电路的故障，都会造成起动机不工作或工作不正常，无法起动发动机。起动机能否正常工作，受多种因素的影响。故障的表现形式很多，常见的故障有起动机无反应、起动机不转、起动机空转、起动机运转无力等。

2. 起动系统控制电路

以一汽大众迈腾 B7、B8 车型为例，起动机控制电路如图 2-3-2 所示。

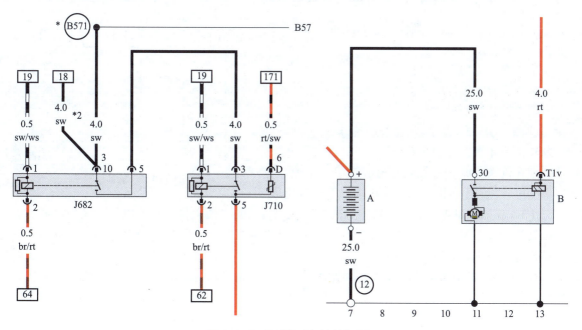

图 2-3-2　迈腾起动机控制电路图

（1）**元件代号说明** 电路图中，相关的元件代号说明如下：J623—发动机控制单元；J519—车载电网控制单元；J743—变速器控制单元；J682—起动继电器；J710—起动继电器2；

J329—15 电源继电器；J271—主供电继电器；J59-X 触点卸载继电器；A—蓄电池；B—起动机；D9—点火开关；F—制动踏板开关（霍尔式）。

（2）起动电路解析 起动电路解析如下：当 J623 发动机控制单元接收到 J743 变速器控制单元的档位信号（P/N）、制动信号（F）和点火开关的起动信号后，控制供电继电器（J682 和 J710）动作，起动机（B）运转。

3. 起动机的结构组成与工作原理

起动机安装在飞轮附近，如图 2-3-3 和图 2-3-4 所示。

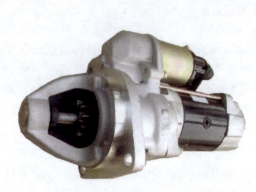

图 2-3-3 起动机实物图

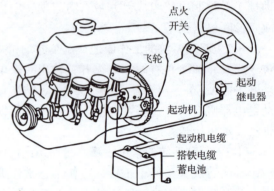

图 2-3-4 起动机在发动机上的安装位置

根据 QCT 73-1993《汽车电气设备产品型号编号方法》规定，起动机型号分为以下五个部分，如图 2-3-5 所示。

第 1 部分为产品代号：起动机的产品代号 QD、QDJ、QDY 分别表示起动机、减速起动机及永磁起动机。

第 2 部分为电压等级代号：1 表示 12V；2 表示 24V；3 表示 6V。

第 3 部分为功率等级代号。

第 4 部分为设计序号。

第 5 部分为变形代号。

例如，QD124 表示额定电压为 12V、功率为 1~2kW、第 4 次设计的起动机。

现在汽车上常用串励式直流起动机，主要由直流串励电动机、传动机构和操纵机构三个部分组成。

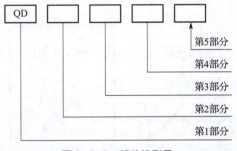

图 2-3-5 起动机型号

（1）直流串励电动机 直流串励式电动机负责将蓄电池提供的直流电能转变为机械能，产生转矩起动发动机。它主要由电枢、定子、端壳、机壳、电刷及电刷架等部件组成。串励式是指电枢绕组与磁场绕组串联。

1）电枢。电枢又称为转子，它的作用是产生电磁转矩，主要由电枢绕组、铁心、换向器及电枢轴等组成，如图 2-3-6 所示。

电枢绕组是由较粗的矩形截面的裸铜线绕制而成。为了防止裸铜线绕组之间短路，在铜线与铁心、铜线与铜线之间用绝缘纸隔开，并在槽口将铁心轧纹挤紧。电枢绕组端头均焊在

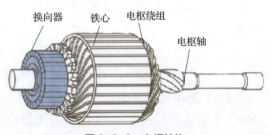

图 2-3-6 电枢结构

换向片上。

换向器压装在电枢轴上,它的作用是将励磁绕组的电流连接到电枢绕组,并保证电枢产生的转矩方向,使电枢轴能输出固定方向的转矩。换向器由许多换向片组成,换向片与换向片之间采用云母绝缘。

电枢轴用于固定铁心及换向器,并且伸出一定长度的花键轴和阶梯轴,用于套装传动机构。

2)磁极。磁极一般为四个,两对磁极相对交错安装在电动机定子内壳上。四个励磁绕组可互相串联后再与电枢绕组串联,也可两两串联后并联再与电枢绕组串联,如图2-3-7所示。

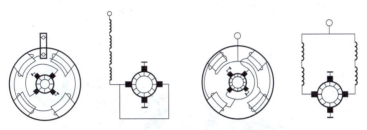

a) 励磁绕组串联　　　b) 励磁绕组两两串联后并联

图 2-3-7　励磁绕组的连接方式

起动机内部接线如图2-3-8所示。励磁绕组一端接在外壳的绝缘接线柱1上,另一端与两个非搭铁电刷相连。当点火开关2接通时,起动机的电路为:蓄电池正极→绝缘接线柱1→励磁绕组4→非搭铁电刷6→换向器7(电枢绕组)→搭铁电刷5→搭铁→蓄电池负极。

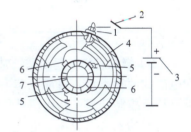

图 2-3-8　起动机内部接线
1—绝缘接线柱　2—点火开关　3—蓄电池
4—励磁绕组　5—搭铁电刷
6—非搭铁电刷　7—换向器

3)电刷架与机壳。如图2-3-9所示,电刷架一般为框式结构,其中正极电刷架与端盖绝缘地固定在一起,负极电刷架直接搭铁。电刷置于电刷盒中,电刷由铜粉与石墨粉压制而成,呈棕红色。刷架上装有弹性较好的盘形弹簧。

如图2-3-10所示,起动机机壳的一端有四个检查窗口,中部只有一个电流输入接线柱,并在内部与励磁绕组的一端相连。端盖分为前、后两个,前端盖由钢板压制而成,后端盖由铸铁浇制而成。前后端盖的中心均压装着青铜石墨轴承套或铁基含油轴承套,外围有两个或四个组装螺孔。电刷架及电刷装在前端盖内,后端盖上装有拨叉座。

图 2-3-9　电刷架

图 2-3-10　机壳

（2）**传动机构** 如图 2-3-11 所示，传动机构由单向离合器、拨叉等组成。传动机构主要作用是起动时将电动机产生的转矩传递给发动机，起动后自动打滑，保护起动机电枢不致飞散。

常见单向离合器有滚柱式单向离合器、摩擦片式单向离合器、弹簧式单向离合器。目前汽车上普遍使用滚柱式单向离合器。

如图 2-3-12 所示，滚柱式单向离合器主要由外壳、驱动齿轮、弹簧帽、滚柱、滚柱弹簧、内花键套筒、拨环、卡簧等组成。

图 2-3-11 传动机构实物图

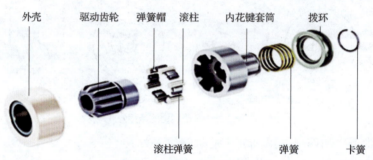

图 2-3-12 滚柱式单向离合器结构

（3）**操纵机构** 起动系统常用的操纵机构主要有机械式和电磁式两种类型。目前汽车上基本上采用电磁式起动机操纵机构（控制装置），作用是控制电路的通断及驱动齿轮与飞轮齿圈的啮合与分离。电磁式起动机操纵机构主要由电磁开关（图 2-3-13）和拨叉等组成。

电磁开关结构如图 2-3-14 所示。

图 2-3-13 电磁开关总成

电磁开关前端胶木盖上有两个主接线柱，在外部分别连接蓄电池和电动机。两个接线柱伸入电磁开关内部的部分为触点。电磁开关另一端有铜套，上面绕着吸引线圈和保持线圈，两线圈的公共端引出一个接起动开关或起动继电器的"起动机"接线柱，吸引线圈的另一端接电动机主接线柱，保持线圈的另一端直接搭铁。铜套内有活动铁心与拨叉通过拉杆相连。电磁开关内的弹簧用来保证接触片和活动铁心的回位。

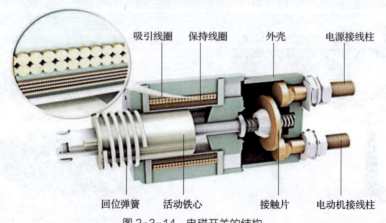

图 2-3-14 电磁开关的结构

二 基本技能

1. 起动系统故障诊断方法

以下介绍起动系统常见故障现象及诊断方法。

（1）**确定故障现象** 将点火开关转到起动档，根据故障现象确定检修方法。

1）起动机不转，但能听到动作声音，执行步骤（2）。
2）起动机运转缓慢，执行步骤（3）。
3）起动机空转，执行步骤（4）。
4）起动机无反应，也听不到任何动作声音，执行步骤（5）。

▶ **提示**：确定起动方法正确，手动变速器车型（如丰田卡罗拉），踩下离合器踏板；自动变速器车型变速杆置于 P/N 位。

（2）**起动机不转，但能听到动作声音** 如果点火开关位于起动档（ST）时，能听到起动机动作的声音，但起动机不运转，说明起动机控制电路是正常的，故障可能在起动机总成，诊断方法和步骤如下：

1）检查蓄电池和接线柱，确认正常。
2）确认发动机机械正常（没有"抱死"）。
3）更换起动机总成或解体检修。

（3）**起动机运转缓慢** 如果点火开关位于起动档（ST）时，起动机运转缓慢，无法带动发动机起动，说明故障在电源或起动机本身，诊断方法和步骤如下：

1）检查蓄电池和接线柱，确认正常。
2）更换起动机总成或解体检修。

（4）**起动机空转** 点火开关位于起动档（ST）时，起动机运转，但发动机不运转，说明起动机单向离合器打滑，更换单向离合器或起动机总成。图 2-3-15 所示为起动机单向离合器。

图 2-3-15 起动机单向离合器

（5）**起动机无反应** 点火开关位于起动档（ST）时，起动机无任何反应，不运转，也听不到响声。故障原因有两种可能，一是起动机有故障；二是起动机控制电路故障。确定是哪种故障的方法是：用万用表（或测试灯泡）测试起动机磁力开关的 50 端子插接器（或 50 端子最近的插接器端子），当点火开关位于 ST 时，有 12V 电（或试灯点亮），确定起动机控制电路正常，为起动机总成故障；反之，为起动机控制电路故障。

2. 起动机控制电路类型与诊断方法

各车型起动机控制电路不同，归纳起来分为三种形式：开关控制、发动机控制单元（模块）

控制、车身或防盗控制单元控制。各种形式根据起动机控制电路原理不同，确定故障诊断思路。开关控制型是早期车辆采用，以下只介绍目前应用广泛的两种类型。

（1）发动机控制单元（模块）控制　发动机控制单元（模块）控制型起动机控制系统，由发动机控制单元（模块）控制起动机继电器的工作，通过 CAN 与车身控制单元或防盗系统传送钥匙信息。图 2-3-16 所示为雪佛兰科鲁兹起动机电路图。

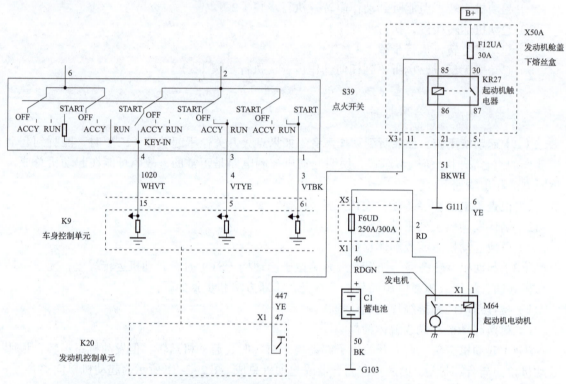

图 2-3-16　雪佛兰科鲁兹起动机电路图

电路分析与说明：发动机控制单元（模块）通过网络，监测点火钥匙和档位开关信息，当发动机控制单元检测到起动信号和空档位置信号，给起动机继电器 12V 电源电压，继电器工作，控制起动机工作。故障诊断操作步骤见表 2-3-1。

表 2-3-1　雪佛兰科鲁兹起动系统故障诊断步骤

步骤	检测内容	检测结果	结论	排除方法
1	在发动机舱熔丝盒内找到起动机继电器，拔出继电器，试灯测试继电器座端子 30，是否点亮	试灯不亮	继电器电源不良	检查更换 F12 熔丝
		试灯点亮	转下一步	
2	用万用表测量继电器座端子 87 与起动机端子 1 是否导通	不导通	转第 3 步	
		导通	转第 4 步	
3	万用表测量熔丝继电器板背面 X3 连接器端子 5 与起动机端子 1 是否导通	导通	熔丝继电器板内部不良	更换发动机舱熔丝继电器盒总成
		不导通	端子 5 与端子 1 导线不通	检修更换端子 5 与端子 1 之间导线

项目二　电源与起动系统检修

（续）

步骤	检测内容	检测结果	结论	排除方法
4	安装好起动机插接器1，专用跨接线连接起动机继电器座端子30与端子87，起动机是否动作	不动作	起动机不良	检修更换起动机总成
		正常运转	转下一步	
5	万用表测量熔丝继电器板背面X3插接器端子21与继电器座端子86是否导通	不导通	熔丝继电器板内部连接不良	更换发动机舱熔继电器熔丝盒总成
		导通	转下一步	
6	万用表测量熔丝继电器板背面X3插接器端子21与蓄电池负极是否导通	不导通	继电器搭铁线不良	检修搭铁点G111
		导通	转下一步	
7	发光二极管试灯连接继电器座端子85与端子86（分正、负极），起动机开关起动发动机，试灯是否点亮	点亮	起动机继电器不良	更换起动机继电器
		不亮	转下一步	
8	连接诊断仪，读发动机控制单元故障码，是否有起动相关故障码	有故障码	发动机控制单元故障	排除、清除故障码
		无故障码	转下一步	
9	读取数据流，起动时，是否有起动信号	有起动信号	发动机控制单元故障	更换发动机控制单元
		无起动信号	转下一步	
10	诊断仪读取变速器控制单元数据流，有无档位空档信号	无空档信号	空档起动开关故障	检修更换空档起动开关
		有空档信号	转下一步	
11	诊断仪读取车身控制单元数据流，起动时，有无起动开关数据流	无数据流	点火开关故障	更换点火开关
		有数据流	车身控制单元故障	更换车身控制单元

（2）车身或防盗控制单元控制

这种控制方式，是在车辆防盗系统触发时，起动机电路被切断，无法起动发动机。

以下以丰田卡罗拉采用的"车身或防盗控制单元控制"类型为例介绍起动机控制系统。

车身或防盗控制单元控制起动机系统，当防盗系统触发后，未解除状况下起动发动机，起动机将被切断不工作，图2-3-17所示为丰田卡罗拉起动机控制电路。

电路分析与说明：起动机继电器（ST）控制正极被起动机切断继电器（ST CUT）所控制，起动机切断继电器处于常闭状态，由主车身控制单元控制，当防盗系统触发后，起动机切断继电器工作，继电器触点断开，切断起动机继电器线圈控制电路，起动机不能起动，解除防盗后，切断继电器回复闭合状态，起动机继电器受点火开关和档位开关控制，起动机工作。故障诊断步骤见表2-3-2。

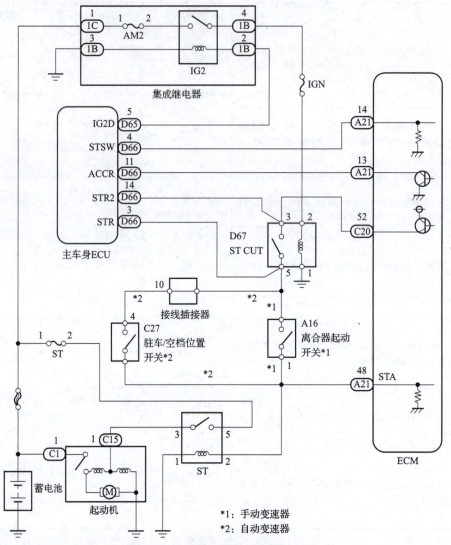

图 2-3-17 丰田卡罗拉起动机控制电路

表 2-3-2 丰田卡罗拉起动机故障诊断步骤

步骤	检测内容	检测结果	结论	排除方法
1	在仪表台下熔丝盒内,找到起动机继电器,拔出继电器,试灯测量继电器座端子3,试灯是否点亮	不点亮	继电器电源不亮	检修或更换蓄电池主熔丝
		点亮	转下一步	
2	万用表测量起动机继电器座端子5与搭铁是否导通	不导通	起动机连接线路及连接器不良	检修起动机连接线路与插接器
		导通	转下一步	
3	短接线连接起动机继电器座端子3与端子5,起动机是否工作	不工作	起动机故障	更换起动机
		工作	转下一步	

（续）

步骤	检测内容	检测结果	结论	排除方法
4	用万用表检测继电器座端子2与搭铁是否导通	不导通	继电器搭铁线不良	检修搭铁线
		导通	转下一步	
5	试灯连接继电器座端子1，点火开关位于起动状态（ST），试灯是否点亮	点亮	起动继电器不良	更换起动继电器
		不亮	转下一步	
6	拔出起动切断继电器，试灯连接继电器座端子4，点火开关位于起动档（ST），试灯是否点亮	不亮	空档开关不良	检修变速器档位开关
		点亮	转下一步	
7	用万用表测量起动切断继电器座端子1是否搭铁	不搭铁	防盗系统故障	1）遥控器开关门锁解锁试验 2）更换防盗控制单元
		搭铁良好	转下一步	
8	用万用表测量起动机继电器端子1与起动机切断继电器端子3之间是否导通	不导通	起动机继电器端子1与起动机切断继电器端子3之间线路断路	检修线路断路
		导通	起动机切断继电器不良	更换起动机切断继电器

3. 起动机解体检修

当确认起动机本体故障时，可以对起动机进行解体检修，参考步骤如下。

（1）**断开起动机的引线（C端子）** 如图2-3-18所示，拆下螺母，从电磁开关上断开引线。

（2）**拆卸起动机电磁开关的固定螺母** 如图2-3-19所示，固定起动机总成，从起动机总成上拆卸电磁开关的固定螺母。

▶ 起动机的解体

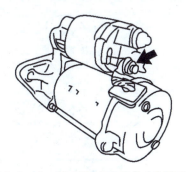 

图2-3-18 断开起动机的引线（C端子）　　图2-3-19 拆卸起动机电磁开关的固定螺母

（3）**拆卸起动机电磁开关总成** 如图2-3-20所示，提起起动机总成前部时，拉出电磁开关总成，从驱动杆和起动机总成上松开铁心挂钩。

（4）**拆卸起动机外壳和换向器端架总成**

1）拆卸起动机外壳固定螺栓。

2）如图 2-3-21 所示，将起动机外壳和起动机换向器端架总成一起拉出。

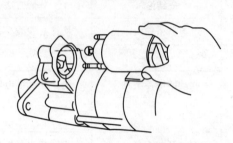
图 2-3-20 拆卸起动机电磁开关总成

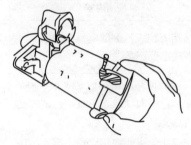
图 2-3-21 拆卸起动机外壳和换向器端架

（5）分离起动机外壳和换向器端架总成　如图 2-3-22 所示，从起动机换向器端架总成上拉出起动机外壳总成。

（6）拆卸起动机电枢总成和电枢板（图 2-3-23）

1）从起动外壳总成上取下起动机电枢总成。

2）从起动机驱动端壳总成上拆下电枢板。

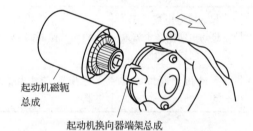
图 2-3-22 分离起动机外壳和换向器端架总成

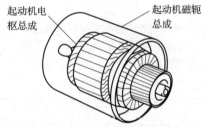
图 2-3-23 拆卸起动机电枢总成和电枢板

（7）拆下电刷架总成（图 2-3-24）

1）从起动机换向器端架总成上拆下 2 个螺钉。

2）拆下卡夹卡爪，从起动机换向器端架总成上拆下电刷架总成。

（8）拆卸行星轮　如图 2-3-25 所示，从起动机中间轴承离合器分总成上拆下 3 个行星轮。

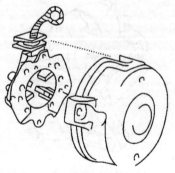
图 2-3-24 拆下电刷架总成

图 2-3-25 拆卸行星轮

（9）拆卸起动机中间轴承离合器分总成（图 2-3-26）

1）从起动机驱动端壳总成上拆下带起动机小齿轮驱动杆的起动机中间轴承离合器分总成。

2）拆下起动机中间轴承离合器分总成 / 橡胶密封件和起动机小齿轮驱动杆。

（10）检查电磁开关铁心 如图2-3-27所示，推入铁心，然后检查并确认其迅速回位至初始位置，如果必要，则更换电磁开关总成。

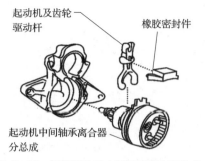

图2-3-26 拆卸起动机中间轴承离合器分总成

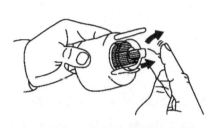

图2-3-27 检查电磁开关铁心

（11）检查吸引线圈是否断路 如图2-3-28所示，用万用表测量端子50和端子C之间的电阻，标准电阻应小于1Ω。如果不符合标准，则更换电磁开关总成。

（12）检查保持线圈是否断路 如图2-3-29所示，用万用表测量端子50和开关壳体之间的电阻，标准电阻小于2Ω，如果不符合标准，则更换电磁开关总成。

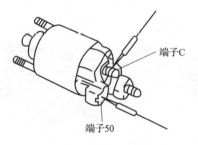

图2-3-28 检查吸引线圈是否断路

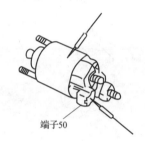

图2-3-29 检查保持线圈是否断路

（13）检查换向器是否断路 如图2-3-30所示，用万用表测量换向器片之间的电阻，标准电阻小于1Ω，如果不符合标准，则更换电磁开关总成。

（14）检查换向器是否搭铁短路 如图2-3-31所示，用万用表测量换向器和电枢铁心之间的电阻，标准值大于10kΩ，如果不符合标准，则更换电磁开关总成。

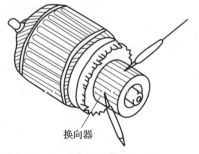

图2-3-30 检查换向器是否断路

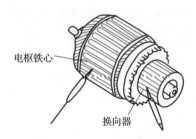

图2-3-31 检查换向器是否搭铁短路

（15）检查换向器径向圆跳动 如图2-3-32所示，将换向器放在V形块上，用百分表测量径向圆跳动，最大径向圆跳动为0.05mm，如果径向圆跳动大于最大值，则更换电枢总成。

（16）用游标卡尺测量换向器直径 如图2-3-33所示，标准直径29.0mm，最小直径28.0mm，如果直径小于最小值，则更换电枢总成。

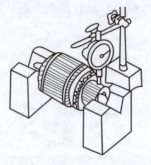
图 2-3-32 检查换向器径向圆跳动

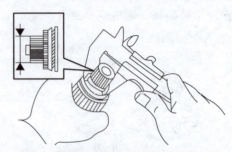
图 2-3-33 用游标卡尺测量换向器直径

（17）检查起动机电刷架总成（图 2-3-34）

1）拆下弹簧卡爪，然后拆下 4 个电刷。

2）用游标卡测量电刷长度，标准长度 14.4mm，最小长度 9.0mm，如果长度小于最小值，则更换起动机电刷架总成。

3）用万用表测量电刷之间的电阻，标准值：A-B / A-C / B-D / C-D 都是大于 $10k\Omega$，A-D / B-C 都是小于 1Ω，如果不符合标准，则更换起动机电刷架总成。

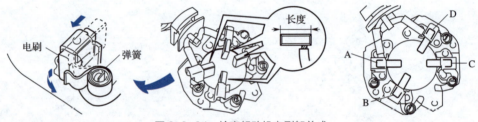
图 2-3-34 检查起动机电刷架总成

（18）检查起动机中间轴承离合器分总成

1）检查行星轮的轮齿、内齿轮（齿圈）和起动机离合器是否磨损和损坏。如果损坏，则更换齿轮或离合器总成。

2）如图 2-3-35 所示，顺时针转动离合器小齿轮，检查并确认其自由转动，尝试逆时针转动离合器小齿轮，检查并确认其锁止，如果必要，则更换起动机中间轴承离合器分总成。

（19）安装起动机中间轴承离合器分总成（图 2-3-36）

1）在起动机小齿轮驱动杆与起动机小齿轮驱动杆的起动机枢轴的接触部分涂抹润滑脂。

2）将起动机小齿轮驱动杆和橡胶密封件安装至起动机中间轴承离合器分总成。

3）将起动机中间轴承离合器和起动机小齿轮驱动杆一起安装至起动机驱动端壳总成。

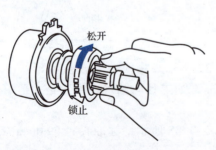
图 2-3-35 检查离合器的单向锁止

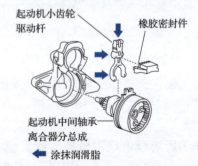
图 2-3-36 安装起动机中间轴承离合器分总成

（20）安装行星轮（图 2-3-37）

1）在行星轮和行星轴销部位涂抹润滑脂。

2）安装 3 个行星轮。

（21）安装起动机电刷架总成（图 2-3-38）

1）安装电刷架。

2）用螺钉旋具抵住电刷弹簧，并将 4 个电刷安装至电刷架。

3）在正极和负极之间插入密封垫。

图 2-3-37　安装行星轮　　　　　图 2-3-38　安装起动机电刷架总成

（22）安装起动机换向器端架总成（图 2-3-39）

1）将电刷架卡夹装配到起动机换向器端架总成上。

2）用 2 个螺钉安装换向器端架，拧紧力矩为 1.5N·m。

（23）安装起动机电枢总成（图 2-3-40）

1）将橡胶件对准起动机外壳总成的凹槽。

2）将带电刷架的起动机电枢安装至起动机外壳总成上。

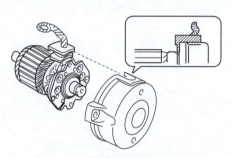
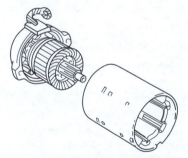

图 2-3-39　安装起动机换向器端架总成　　图 2-3-40　安装起动机电枢总成

（24）安装起动机电枢板（图 2-3-41）

1）将起动机电枢板安装至起动机外壳。

2）安装起动机板，使键槽位于键 A 和键 B 之间。

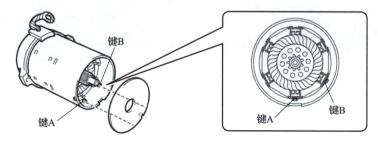

图 2-3-41　安装起动机电枢板

(25)安装起动机外壳总成(图2-3-42)

1)将起动机外壳键对准位于起动机驱动端壳总成上的键槽。

2)用2个螺钉安装起动机外壳总成,拧紧力矩为6.0N·m。

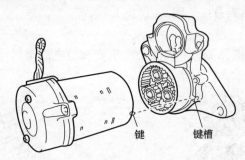

图2-3-42 安装起动机外壳总成

(26)安装电磁开关至起动机总成

1)在铁心挂钩上涂抹润滑脂。

2)将电磁开关总成的铁心从上侧接合至驱动杆。

3)用2个螺母安装电磁开关总成,拧紧力矩为7.5N·m。

4)将引线连接至电磁开关,然后用螺母紧固,拧紧力矩为10N·m。

项目三
照明与信号系统检修

　　本项目主要学习照明与信号系统检修,分为两个工作任务:任务一照明系统检修;任务二信号系统检修。通过两个工作任务的学习,你能够掌握照明与信号系统的结构组成,能够进行照明与信号系统的操作与检修。

任务一　照明系统检修

➡ 情境导入

情境描述

　　一辆2017年款一汽大众迈腾B8,因车辆即将年检,需要检查全车灯光,首先是检查照明系统,发现故障就进行检修。你能完成这个任务吗?

情境提示

　　车辆照明系统包括车外照明和车内照明,年检及安全检查都需要对前照灯及其他车内车外照明灯光进行操作检查。

　　本情境中,如果发现有灯光不亮,首先要检查灯泡是否烧毁,然后检查控制线路(熔丝、继电器)和开关。

➡ 学习目标

知识目标

1)能描述照明系统的组成及作用。
2)能描述前照灯、小灯、雾灯等的电路原理。

技能目标

能进行照明系统的操作及检查。

一　基本知识

1. 照明与信号系统概述

　　为了保证汽车安全行驶,减少交通事故的发生,汽车上都安装了照明系统和灯光信号系统，也称为汽车灯系。汽车灯光实物图如图 3-1-1 所示。

汽车照明系统可以分为车外照明和车内照明两部分。车外照明主要包括前照灯、雾灯、牌照灯等；车内照明一般包括仪表灯、顶灯和开关照明灯。

汽车灯光信号系统包括转向信号灯、危险警告灯、制动灯、倒车灯、尾灯、示宽灯等。

▶前照灯的拆卸

2. 汽车照明系统

（1）前照灯　如图 3-1-2 所示，前照灯安装于汽车前部两侧，用于夜间车辆前方明亮而均匀的照明。前照灯有两灯制和四灯制之分，功率一般为 40~60W。

图 3-1-1　汽车灯光实物图

图 3-1-2　前照灯实物图

1）前照灯的要求。汽车前照灯的照明效果直接影响着夜间交通安全，其基本要求主要有以下两个方面：首先要求前照灯应能保证车前有明亮而又均匀的照明，且必须具有足够的亮度和照明范围，使驾驶人能看清车前 100m 内路面上的障碍物。随着汽车行驶速度的提高，对汽车前照灯的照明距离也相应要求越来越远，现代高速汽车其照明距离已达到 200~250m。其次要求前照灯必须有防止眩目的功能，以免夜间两车交会时，使对面来车驾驶人眩目而造成交通事故。

2）前照灯的结构。前照灯主要由灯泡、反射镜和配光镜三部分组成。

前照灯灯泡一般有白炽灯泡、卤钨灯泡和新型高压（20 kV）放电氙灯等类型。

白炽灯泡是从玻璃泡中抽出空气，再充以 86% 的氩和 14% 的氮的混合惰性气体制成的。灯泡通电后，灯丝发热，惰性气体受热膨胀而产生较大的压力，可以减少钨的蒸发，延长灯泡的使用寿命。卤钨灯泡是在充入的惰性气体中渗入某种卤族元素，如碘、溴等，利用卤钨再生循环作用防止钨丝蒸发。图 3-1-3 所示为白炽灯泡和卤素灯泡的结构。

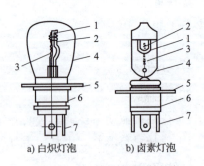

图 3-1-3　普通前照灯的灯泡

1—配光屏　2—近光灯丝　3—远光灯丝　4—玻璃护罩　5—定焦盘　6—灯头　7—插片

一般白炽灯泡虽然充入混合惰性气体，仍然不能避免钨丝受热后蒸发，蒸发出来的钨沉积在灯泡上，使灯泡变黑，光线变暗。而卤钨灯泡灯泡通电后，灯丝由于发热蒸发出气态钨与卤素发生反应形成一种具有挥发性的卤化钨。当卤化钨扩散到灯丝附近的高温区时，受热分解使钨重新回到钨丝上，而释放出的卤素又参与下次的循环反应。该种灯泡尺寸较小，外壳用耐高温且机械强度较高的石英玻璃或硬玻璃制成，可以充入较高压力的气体。灯泡内工作气压高，亦可抑制钨的蒸发。

新型高压放电氙灯的组件系统由弧光灯组件、电子控制器和升压器三大部件组成，如图3-1-4所示。该类灯泡发出的光色和日光灯非常相似，几万伏的高压使得其光亮强度增加，亮度是目前卤钨灯泡的3倍左右，完全满足汽车夜间高速行驶的需要。这种灯的灯泡里没有传统灯泡的灯丝，取而代之的是装在石英管内的两个电极，管内充有氙气及微量金属（或金属卤化物）。在电极上加上数万伏的引弧电压后，气体开始电离而导电，气体原子即处于激发状态，使电子发生能级跃迁而开始发光，电极间蒸发少量水银蒸气，光源立即引起水银蒸气弧光放电，待温度上升后再转入卤化物弧光灯工作。

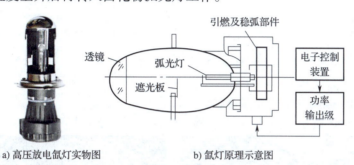

图 3-1-4 高压放电氙灯实物和原理示意图

（2）**雾灯** 雾灯分为前雾灯和后雾灯两种类型。前雾灯装于汽车前部，比前照灯稍低的位置，如图3-1-5所示，用于在雨雾天气行车时道路的照明。

为保证雾天高速行驶的汽车向后方车辆或行人提供本车位置信息，交通管理部门规定，运行车辆应在车辆后部加装功率较大的后雾灯，以降低交通事故发生率。雾灯的光色规定为光波较长的黄色、橙色或红色。

（3）**牌照灯** 牌照灯装于汽车尾部的牌照上方，用于夜间照亮汽车牌照，如图3-1-6所示。

图 3-1-5 雾灯安装位置

图 3-1-6 牌照灯

（4）**仪表灯** 如图3-1-7所示，仪表灯装于汽车组合仪表上，用于仪表照明，以便于驾驶人获取行车信息和进行正确操作，其数量根据仪表设计布置而定。

（5）**顶灯** 如图3-1-8所示，顶灯装于驾驶室或车厢顶部，用于车内照明。

（6）**开关指示灯** 开关指示灯安装与各开关内部，用于指示开关位置。

（7）**踏步灯** 当车门打开时，为了方便上下车照亮车门槛而设置灯。

（8）**门控灯** 当车门打开时，照亮车内而设置的灯。

（9）**化妆灯** 在每个化妆镜上设置的灯，方便在光线昏暗时也能打扮自己。

图 3-1-7 仪表灯

图 3-1-8 顶灯

二 基本技能

以下介绍照明系统的操作及检查步骤。

(1)检查仪表灯（图 3-1-9）

1）进入车内，起动发动机并保持怠速运转。

2）将变光器开关旋至一档"ΞDŒ"，检查组合仪表灯光是否正常亮起。

图 3-1-9 检查仪表灯

(2)检查前照灯近远光及其指示灯（图 3-1-10）

1）变光器开关保持二档"ᶟD"，检查前照灯近光是否正常亮起。

2）将变光器开关向后推，检查组合仪表前照灯远光指示灯是否正常亮起和前照灯远光是否正常亮起。

3）将变光器开关回至"ΞDŒ"位置。

图 3-1-10 检查前照灯近远光及指示灯

(3)检查前雾灯及其指示灯 如图 3-1-11 所示，保持变光器开关在一档位置，将前雾灯按钮"ᶟD"按一下，按钮会显示绿色，检查前雾灯是否正常亮起。

前雾灯的拆装与检测

图 3-1-11 检查前雾灯及其指示灯

（4）检查后雾灯及其指示灯（图 3-1-12）

1）保持变光器开关在一档位置，将后雾灯按钮"○﹦"按一下，按键会显示黄色，检查组合仪表后雾灯指示灯是否正常亮起，检查后雾灯是否正常亮起。

2）将变光器开关旋回 0 位以关闭雾灯和小灯。

图 3-1-12 检查后雾灯及其指示灯

（5）检查超车灯及其指示灯（图 3-1-13）

1）将变光器开关向前拉放，检查组合仪表远光指示灯是否正常亮起。

2）检查超车灯是否正常亮起。

图 3-1-13 检查超车灯及其指示灯

三 拓展知识

电子照明系统是指车辆照明电路使用传感器、继电器和电子控制单元控制车辆的照明功能。

（1）**自动照明控制**　在某些高端车辆上，根据环境光照传感器感应到的光线亮度自动控制车外灯光。该传感器通常安装在组合仪表的顶部。光照水平较高（日光）时，车外灯光将保持熄灭状态。随着光线变暗，光传感器向控制单元发送信号以打开车外灯光。此外，驾驶人也可用前照灯开关随时打开车外灯光。

（2）**自动前照灯变光**　某些高端车辆具有可使用光传感器提醒对面是否有交汇车辆的功能。如果前照灯远光点亮，则控制单元会在传感器感应到足够的光时，将前照灯切换为近光。

驾驶人通常可使用仪表上的变阻器调节电路的灵敏度。

（3）灯光控制单元或车身控制单元　如图3-1-14所示，某些高端车辆使用灯光控制单元或车身控制单元（BCM或ECU）以控制车辆照明。模块接收来自各开关的输入信号，并通过继电器或电子开关向相应的灯光供电。通常使用电子控制单元控制车外自动照明、前照灯延时熄灭和上车照明系统。

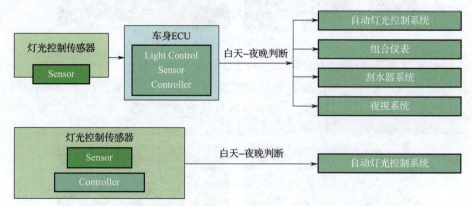

图3-1-14　电子控制单元控制的照明电路

（4）日间行车灯　日间行车灯（DRL）控制单元可在白天用较低的功率打开前照灯。此安全装置可使车辆更容易被看到。在白天以较低的功率操作灯可延长灯泡的寿命。某些DRL电路使用安装在组合仪表上的环境光照传感器。环境光照传感器"看到"光照水平降低时，控制单元将为照明灯提供正常功率以便夜间行驶。

通常情况下，点火开关打开并且变速器处于行驶状态时，前照灯会在DRL模式下工作。某些DRL电路无法使用光传感器。在这种情况下，必须手动打开前照灯来获得正常的夜间亮度。示宽灯、尾灯等其他车外灯光不受DRL的影响，由组合开关控制。

情境导入

情境描述

一辆2017年款一汽大众迈腾B8，检查转向灯时发现左转向灯闪烁频率很快，需要进行维修。你能完成这个任务吗？

情境提示

根据故障现象，要进行检修，需要掌握转向灯控制的结构原理。

本情境中，需要首先检查转向灯泡是否有烧毁或接触不良，发现异常则更换灯泡或重新安装。如果故障未排除，进行线路检查。

学习目标

知识目标

1）能描述灯光信号系统的组成及作用。

2）能描述转向灯、危险警告灯、倒车灯、制动灯的作用。

技能目标

能进行灯光信号系统的操作及检查。

一 基本知识

转向信号灯是汽车灯光信号系统最主要的组成部分，其他的灯光信号包括危险警告灯、制动灯、倒车灯、尾灯、示宽灯等。

汽车上一般将前照灯、雾灯、前示宽灯等组合起来，成为组合前灯；将后示宽灯、后转向信号灯、制动灯、倒车灯等组合起来成为组合后灯（图3-2-1）。

图 3-2-1　组合后灯

1. 转向信号灯

（1）转向信号灯

为了指示车辆的行驶方向，汽车上都装有转向信号灯。转向信号灯一般为琥珀色，有4只或6只，装在汽车前部、后部或侧面的组合灯（图3-2-2）中，功率一般为20 W，用于在汽车转弯时发出明暗交替的闪光信号，使前后车辆、行人、交警知其行驶方向。

转向信号灯一般应具有一定的频闪，国标中规定为60~120次/min。

（2）转向信号灯的闪光器

当汽车要向左或右转向时，通过操纵转向灯开关，使车辆左边或右边的转向信号灯经闪光器通电而闪烁发光。转向后，回转转向盘，转向盘控制装置可自动使转向灯开关回位，转向灯熄灭。

转向信号灯的频闪由闪光器控制。闪光器主要有电热式、电容式和晶体管式三种类型。电热式闪光器虽然结构简单，制造成本低，但是闪光频率不够稳定，使用寿命短，已被淘汰。

以下以电容式闪光器（图3-2-3）为例介绍转向灯闪光原理。

图 3-2-2　转向信号灯（点亮的灯光）

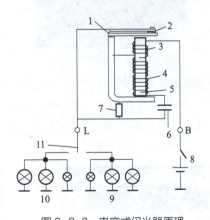

图 3-2-3　电容式闪光器原理
1—弹簧片　2—触点　3、4—线圈　5—铁心　6—电容器
7—灭弧电阻　8—电源开关　9—右转向信号灯和指示灯
10—左转向信号灯和指示灯　11—转向灯开关

当汽车向左转弯、接通转向灯开关11时，电流便从蓄电池正极→电源开关8→接线柱B→线圈3→常闭触点2→接线柱L→转向灯开关11→左转向信号灯和指示灯10→搭铁→蓄电池负极构成回路。

此时线圈4、电容器6及灭弧电阻7被触点2短路，而电流通过线圈3产生的电磁吸力大于弹簧片1的作用力，触点2迅速被打开，转向灯处于暗的状态（转向灯尚未来得及亮）。

触点2打开后，蓄电池向电容器6充电，其充电电流由蓄电池正极→电源开关8→接线柱B→线圈3→线圈4→电容器6→接线柱L→转向灯开关11→左转向信号灯和指示灯10→搭铁→蓄电池负极构成回路。由于线圈4电阻较大，充电电流很小，不足以使转向信号灯亮，故转向灯仍处于暗的状态。同时充电电流通过线圈3、4产生的电磁吸力方向相同，使触点继续打开。随着电容器两端电压的逐渐升高，其充电电流逐渐减小，线圈3、4的电磁吸力减小，使触点2重新闭合。

触点2闭合后，转向灯处于亮的状态，由于此时电容器6通过线圈4和触点2放电，其放电电流通过线圈4产生的磁场方向与线圈3的相反，电磁吸力的合力较小，故触点仍保持闭合，转向灯继续发亮。随着电容器的放电，电容器两端电压逐渐下降，其放电电流逐渐减小，则线圈3、线圈4的电磁吸力的合力增强，触点2重又打开，灯变暗。

如此反复，触点不断开闭，使转向灯闪亮。灭弧电阻7与触点2并联，以减小触点火花。

2. 其他灯光信号

（1）**危险警告灯**　危险警告灯与转向信号灯的灯具共用，但控制开关分开。当车辆出现故障停在路面上时，按下危险警告灯开关（图3-2-4），转向灯全部闪亮，提醒后方车辆注意避让。

（2）**制动灯**　制动灯装于汽车后部，用于当汽车制动或减速停车时，向车后发出灯光信号（红色常亮），以警示后方的车辆及行人。制动灯多采用组合式灯具（图3-2-5）。

图3-2-4　危险警告灯开关

图3-2-5　制动灯

（3）**倒车灯**　倒车灯装于汽车尾部，左右各一只，白色常亮（图3-2-6），用于照亮车后路面，并警告车辆后方的车辆和行人，表示该车正在倒车。

（4）**尾灯**　尾灯装于汽车尾部，左右各一只，红色常亮（图3-2-7），用于在夜间行驶时向后面的车辆或行人提供位置信息。

图3-2-6　倒车灯

图3-2-7　尾灯

尾灯的拆装

（5）示宽灯　示宽灯（小灯）装于汽车前后两侧边缘，白色常亮（图3-2-8），用于标示汽车夜间行驶或停车时的宽度轮廓。

二　基本技能

以下介绍灯光信号系统的操作及检查步骤。

（1）检查左转向灯（图3-2-9）

1）将变光器开关向下拉，检查组合仪表左转向信号灯指示灯是否正常闪烁及闪烁频率。

2）检查左转向信号灯是否正常闪烁及闪烁频率，正常闪烁频率为每秒1~2次。

3）将变光器开关回位，关闭左转向信号灯。

图3-2-8　示宽灯

图3-2-9　检查左转向灯

（2）检查右转向灯（图3-2-10）

1）将变光器开关向上拉，检查组合仪表右转向信号灯指示灯是否正常闪烁及闪烁频率。

2）检查右转向信号灯是否正常闪烁及闪烁频率，正常闪烁频率为每秒1~2次。

3）将变光器开关回位，关闭右转向信号灯。

图3-2-10　检查右转向灯

（3）检查危险警告灯（图3-2-11）

1）按下危险警告灯开关按扭，检查组合仪表危险警告指示灯是否正常闪烁。

2）检查危险警告灯是否正常闪烁。

图3-2-11　检查危险警告灯

3）关闭危险警告灯开关。

（4）检查转向灯开关自动回位功能　如图 3-2-12 所示，将转向灯开关向下拉，逆时针转动转向盘约 90°，再将转向盘顺时针转至原始中间位置，检查转向灯开关是否会自动回到中间原始位置。

图 3-2-12　检查转向灯开关自动回位功能

（5）检查制动灯

1）如图 3-2-13 所示，踩下制动器踏板，检查制动灯（包括高位制动灯）是否正常亮起。

2）释放制动器踏板，检查制动灯（包括高位制动灯）是否熄灭。

图 3-2-13　检查制动灯

制动灯线路检测

（6）检查倒车灯

1）打开点火开关，但不要起动发动机。

2）如图 3-2-14 所示，将变速杆置于倒档（R）位置，检查倒车灯是否正常亮起。

3）将倒车档回位到空档。

图 3-2-14　检查倒车灯

（7）检查示宽灯及其他灯光信号　如图 3-2-15 所示，操作开关，检查示宽灯及其他灯光信号。

图 3-2-15　检查其他灯光信号

项目四
组合仪表系统检修

本项目学习组合仪表系统检修,分两个工作任务:任务一组合仪表识别与检查;任务二组合仪表不工作检修。通过两个工作任务的学习,你能掌握组合仪表系统的作用组成,以及仪表警告灯的工作原理,能够进行组合仪表检查和对组合仪表不工作故障进行检修。

任务一　组合仪表识别与检查

➡ 情境导入

情境描述

一辆2017年款一汽大众迈腾B8,组合仪表显示不正常。你的主管把这个检修任务交给你,你能完成吗?

情境提示

组合仪表结构复杂,必须了解组合仪表各显示区域的功能。

本情境中,组合仪表显示不正常,有可能是组合仪表的故障,也有可能是对应的信号传输装置(传感器)或线路故障,应按从简单到复杂的顺序,结合诊断逻辑思维进行检修。

➡ 学习目标

知识目标

1)能描述组合仪表系统的作用。
2)能描述汽车上常见的仪表显示。
3)能描述汽车上常见的警告灯。

技能目标

能正确识别并检查仪表指示灯的工作情况。

一　基本知识

1. 组合仪表系统概述

为了使驾驶人随时观察与掌握汽车各系统的工作状态,在驾驶室组合仪表上设有各种指示仪表。

随着汽车电子技术的发展,传统的机械仪表已经被电子仪表所取代。汽车电子仪表不仅具有车速、里程、发动机转速、燃油量、冷却液温度、灯光等指示功能,还具有轮胎气压、制动系统、安全气囊、发动机自检等报警功能,如图4-1-1所示。

图4-1-1　组合仪表实物图

2. 组合仪表系统的组成

传统内燃机汽车组合仪表主要包括车速里程表、发动机转速表、冷却液温度表、燃油表等;组合仪表的报警系统包括制动压力报警、制动液液面报警、机油压力报警、燃油量报警、冷却液温度报警、倒车报警、座椅安全带报警、前照灯未关及点火钥匙未拔报警等。

(1)**车速里程表**　如图4-1-2所示,车速里程表是用来指示汽车行驶速度和累计行驶里程数的仪表,由车速表和里程表两部分组成,部分车速里程表上还带有里程小计表和里程小计表复位杆。

车速表显示的是汽车的时速,米制单位是千米/小时(km/h),有些欧美国家采用英制单位。传统的车速表是机械式的,目前汽车上的仪表已经装备了使用传感器的电子车速表,由车速传感器或轮速传感器提供信号。

里程表是记录车辆行驶里程的仪表,数据由车速信号计算得来,一般整合在车速表内,对于驾驶人判断车辆的整体状态有着特别的作用。小计里程表(短里程表)是记录车辆某一段短途行驶里程的仪表,与里程表整合在一起,能够随时清零。小计里程表能帮助驾驶人掌握某段路程的长短以及计算油耗等。

(2)**发动机转速表**　如图4-1-3所示,发动机转速表用来指示发动机运转速度的仪表,通常与车速里程表对称地放置在一起。一般发动机转速表单位是千转/分(×1000r/min),由发动机曲轴位置传感器提供发动机转速信号。驾驶人可以通过该表了解发动机的运转情况,并据此决定变速器档位和加速踏板的配合,使车辆处于最佳运行状态,减少油耗,延长发动机寿命。

图4-1-2　车速里程表实物图

图4-1-3　发动机转速表实物图

(3)**冷却液温度表**　如图4-1-4所示,冷却液温度表用来指示发动机内部冷却液温度的仪表,单位是摄氏度或华氏度。冷却液温度表由装在气缸盖水套中的冷却液温度传感器提供信号。

(4)**燃油表**　如图4-1-5所示,表用来指示燃油箱内燃油储存量的仪表,由装在燃油箱内的传感器提供燃油液位信号。燃油表中的"1/1""1/2""0"分别表示满油、半箱油、无油;也有车型用"F"表示满油,"E"表示无油。

图 4-1-4　冷却液温度表实物图　　　　　　图 4-1-5　燃油表实物图

（5）组合仪表的报警系统　组合仪表内具有报警系统，一般由警告灯组成。汽车常见的警告灯见表 4-1-1。

表 4-1-1　汽车常见警告灯

图标	名称	作用
	发动机控制系统警告灯	该用来监测车辆发动机的工作状况，如常亮则说明车辆的发动机出现了机械或电控故障，需要维修
	机油警告灯	该灯用来监测发动机内机油的压力状况。该灯常亮，说明该车发动机机油压力超出规定标准，需要维修
	燃油警告灯	该灯用来监测燃油箱内储油量的多少，如起动后该灯点亮，则说明燃油箱内油量已不足
	电子功率控制警告灯	常见于大众品牌车型中。若车辆起动后该灯仍不熄灭，说明车辆电子节气门的机械与电子控制系统出现故障
	冷却液温度警告灯	该灯用来监测发动机内冷却液的温度，该灯常亮，说明冷却液温度超过规定值，需立刻暂停行驶。冷却液温度正常后熄灭
	驻车制动警告灯	该灯用来监测车辆驻车制动手柄的状态，平时为熄灭状态。当驻车制动手柄被拉起后，该灯自动点亮。驻车制动手柄被放下时，该灯自动熄灭。有的车型在行驶中未放下驻车制动手柄会伴随有警告音
	制动摩擦片警告灯	该灯是用来监测车辆制动摩擦片磨损的状况。一般该灯为熄灭状态，当摩擦片出现故障或磨损过度时，该灯点亮，修复后熄灭
	ABS 警告灯	该灯用来监测 ABS 工作状况。起动后点亮，表明 ABS 出现故障，需维修

(续)

图标	名称	作用
	蓄电池充电警告灯	该灯用来监测充电系统。点火开关通电,车辆开始自检时,该灯常亮。起动后自动熄灭。如果起动后蓄电池警告灯常亮,说明充电系统出现问题,需要维修
	车门未关警告灯	该灯用来监测车辆各车门关闭状况,任意车门未关上,或者未关好,该灯都有点亮相应的车门指示灯,提示驾驶人车门未关好,当车门关闭或关好时,相应车门指示灯熄灭
	刮水器液位警告灯	该灯是用来监测车辆刮水器清洗液的多少,平时为熄灭状态,该灯点亮时,说明车辆所装载玻璃清洁液已不足,需添加清洗液
	安全气囊警告灯	该灯用来监测安全气囊的工作状态,如果常亮,则安全气囊出现故障
	安全带警告灯	该灯用来监测安全带是否处于锁止状态,当该灯点亮时,说明安全带没有及时扣紧。有些车型会有相应的提示音。当安全带被及时扣紧后,该灯自动熄灭

3. 组合仪表系统工作原理

以下介绍部分汽车仪表的工作原理。

(1) 车速里程表的工作原理 图 4-1-6 所示为磁感应式车速里程表结构原理图。车速里程表的主动轴由与变速器输出轴相啮合的软轴驱动。汽车静止时,在盘形弹簧 4 的作用下,车速表指针位于刻度盘零位。汽车行驶时,主动轴带着永久磁铁 1 旋转,在铝罩 2 上形成磁涡流,该涡流产生一个磁场,旋转的永久磁铁的磁场与铝罩的磁场相互作用产生转矩,克服盘形弹簧的弹力,使铝罩 2 朝永久磁铁 1 转动方向转过一个角度,与盘形弹簧的弹力相平衡,指针便在刻度盘上指示出相应的车速。车速越高,永久磁铁旋转越快,铝罩上的磁涡流越强,形成的转矩越大,指针指示的车速也越高。

里程表则经蜗轮蜗杆机构减速后用数字轮显示。汽车行驶时,软轴带动主动轴,并经三对蜗轮蜗杆减速后驱动里程表右边第一数字轮逐级向左传到其余的数字轮,累计出行驶里程。同时,里程表上的齿轮通过中间齿轮,驱动里程小计表 1/10 km 位数字轮,并向左逐级传到其余的数字轮,显示出小计里程。里程表和里程小计表的任何一个数字轮转动一圈就使其左

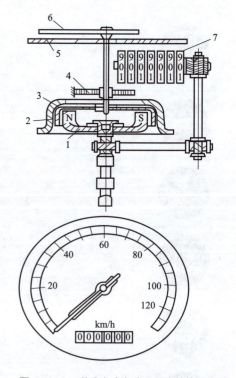

图 4-1-6 磁感应式车速里程表结构原理图
1—永久磁铁 2—铝罩 3—磁屏 4—盘形弹簧 5—刻度盘 6—指针 7—数字轮

边的数字轮转动 1/10 圈,形成 1∶10 的传动比,这样就可以显示出行驶里程。当需要清除小计里程时,按一下里程小计表复位杆,即可使里程小计表的指示回零。

需要特别说明的是,目前大部分汽车已经取消车速传感器,采用 ABS 的轮速传感器,经过换算得出车速数据。

(2) 冷却液温度表的工作原理 图 4-1-7 所示为单线式冷却液温度表工作原理图。当发动机温度较低时,冷却液温度传感器的电阻值很大,流过与其串联的主线圈的电流较小,致使主线圈产生的电磁吸力小于副线圈的电磁吸力。主、副线圈的电磁吸力的合力将指针吸向副线圈一侧,指针此时指向低温处。

当发动机温度升高时,冷却液温度传感器的电阻值减小,流过与其串联的主线圈的电流增大,致使主线圈产生的电磁吸力逐渐大于副线圈的电磁吸力。主、副线圈的电磁吸力的合力将指针吸向主线圈一侧,指针此时逐渐指向高温处。

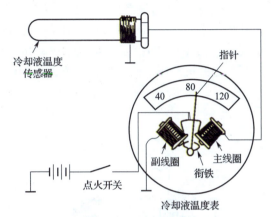

图 4-1-7　冷却液温度表工作原理图

需要特别说明的是,目前大部分汽车已经取消单线式冷却液温度传感器,采用发动机冷却液温度传感器的信号,由发动机控制单元通过车载网络系统 CAN 传输给组合仪表作为冷却液温度显示数据。

(3) 燃油表的工作原理 图 4-1-8 所示为燃油表工作原理图。当油箱中燃油量较少时,可变电阻位于电阻最大位置,流过与其串联的主线圈的电流较小,致使主线圈产生的电磁吸力小于副线圈的电磁吸力。主、副线圈的电磁吸力的合力将指针吸向副线圈一侧,指针此时指向"E"附近。

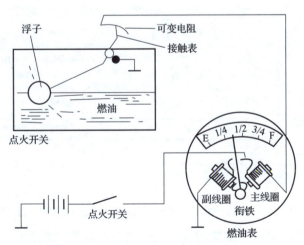

图 4-1-8　燃油表工作原理图

当油箱中燃油量较多时,可变电阻位于电阻较小位置,流过与其串联的主线圈的电流增大,致使主线圈产生的电磁吸力逐渐大于副线圈的电磁吸力。主、副线圈的电磁吸力的合力将指针吸向主线圈一侧,指针此时指向"F"附近。

(4) 制动液液面报警装置的工作原理 图 4-1-9 所示为制动液液面传感器结构图。该传感器装于制动液储液罐中。其中，外壳内装有舌簧管继电器，接线柱与液面警告灯相连，永久磁铁固定在浮子上。当制动液液面下降到规定值时，通过浮子带动永久磁铁使舌簧管触点闭合，接通警告灯，发出警报；当制动液面上升时，浮子上升，吸力减弱，舌簧管触点靠自身弹力张开，警告灯熄灭。

（5）机油压力报警装置的工作原理　如图4-1-10所示为机油压力报警装置工作原理图。正常情况下，接通点火开关，油压警告灯亮；当起动发动机后，若油压开关处的机油压力大于规定数值（30kPa，以大众汽车发动机为例）时，该警告灯熄灭；当发动机运转时，若油压开关处的机油压力低于规定数值，机油压力警告灯点亮，有的车型同时报警蜂鸣器响。

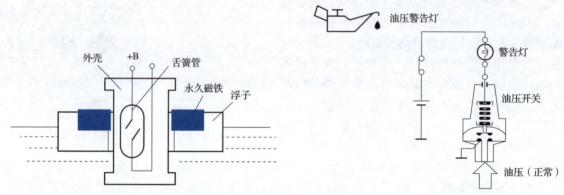

图4-1-9　制动液液面传感器结构图　　　图4-1-10　机油压力报警装置工作原理图

（6）座椅安全带报警装置及其他报警装置工作原理　图4-1-11所示是座椅安全带报警、前照灯未关及点火钥匙未拔报警装置工作原理图。

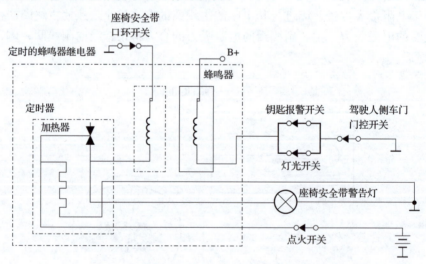

图4-1-11　座椅安全带报警、前照灯未关及点火钥匙未拔报警装置工作原理图

座椅安全带扣环开关是一端搭铁的常闭式开关。点火开关接通时，电源电压施加于定时器，若此时安全带未扣好，电路则通过座椅安全带扣环开关搭铁，接通蜂鸣器及座椅安全带警告灯电路；若扣好安全带后，加热器使双金属带发热，当达到一定程度后，触点断开从而切断电路蜂鸣器及座椅安全带警告灯电路。

驾驶人侧车门门控开关为常闭式，一端搭铁的开关，当车门关闭时，该开关断开。

若前照灯开关仍置于前照灯或停车档位置时，电源电压经蜂鸣器和灯光开关施加于驾驶人侧车门门控开关；驾驶人打开车门，蜂鸣器电路即被接通，于是发出鸣叫提示，直到前照灯关闭或驾驶人侧车门关闭才停止。

若点火钥匙未及时拔出时，电源电压仍经蜂鸣器和灯光开关施加于驾驶人侧车门门控开关；驾驶人打开车门，蜂鸣器电路即被接通，于是发出鸣叫提示，直到拔出点火钥匙或驾驶人侧车门关闭才停止。

二 基本技能

组合仪表的警告灯有三种颜色：

红色：灯闪或点亮，有时伴有声响警报，表示汽车已经出现影响汽车正常行驶的故障，切勿继续行驶。

黄色：灯闪或点亮，有时伴有声响警报，表示汽车存在功能故障或车用油液不足，可能损坏汽车或因故障抛锚，应尽快检查故障原因。

绿色：灯闪或点亮，显示或提示驾驶人相应的操作。

以下介绍组合仪表的仪表及警告灯识别与检查方法，具体车型操作请参照车辆随车的用户手册。

（1）**点火钥匙在 OFF 位置时检查仪表**

1）关闭所有车门。

2）如图 4-1-12 所示，将点火钥匙插入点火开关中，应无警告灯亮或仪表动作，否则进行仪表报警系统的检查。

（2）**将点火钥匙拨至 ON 位置时检查仪表（图 4-1-13）**

图 4-1-12　点火钥匙在 OFF 位置时检查仪表　　图 4-1-13　点火钥匙拨至 ON 位置时检查仪表

1）将点火钥匙旋转至 ON 位置时，仪表的所有指针都会从"0"刻度线跑满表后回到"0"刻度线，所有警告灯都会亮数秒后熄灭。

2）如果在 ON 位置时，如有相应仪表或警告灯未工作则需要进行相应检修。

3）如果数秒后仍有指示灯未熄灭，则需记录并进一步检查原因。

（3）**起动发动机检查仪表警告灯**　如图 4-1-14 所示，起动发动机确认车辆是否存在实际故障，并记录相关故障。

（4）**检查仪表常见警告灯的工作情况**　如图 4-1-15 所示，操纵远光灯、雾灯、左右转向灯、车门打开与关闭、空调内外循环、安全带、驻车制动，检查相应警告灯的工作情况。

图 4-1-14　起动发动机时检查仪表警告灯

图 4-1-15　检查仪表常见警告灯的工作情况

任务二　组合仪表不工作检修

情境导入

情境描述

一辆一汽大众迈腾 B8，配备自动变速器，出现如下故障现象：汽车在行驶过程中，车速表不动作。如果你的主管把检修任务交给你，你能完成吗？

情境提示

本情境中，车速表不动作，应根据具体车型，明确仪表中的车速信号从何处来，确定有没有信号到仪表，来区分是仪表的故障还是信号传输的故障。

学习目标

知识目标

1）能描述组合仪表中车速表车速信号的来源。
2）能描述车速传感器的作用、安装位置和类型。

技能目标

能对车速传感器进行检测。

一　基本知识

以下以车速表不工作为例，介绍组合仪表不工作的检修方法。

1. 组合仪表车速信号来源

组合仪表中车速表采用的车速信号，有的直接来自车速传感器，也有的来自 ABS 或变速器的控制单元。

图 4-2-1 所示是组合仪表三种不同的车速信号来源。大部分手动变速器车型的车速信号来自安装在变速器输出轴上的车速传感器，当车速传感器出现问题将会影响车速表的显示。有些车型的车速信号来自 ABS 控制单元的车轮转速信号，如果车速表不动作，应检查 ABS 控制单元通信。

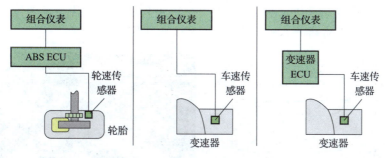

图 4-2-1 组合仪表车速信号来源

2. 车速传感器的作用、安装位置和类型

（1）**车速传感器的作用** 车速传感器主要用于检测汽车的行驶速度，向组合仪表单元输入信号用来显示当前车速，即车速表显示的车速值。同时，汽车中各系统的电控单元也根据车速信号实现控制燃油喷射、自动变速器换档控制、防抱死制动以及巡航定速等功能。

（2）**车速传感器安装位置** 车速传感器一般安装在变速器的输出轴旁，如图 4-2-2 所示。也有的车型车速信号来自于 ABS 的轮速传感器，而没有单独的车速传感器。为了消除有高压点火线及车载电话或其他电子设备产生的电磁及射频干扰，车速传感器信号线通常装在屏蔽的外套内。

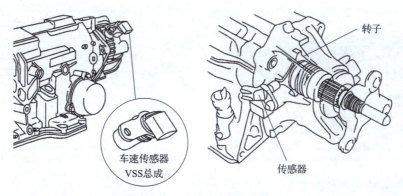

图 4-2-2 车速传感器安装位置

（3）**车速传感器的类型** 车速传感器有舌簧开关式、磁电式、霍尔式、磁阻式等类型。舌簧开关式车速传感器已经很少采用，其他类型传感器的工作原理与曲轴位置传感器、凸轮轴位置传感器、车轮速度传感器一致。

二 基本技能

以下以磁电（磁感应）式和霍尔式车速传感器为例，介绍组合仪表车速表不工作的检测方法。

（1）**试车** 涉及组合仪表不工作的故障，应首先试车验证故障现象，并准确记录故障现象。

（2）**检测电阻** 如图 4-2-3 所示，断开车速传感器的插接器，利用万用表测量传感器两个端子之间的电阻值，电阻值为 1~2kΩ 之间（不同车型的传感器感线圈的电阻不完全相同，通常为几百欧到几千欧）。如果感应线圈短路、断路或电阻值不符合标准，应更换车速传感器。

（3）**检测信号电压** 对于磁电式传感器，就车测量车速传感器输出脉冲信号时，应将车辆用举升机顶起，让变速杆位于空档，用手转动悬空的驱动轮，连接车速传感器的插接器，用万用表测量车速传感器端子 1 和端子 2 之间有无脉冲信号电压。

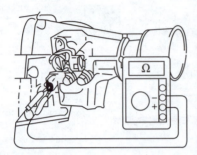

图 4-2-3　检测车速传感器电阻

测量时，应将万用表选择开关转至 1V 以下的交流电压档位置。若在转动车轮时万用表数值有变化（变化幅度和车轮转速成正比），说明车速传感器有输出脉冲信号，否则应更换传感器，如图 4-2-4 所示。

如果传感器已经拆下，用一根铁棒或磁棒迅速靠近或离开传感器，如图 4-2-5 所示。同时用万用表测量传感器两接端子之间有无脉冲感应信号电压。如果没有感应信号电压或感应电压很微弱，说明传感器有故障，应更换。

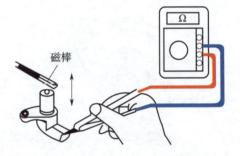

图 4-2-4　就车测量车速传感器脉冲信号　　　图 4-2-5　车下测量车速传感器脉冲信号

（4）检测故障码和数据流

连接故障诊断仪器，利用诊断仪器的以下功能进行检测：

1）故障码读取和清除（如有故障码时）。

2）数据流读取：从发动机或变速器（仅 AT）数据流数值应该和车辆当前的车速一致，如图 4-2-6 所示。

有的车型（如一汽大众迈腾）车速表信号来自 ABS 控制单元采集的车轮速度（轮速）信号，信号通过 CAN 系统传输。如果发动机和 ABS 工作正常，说明 CAN 系统也正常，车轮速度信号也应该正常。

3）功能（动作）测试：利用诊断仪器对仪表系统的车速表进行功能测试，如果车速表动作正常，则故障来自车速传感器或信号。

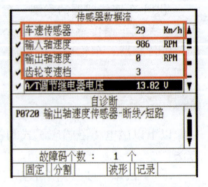

图 4-2-6　变速器（含车速传感器）数据流

以一汽大众迈腾为例，如图 4-2-7 所示，连接故障诊断仪，进入仪表系统的动作测试，选择车速表调节。观察组合仪表车速表指针转动值，如果车速表不动作或不符合显示值则更换组合仪表。如果车速表动作正常，则故障出现在车速传感器及其线路。

图 4-2-7　车速表动作测试

（5）**检测波形**　连接示波器，进入示波器功能，检测车速信号波形。图 4-2-8 所示是磁电式传感器的正弦波形，图 4-2-9 所示是霍尔式（或磁阻式）传感器的方波波形。

良好的波形幅值变化应基本一致，且随车速增加而增大，幅值、频率和形状在确定的条件（等转速）下是一致的、可重复的、有规律的。

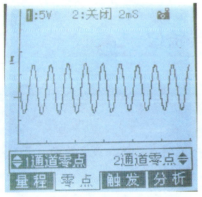 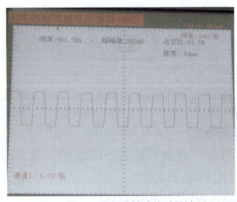

图 4-2-8　磁电式车速传感器波形　　　　图 4-2-9　霍尔式轮速传感器波形

▶ **提示**：必须在车辆行驶状态下检测，请根据实际条件进行。

（6）**故障判定**　如果怀疑车速传感器故障，检查车速传感器外观，若有裂纹、变形则更换；检查车速传感器的插接器和线束，若有腐蚀、松动则进行插接器线束维修；若以上检查都没有问题，则进行车速传感器电阻、信号、数据流和波形输出的检测，如数据不符合标准值（参照相应车型技术资料），则更换相应车速传感器。

项目五
乘员安全防护系统检修

本项目主要学习乘员安全防护系统检修,分为两个工作任务:任务一预紧式安全带检修;任务二安全气囊检修。通过两个工作任务的学习,你能够进行乘员安全防护系统的操作与检修。

任务一 预紧式安全带检修

▶ 情境导入

情境描述

一辆2017年款一汽大众迈腾B8,驾驶人侧的安全带锁止功能失效,你的主管把检修任务交给你,你能完成吗?

情境提示

安全带关系到行车安全,也涉及交通法规,必须认真检查。

本情境中,如果安全带警告灯亮,可以进行自诊断。外观检查安全带及锁止机构,发现异常必须更换,不可维修。

▶ 学习目标

知识目标

1)能描述汽车安全带的作用。
2)能描述预紧式安全带的结构组成。
3)能描述安全带检查的注意事项。

技能目标

能够进行预紧式安全带的检查。

一 基本知识

1. 汽车安全带的作用

汽车安全带是汽车发生碰撞过程中保护驾乘人员的基本防护装置。汽车安全带的标准形式是瑞典人尼尔斯发明的三点式安全带,如图 5-1-1 所示。1967 年,尼尔斯在美国发表了《28000 宗意外报告》,记录了 1966 年瑞典国内所有沃尔沃(VOLVO)汽车的交通意外,装备三点式安全带不但在超过半数的个案中,降低甚至避免乘员受伤的机会,更能够保住乘员的性命。

2. 预紧式安全带的结构组成

目前的汽车采用的安全带大部分是预紧式安全带,如图 5-1-2 所示。

图 5-1-1 尼尔斯和三点式汽车安全带

图 5-1-2 汽车预紧式安全带

预紧式安全带与安全气囊一起配合使用,在车辆发生碰撞时减少人员向前倾的惯性,从而减少对乘员的伤害,预紧式安全带系统由座椅安全带、座椅安全带卷收器和警告灯等组成。

(1)**座椅安全带** 目前的车辆都装备两种主动式座椅安全带。一种是跨过乘员腰部的腰式安全带;另一种是跨过肩部和胸部的肩式安全带。两种安全带在一个单独的点处连接到一起,并插入固定在车辆地板上的带扣内。

座椅安全带系统使用电动机自动收卷跨过驾驶人和前排乘客的肩式安全带。安全带的上端连接在支架上,该支架可沿门框上部的滑轨移动,另一端固定在中央控制台上安装的惯性锁止式卷收器上。打开车门时,肩式安全带的外端向前移动以便上下车。关闭车门并打开点火开关时,该安全带将向后移动,并固定乘员。

图 5-1-3 所示是一汽大众迈腾安全带锁止机构示意图,安全带系好以后带扣被锁止。

图 5-1-3 一汽大众迈腾安全带锁止机构示意图

图 5-1-4 所示是座椅安全带的正确使用方法。如果座椅安全带无法扣紧,应该查看安全带扣内部。通常情况下,带扣内的异物可以清除,带扣的工作不会受到影响。多数情况下,如果异物卡在内部,则应更换带扣。

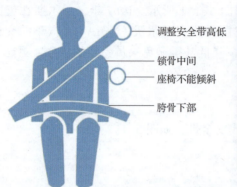 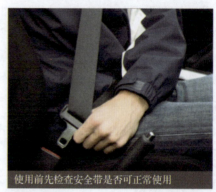

图 5-1-4 座椅安全带的正确使用方法

（2）座椅安全带卷收器　座椅安全带会通过卷收器收紧，在汽车碰撞事故中消除安全带的松弛度，从而限制乘员的身体向前移动。如图 5-1-5 所示，惯性锁止式座椅安全带卷收器可在猛拉安全带时防止将安全带从卷收器中抽出。

图 5-1-5　惯性锁止式座椅安全带卷收器

目前大部分汽车装备烟火式（引爆式）安全带预紧器。如图 5-1-6 所示，当汽车受到碰撞时，安全气囊控制单元会立即发出收紧信号，预紧装置被通电触发，导管内的气体引发剂（火药）立即引爆气体发生剂，瞬间产生大量的气体，使活塞带动钢珠，然后钢珠带动驱动轮旋转，使卷收器里的卷筒转动把安全带织带往回拉，拉到一定程度时卷收器会锁止织带，从而固定乘员身体。

当车上乘员胸部和安全带之间的压力超过特定值时，安全带上的压力将会释放以防止乘员不舒服甚至人身伤害。因此，大多数汽车安全带预紧器还可以在预紧器紧固好安全带后释放安全带上的压力。

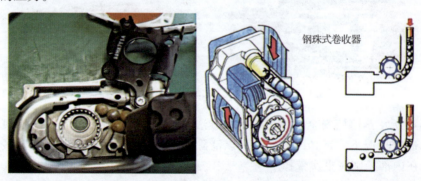

图 5-1-6　烟火式（引爆式）安全带预紧器

在一些车辆上，安全带预紧器的作用力会随着人的体重和安全带的约束程度（在碰撞期间身体向前移动时）的变化而变化，因此一些高端车辆配备了双级安全带限力器。

（3）**未系安全带警告灯** 座椅安全带系统都装备警告灯和蜂鸣器，在车辆起动时打开，以提醒乘员系紧安全带。点火开关打开时，信号将发送至警告灯。如果座椅安全带已系紧，则信号将会从带扣开关发送至警告灯控制单元，并且灯将熄灭。如果安全带未系紧，则警告灯和蜂鸣器将会以一定的时间间隔警告驾驶人。前排乘客座椅内一般会装备一个可以检测座椅上是否有人的压力传感器。如果检测到有人，则会将该信息发送至安全气囊控制单元，并且指示灯将闪烁，直至系紧座椅安全带。图 5-1-7 所示是未系安全带警告灯。

图 5-1-7　未系安全带警告灯

3.安全带检查的注意事项

汽车安全带涉及人身安全，因此检查安全带时应遵循系统化的方法，认真检查以确保安全带能正常使用。安全带检查注意事项如下。

（1）**安全带受力部位的检查** 要特别注意安全带上承受压力最大的部位，例如带扣、D形环和卷收器。碰撞力会集中在这些部位，并削弱安全带的保护性能。如果这些部位出现损坏迹象，则需要更换安全带。在连接带扣时，检查安全带是否因对准不当而出现扭曲。从卷收器中完全抽出安全带。检查安全带，如果发现安全带有切口或损坏、断线或脱线、安全带边缘起毛、因太阳暴晒或使用化学制剂而褪色或安全带拱起，则用新的总成进行更换。

如果安全带无法从卷收器中拉出或无法卷收至收起位置，则检查以下情况，并且根据需要进行清洁或校正：安全带粘有口香糖、糖浆、油脂或其他污渍；安全带扭曲；B柱上的卷收器或D形环位置不正确。

（2）**带扣的检查** 要确定带扣是否起作用或带扣外壳是否损坏，则将座椅安全带插入带扣，直至听到"咔嗒"声。迅速拉回安全带以确保带扣正确锁止。如果带扣无法锁止，则更换座椅安全带总成。按下带扣上的按钮以松开安全带。按下按钮时，安全带应松开。如果带扣盖有裂纹，按钮松动或松开按钮所需的压力太大，则更换座椅安全带总成。

（3）**卷收器的检查** 腰式座椅安全带卷收器应在完全拉出安全带后能自动锁止。

感应式安全带卷收器或紧急锁紧式安全带卷收器都必须与被动式座椅安全带系统配套使用。感应式安全带卷收器的测试方法是：握住安全带并猛拉，卷收器应能自动锁止；如果无法锁止，则应更换座椅安全带卷收器。

紧急锁紧式安全带卷收器不能使用与感应式安全带相同的方法测试。要测试紧急锁止式安全带，需要执行行车制动测试，应在安全的地点执行此测试。如果车辆配备后排座椅腰式/肩式安全带，则需要一名助手来检查乘客侧座椅和靠背内的卷收器。

紧急锁紧式安全带卷收器测试方法是：以大约 10km/h 的速度行驶车辆并迅速踩下制动踏板。如果安全带无法锁止，则应更换座椅安全带总成。在执行此测试期间，如果卷收器无法锁止，驾驶人和助手系紧自己的安全带非常重要。

许多安全带的卷收器都不可互换。卷收器凸舌上标记的"R"指示仅适用于右侧，"L"仅适用于左侧。

（4）**锚定器的检查** 认真检查卷收器的锚定器区域和安装螺栓。锚定器内堆积的污垢可能会导致座椅安全带收紧缓慢。使用浸有异丙醇的干净抹布擦拭环的内侧。应更换松动的螺栓，并将新螺栓紧固至规定规格。查看锚定点的金属部位是否有裂纹和变形。如果安装区域的金属部位损坏，则在重新安装锚定器前必须先进行适当的维修，例如焊接加强件的金属部位。务必对该部位重新进行防腐蚀处理。喷涂防腐蚀材料时，确保不会喷到卷收器内。否则，可能会妨碍卷收器的正常操作。最后，查看锚定器的周围区域是否存在污垢和腐蚀物。如果因碰撞而导致安全气囊展开，则应更换预紧器。预紧器是爆炸性装置，只能使用一次。

二 基本技能

以下介绍安全带使用与检查的方法。

（1）安全带警告灯检查（图5-1-8）

1）检查驾驶人座椅安全带警告灯。点火开关置于ON位置，驾驶人座椅安全带未系紧时，组合仪表上的未系安全带警告灯应闪烁，系紧时警告灯熄灭。

2）检查乘客座椅未系安全带警告灯。点火开关置于ON位置，前排乘客座椅上有人且安全带未系紧时，组合仪表上的未系安全带警告灯应闪烁，系紧时警告灯熄灭。

（2）安全带的使用和检查

1）如图5-1-9所示，使用之前先检查一下安全带的外观，扯动安全带看能否全部拉出和收回。然后再突然扯动安全带，检查安全带是否能够锁止。

2）图5-1-10所示是安全带高度调节装置位置，可以根据需要调节安全带的高度。

图5-1-8 未系座椅安全带警告灯闪烁

图5-1-9 安全带动作检查

图5-1-10 安全带高度调节装置

3）安全带锁止元件位置，如图5-1-11所示。

4）利用安全带高度调节装置，使肩部区域的安全带可以很好地和身体贴合，如图5-1-12所示。

图5-1-11 安全带锁止元件

图5-1-12 调节安全带高度

5）佩戴安全带，把锁舌插入同一个座位上的锁止元件内，直到听到啮合的声音为止，如图 5-1-13 所示。

6）调整安全带走势。正确的安全带走势对安全带的功能至关重要，如图 5-1-14 所示。

7）用手指按下锁止元件上的红色按钮，放松安全带，如图 5-1-15 所示。

图 5-1-13　锁止安全带

图 5-1-14　安全带正确走势

图 5-1-15　拔出安全带

任务二　安全气囊检修

情境导入

情境描述

一辆 2017 年款一汽大众迈腾 B8，安全气囊警告灯亮，你的主管把检修任务交给你，你能完成吗？

情境提示

安全气囊有引爆的危险！要进行安全气囊的检修，必须掌握安全气囊的工作原理和维修注意事项。

本情境中，安全气囊警告灯亮，必须用检测仪器读取故障码，根据故障码内容检修。安全气囊的部件如果损坏必须更换新件。

学习目标

知识目标

1）能描述安全气囊的作用和组成。

2）能描述安全气囊的工作原理。

3）能描述安全气囊的维修注意事项。

技能目标

能够进行安全气囊检查与故障诊断。

一　基本知识

1. 安全气囊概述

（1）**汽车安全与安全气囊**　汽车的安全性分为两大类，一类叫做主动安全性，又称积极安全性。所谓主动安全性可理解为防范于未然，重点是将汽车的行驶性能达到最好的程度，尽量提高汽车行驶的稳定性、舒适性和安全性，减少行车时所产生的安全隐患。例如安装防抱死制动系统（ABS）的目的是防止制动时发生方向失控和甩尾现象。另一类叫做被动安全性，又称消极安全性。一旦事故发生时，被动安全系统用以保护内部乘员及外部人员的安全。

安全带和安全气囊就属于被动安全性保护系统。其中安全带在被动保护过程中起主要作用，而安全气囊起辅助作用，属于辅助约束系统（Supplemental Restraint System，SRS）。研究表明，驾驶室内未采用任何保护措施的汽车，在高速行驶撞击障碍物时，对乘员（特别是驾驶人）的伤害巨大。装有安全气囊的汽车在撞击障碍物时，通过充气后展开的气囊，对驾驶人和乘客的头部、胸部起到保护作用，将大大地减轻乘员的受伤害程度。美国的一个研究机构分析了1985—1993年美国7000起汽车交通事故后发现，装有安全气囊的车辆遇到前部撞击时，驾驶人的死亡率中，大排量车型降低了30%，中、小排量车型降低了11%、14%。

（2）**安全气囊的作用**　实验表明，安全带对乘员具有良好的约束力，可以防止乘员被惯性力甩离座位，并且在汽车发生碰撞时能够吸收由惯性力所产生的大部分能量。但在汽车碰撞实验分析中，发现安全带对驾驶人的头部、胸部以及膝部所能提供的保护是很薄弱的。而安全气囊则对驾驶人头部、胸部以及膝部的保护效果特别明显，大大地减少了驾驶人的死亡率和减轻了损伤程度。因此，安全气囊只是辅助保护系统，只有与安全带配合使用才能起到预想的保护效果。交通事故统计数据表明，"三点式安全带+安全气囊"的防护效果最好。

（3）**安全气囊的种类**

汽车上都采用电子控制的安全气囊系统，根据保护对象和方位的不同，可以分为驾驶人安全气囊、前排乘客安全气囊和后排乘客安全气囊、防侧撞安全气囊。一些高端车型还安装了下肢用安全气囊和行人安全气囊。图5-2-1所示是安全气囊在车上的位置图。

图5-2-1　安全气囊实车位置示意图

1）驾驶人安全气囊。图5-2-2所示的驾驶人气囊属于在汽车正面碰撞时对驾驶人起防护作用的防护气囊。

2）前排乘客安全气囊。前排座是汽车主要的乘客席，在发生碰撞事故时，前排乘客可能会与前风窗玻璃、窗框及门框等发生碰撞。因此，前排乘客安全气囊可以对前排乘客提供安全保护。

图5-2-2　前排安全气囊效果图及实物图

3）后排乘客安全气囊。近年来汽车设计上对后排座乘员的安全防护逐渐受到重视，有些汽车已在后排座上安装了安全气囊，如图5-2-3所示。

图 5-2-3　后排乘客安全气囊

4）防侧撞安全气囊。目前越来越多的汽车都在采用防侧撞安全气囊，主要包括座椅侧气囊、B柱侧气囊、幕帘式安全气囊（头部气囊），图 5-2-4 所示为侧面及头部气囊。

5）下肢用安全气囊，也称"膝部安全气囊"，是一种新型的安全气囊，在汽车发生碰撞时可对驾驶人的下肢、小腿和膝部进行保护，如图 5-2-5 所示。

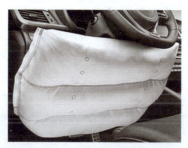

图 5-2-4　防侧撞（侧面及头部）安全气囊　　　　图 5-2-5　下肢用安全气囊

6）行人安全气囊。这是新型的专用于保护行人的安全气囊系统，如图 5-2-6 所示。

图 5-2-6　行人安全气囊

2. 安全气囊系统组成

安全气囊系统主要由驾驶人安全气囊模块（DAB）、前排乘客安全气囊模块（PAB）、安全气囊螺旋电缆（SRS CS）、安全气囊电控单元（SRS ECU）、碰撞传感器、安全气囊线束及警示标签、安全气囊警告灯等组成。

（1）**驾驶人安全气囊模块**　驾驶人安全气囊模块安装在转向盘中央饰盖内，不可分解，如图 5-2-7 所示。在正常的使用状态下，当发生一定强度的碰撞时，气囊模块接收到 SRS ECU（安全气囊电控单元）发出的点火信号，触发气体发生器迅速产生大量气体使气袋展开，从而达到保护驾驶人的目的。驾驶人安全气囊模块包括气体发生器、气袋、饰盖以及支架等零部件。

（2）**前排乘客安全气囊模块**　前排乘客安全气囊模块安装在仪表板储物盒上方。在正常的使用状态下，当发生一定强度的碰撞时，气囊模块接收到 SRS ECU 发出的点火信号，触发气体发生器迅速产生大量气体使气袋展开，从而达到保护前排乘客的目的。

图 5-2-7　驾驶人侧安全气囊模块安装位置

如图 5-2-8 所示，除了饰盖与仪表板制成一体，前排乘客安全气囊模块的组成与驾驶人安全气囊模块基本相似。

（3）**安全气囊螺旋电缆**　驾驶人安全气囊模块安装在转向盘上，需要与转向盘一起转动，它与安全气囊 ECU 之间的导线连接是通过安全气囊螺旋电缆来实现的。

图 5-2-8　前排乘客安全气囊模块

安全气囊螺旋电缆（SRS Clock Spring，SRS CS），主要用于连接安全气囊线束与驾驶人安全气囊模块以及转向盘按键和整车相应功能模块的实时通信，确保静止端（下端线束等）和活动端（转向盘）之间随时随地的可靠连接。

如图 5-2-9 所示是安全气囊螺旋电缆，主要由螺旋形电缆、转盘、壳体、线束及辅助结构件等组成。

图 5-2-9　安全气囊螺旋电缆

（4）**安全气囊电控单元**　安全气囊电控单元（SRS ECU）的主要功能是实时监控汽车的状态，进行判断，对安全气囊气体发生器进行控制，必要时对其点火驱动。SRS ECU 通过安全气囊系统的碰撞传感器和加速度传感器探测当前车况，根据其产生的数据，对当前汽车的状态进行判别，分析是否发生碰撞，以及碰撞的严重程度，并在合适的情况下驱动安全带及安全气囊气体点火器，收紧安全带并展开气囊，保护驾乘人员。

如图 5-2-10 所示，安全气囊电控单元一般安装在汽车中控面板下方的位置，表面有箭头，表示安装必须朝车辆前部的方向。

（5）**碰撞传感器**　碰撞传感器如图 5-2-11 所示，是安全气囊系统用来检测碰撞强度的传感器，其安装位置依厂家设计而定，一般安装在汽车前方左右两侧，以分别检测前方左右两侧纵向 30° 范围内的撞击。

图 5-2-10 安全气囊电控单元

图 5-2-11 碰撞传感器

碰撞传感器有滚球式、滚轴式、偏心锤式、压电效应式四种类型，目前广泛应用的是压电式碰撞传感器。压电效应式碰撞传感器是利用压电效应制成的传感器。压电效应是指压电晶体在压力作用下，晶体外形发生变化而使其输出电压发生变化的效应。压电晶体通常用石英或陶瓷制成。在压力作用下，压电晶体的外形和输出电压就会发生变化。

当汽车遭受碰撞时，传感器内的压电晶体在碰撞产生的压力作用下，输出电压产生变化。SRS 电控单元根据电压信号强弱便可判断碰撞的强度。如果电压信号超过设定值，SRS 电控单元就会立即向点火器发出点火指令，引爆点火剂使气体发生器给气囊充气，使气囊展开，达到保护乘员的目的。

如图 5-2-12 是一汽大众迈腾汽车的碰撞传感器示意图。

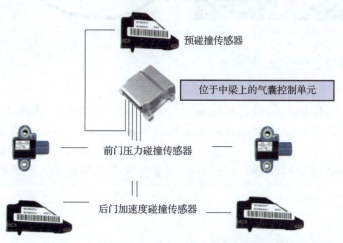
图 5-2-12 一汽大众迈腾的碰撞传感器示意图

（6）安全气囊警告灯 如图 5-2-13 所示，安全气囊系统（SRS）警告灯在组合仪表上。当安全气囊 ECU 总成的自诊断电路发现故障时，SRS 警告灯便点亮，通知驾驶人安全气囊系统存在故障。在正常情况下，当点火开关转至 ON 位时，此警告灯先常亮约 6s，然后再熄灭。

（7）副气囊关闭开关 如图 5-2-14 所示，有些车型（如大众汽车）装备前排乘客气囊（副气囊）关闭开关，在前排没有乘客时，可以手动关闭乘客侧气囊，关闭后一般会有指示灯点亮提示气囊已经被关闭。

图 5-2-13 安全气囊警告灯位置示意图

图 5-2-14　副气囊关闭开关

（8）座椅识别传感器

如图 5-2-15 所示，有些车型在前排乘客座椅上设置座椅识别传感器，用于判断前排乘客座上是否有乘员，供控制单元确定是否引爆前排乘客气囊。

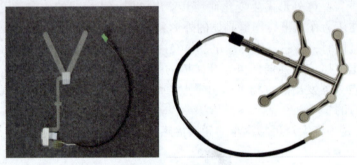

图 5-2-15　座椅识别传感器（迈腾）

3. 安全气囊系统工作原理

图 5-2-16 所示是安全气囊控制原理图。当车辆发生正面碰撞事故时，碰撞传感器将产生碰撞信号，安全气囊 ECU 将检测到碰撞信号，并对其进行分析，判断是否达到点火要求。一旦达到要求，立即发出点火脉冲，由此引燃各安全气囊模块内的点火管，点火管再引燃各安全气囊模块内部的固体燃料，产生大量气体，在极短的时间内给气囊充气使其急剧膨胀，冲开饰盖，形成饱满的气囊，以缓冲碰撞事故对乘员的冲击，从而保护乘员免受或减少伤害。

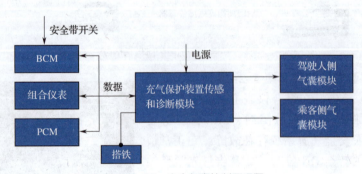

图 5-2-16　安全气囊控制原理图

如图 5-2-17 和图 5-2-18 所示，正面安全气囊仅当车辆相对于刚性固定障碍物碰撞速度高于 30km/h、车辆发生严重的碰撞而且从车辆前面的纵轴的碰撞角度小于 30° 时，SRS 才展开安全气囊。车辆发生侧面撞击、后面撞击或翻车碰撞时以及正面碰撞中车辆速度小于安全气囊展开的最低速度时，安全气囊不工作。

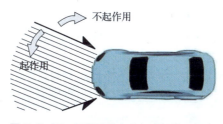
图 5-2-17　正面碰撞安全气囊起作用角度

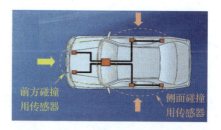
图 5-2-18　碰撞传感器作用范围

当汽车发生碰撞事故且产生的减速度达到或超过预先设定的数值时,安全气囊立即被引爆、展开,从而对乘员起到安全保护作用。其作用过程如下:碰撞→碰撞传感器→电子控制单元→(电脉冲)→气体发生器→充气、气囊展开→保护乘员。汽车发生正面碰撞时驾驶人的安全气囊展开过程如图 5-2-19 所示,其中具体时间与多种因素有关,图示时间仅供参考。

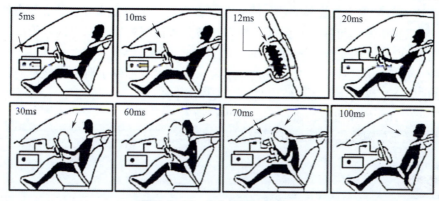
图 5-2-19　安全气囊展开过程图

1)0~10ms:在汽车特定的敏感部位处,装置碰撞传感器。碰撞传感器受到足够的碰撞冲量作用时,在 10ms 的瞬间内,将触发信号输送到安全气囊控制单元(SRS ECU)。

2)10~20ms:在安全气囊控制单元中,主要有对安全气囊系统进行监测和控制的微处理器,能够对传感器输入的触发信号立即进行计算、比较和判断。如果碰撞冲量超过预先的设定值,安全气囊控制单元立即释放一个电脉冲火花,使气体发生器中的雷管急速爆炸。

3)20~60ms:雷管的爆炸击穿装气体发生器的燃料盒,将固体燃料点燃并产生高温、高压气体(氮气),快速地经过滤器过滤冷却后冲入安全气囊。气囊在 20~60ms 内张开达到最大容积,在乘员与车内装备之间形成一个气垫。

4)60~100ms:与此同时,装在气囊后面的排气孔打开,气囊泄气并收缩。由气体的阻尼作用,吸收了碰撞的能量,缓解了气囊对乘员头部和脸部的压力,使乘员陷入较柔软的气囊中。由于安全气囊将乘员与车内装备隔开,而使乘员得到保护。最后气体全部从排气孔排出,气囊瘪下。

安全气囊从碰撞到展开,最后完全泄气整个过程大约 60~100ms。安全气囊展开进行保护的过程是一种不可逆的过程,在完成上述过程后,必须更换气囊。

4. 安全气囊维修注意事项

无论何时操作安全气囊系统或其周围部件,都要遵循所有安全警告,注意事项如下:

1)在车内执行任何作业时,一定要注意所有安全气囊的位置,并在操作这些部位时应特别小心。维修安全气囊系统时,应佩戴防护眼镜。

2)在对安全气囊系统或其周围执行任何维修前,应在断开蓄电池后等待至少 30min。储能模块存储的电量足以在失去电池电压后展开安全气囊。

3）务必正确遵循厂家提供的维修程序。否则可能会导致安全气囊展开。此外，如果未正确维修系统，则可能导致气囊会在需要工作时无法工作。

4）切勿拆解或尝试维修任何零件以再次使用它们；务必用新零件进行更换。

5）小心地操作所有安全气囊碰撞传感器。请勿撞击或晃动传感器，否则安全气囊可能会展开。

6）移动安全气囊模块时，使装饰件和气囊远离身体。请勿握住该模块的线束或插接器。

7）将有效的模块放到台架上时，使装饰件和安全气囊朝上。

8）展开的安全气囊上可能会有粉末状残余物。氢氧化钠是由于气囊展开时发生化学反应而产生的，并且会在与大气中的湿气相接触后转化成碳酸钠。氢氧化钠不可能会一直存在。但是，处理已展开的安全气囊时，仍应佩戴防护眼镜和手套。处理完气囊后，应立即洗手。

9）在报废有效的安全气囊模块前，必须先将其展开。因为安全气囊的展开会经历一个爆炸性过程，所以报废不当可能会导致人身伤害和被监管部门处罚，应根据监管部门和生产厂家的程序来报废已展开的安全气囊。

10）请勿使用蓄电池或交流电供电式电压表、万用表或维修手册中未规定的其他任何测试设备来测试安全气囊模块。切勿使用测试灯来探测电压。

11）完成对 SRS 的操作后，执行 SRS 警告灯检查。

12）严格遵守车辆维修手册的相关警告信息。

二 基本技能

以下介绍安全气囊系统的检查与诊断方法。

（1）**安全气囊检查**　首先必须检查所有安全气囊模块的外观及线束，包括插接器，发现异常必须进行检修或更换。

诊断安全气囊系统前，通过观察安全气囊警告灯，并将观察结果与车辆维修手册中描述的内容进行比较以执行系统检查。要检查安全气囊系统的状态，确保点火开关已经关闭至少 2s。然后，打开点火开关。SRS 警告灯应亮，并持续亮大约 6s。在此期间，该系统执行系统的预检，包括安全带预紧器。

如果系统检测到故障，则 SRS 警告灯将一直亮。如果该灯闪烁或熄灭，随后再次亮，可能指示电源电压过低。点火开关初次打开时，如果灯不亮，则也指示系统出现故障。

如果警告灯的工作情况指示出现故障，则应使用诊断仪器检查系统的故障码。

（2）**检查安全气囊警告灯**　如图 5-2-20 所示，将点火钥匙从 OFF 位置切换至 ON 位置时，安全气囊警告灯将点亮，发动机开始运行后，该灯应熄灭。

点亮　　　　　　　　　　　熄灭

图 5-2-20　检查 SRS 灯状况

（3）故障码读取与清除　如果发动机运转过程中，安全气囊警告灯点亮，说明安全气囊系统记忆故障码，应采用诊断仪器进行故障码读取，根据故障码内容检修，然后清除故障码。图 5-2-21 是故障码读取和清除时的诊断仪器显示界面。

图 5-2-21　故障码读取和清除时的诊断仪器显示界面

三　拓展知识

1. 安全气囊控制单元编码

1）大众车系更换新的安全气囊控制单元，需要进行控制单元编码。
2）新的安全气囊控制单元没有进行过编码，控制单元的初始编码为 0。
3）不同的控制单元编码具备不同的功能和配置。
4）未编码的控制单元会使安全气囊故障警告灯一直点亮，并产生故障码。

2. 安全气囊控制单元编码操作程序

1）使用诊断仪读取旧控制单元零件索引号和控制单元编码（CODING）。
2）使用诊断仪读取新控制单元零件号和控制单元编码（CODING）。
3）比较新旧控制单元编码是否一样，如不一样，或新控制单元编码为 00000，则需要对新控制单元进行控制单元编码（旧控制单元编码也为 00000 除外）。
4）诊断仪选取系统通道 15（安全气囊系统）。
5）选取功能通道 07（控制单元编码）。
6）修改新的控制单元编码。
7）如无旧控制单元编码号，可通过控制单元零件索引号，查阅维修资料，查找与零件号匹配的控制单元编码；图 5-2-22 所示为大众安全气囊控制单元。
8）若出现更换新的安全气囊控制单元无法进行编码，诊断仪显示"车辆系统不存在"的故障码，则需要检查安全气囊控制单元是否正确安装。
9）编码完成后，读取和清除故障码，检查气囊警告灯是否正常。

图 5-2-22　大众安全气囊控制单元

项目六
中控防盗系统检修

本项目主要学习中控防盗系统检修,分为两个工作任务:任务一中控门锁检修;任务二遥控与防起动钥匙系统检修。通过两个工作任务的学习,你能掌握中控防盗系统的结构原理,能进行中控防盗系统的操作与检修。

任务一　中控门锁检修

➡ 情境导入

情境描述

一辆 2017 年款一汽大众迈腾 B8,中控门锁不工作,你的主管将这个检修任务分配给你,你能完成吗?

情境提示

中控门锁系统主要通过门锁开关和主门门锁开关控制所有车门的开锁或闭锁。

本情境中,中控门锁不动作,故障可能出在门锁开关、门锁和线路,应按从简单到复杂的顺序进行检修。如果门锁总成损坏,应进行更换。

➡ 学习目标

知识目标

1)能描述中控门锁的作用。
2)能描述中控门锁的结构组成和控制方式。

技能目标

1)能进行中控门锁的操作。
2)能更换门锁总成。

一　基本知识

1. 中控门锁的作用

为了方便驾驶人和乘客开关车门,汽车上都安装了中央控制门锁系统,简称中控门锁或中央门锁。车辆安装了中控门锁，驾驶人可以在锁住和打开自己车门的同时锁住或打开其他的车门。除了中控门锁控制外，乘客还可以利用各车门的机械式门锁开关车门。

2. 中控门锁的组成

中控门锁由各车门门锁控制开关和门锁总成组成。

（1）控制开关　门锁控制开关又分以下几种类型，具备不同的功能。

1）门锁控制开关。一般安装在驾驶人侧门内的扶手上，通过门锁控制开关可以同时锁上和打开所有车门，如图6-1-1所示。

2）钥匙控制开关。安装在每个前车门的钥匙门上，如图6-1-2所示。当从车辆外面用车钥匙开门和关门时，钥匙控制开关就发出开门或锁门的信号给门锁控制ECU或门锁继电器，控制门锁动作。

图6-1-1　门锁控制开关

图6-1-2　钥匙控制开关

3）行李舱盖开启开关。行李舱盖开启器开关一般安装于仪表板下面、驾驶人座椅左侧车厢底板上或左前车门处，操作此开关便能打开行李舱盖，如图6-1-3所示。必要时也可以用车钥匙打开行李舱或用遥控器的行李舱开启按键。

4）门锁（门锁位置）开关。安装于车门锁总成中，用于检测车门的开闭情况，当车门关闭时门锁开关断开，车门开启时门锁开关接通，如图6-1-4所示。

图6-1-3　行李舱盖开启开关

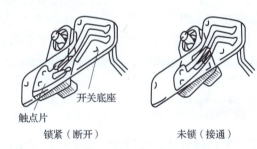

图6-1-4　门锁位置开关

（2）门锁总成　门锁总成主要由门锁传动机构、门锁位置开关和外壳等组成，如图6-1-5所示。门锁传动机构主要由门锁电动机和蜗轮蜗杆组成，门锁电动机是门锁的执行器，当门锁电动机转动时，蜗杆带动蜗轮转动，蜗轮推动锁杆，车门被锁上或打开，然后蜗轮在复位弹簧的作用下返回原位置，防止操纵门锁时电动机工作。

（3）中控门锁的控制方式　中控门锁系统由门锁控制单元ECU控制，不同车型的门锁控制ECU有所区别，有独立设计也有集成在车身控制单元或防盗控制单元内部。如图6-1-6所示，各车门中控锁电动机由门锁控制ECU输出信号控制。驾驶人的门锁主开关或其他门锁控制开关发送"锁止或解锁"请求信号至门锁控制ECU，门锁控制ECU立即做出反应并向

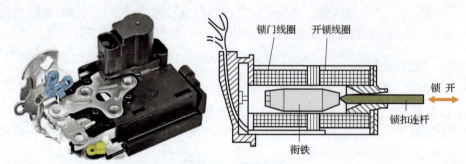

图 6-1-5 门锁总成

各个车门的门锁电动机发出请求信号,以锁止或解锁车门。使用机械钥匙操作驾驶人门锁,也可向门锁控制 ECU 发送锁止或解锁的请求信号。

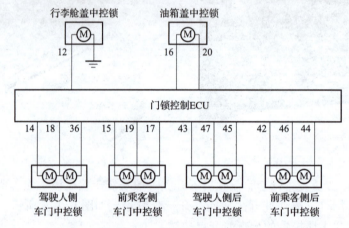

图 6-1-6 中控门锁控制电路图

1)手动锁止和解锁。此功能可通过操作门锁控制开关锁止或解锁所有车门。

2)钥匙联动和锁止功能。锁止或解锁功能起作用时,与机械钥匙锁芯联动的该功能可以锁止或解锁所有车门。

3)防止钥匙锁在车内功能。如果当电子钥匙或机械钥匙在车厢内或点火锁芯内时,执行各门锁或驾驶人侧门锁操作,所有车门将解锁。

二 基本技能

如果中控门锁失效,应进行线路检测,如果门锁总成损坏应更换。以下以左前门锁为例,介绍门锁总成更换步骤。

(1)拆卸前扶手座上面板

1)如图 6-1-7 所示,用头部缠有保护胶带的螺钉旋具或内饰拆装工具,分离 2 个卡子和 6 个卡爪,并拆下前扶手座上面板。

2)如图 6-1-8 所示,断开插接器。

(2)拆卸前门内把手框 如图 6-1-9 所示,用头部缠有保护胶带的螺钉旋具,分离 3 个卡爪并拆下前门内把手框。

图6-1-7　拆卸前扶手座上面板

图6-1-8　断开插接器

（3）拆卸前门下门框支架装饰条　如图6-1-10所示，拆卸前门下门框支架装饰条。

图6-1-9　拆卸前门内把手框

图6-1-10　拆卸前门下门框支架装饰条

（4）拆卸前门装饰板分总成

1）如图6-1-11所示，用头部缠有保护胶带的螺钉旋具，分离卡爪并断开车门扶手盖，拆下2个螺钉。

2）用卡子拆卸工具分离10个卡子和分离5个卡爪，从前门窗玻璃内密封条上分开门装饰板分总成。

3）如图6-1-12所示，分离2个卡爪，并断开前门内把手分总成。

图6-1-11　拆卸前门装饰板分总成

图6-1-12　拆卸前门内把手分总成

（5）拆卸车门装饰条支架　如图6-1-13所示，拆下2个螺钉和车门装饰板支架。

（6）断开门锁线束插接器　如图6-1-14所示，断开门锁线束插接器。

图6-1-13　拆卸车门装饰条支架

图6-1-14　断开门锁线束插接器

（7）拆卸前门丁基胶带　如图 6-1-15 所示，拆卸前门丁基胶带。

（8）拆卸前门玻璃内密封条　如图 6-1-16 所示，从前门板上拆下前门玻璃内密封条。

图 6-1-15　拆卸前门丁基胶带　　　图 6-1-16　拆卸前门玻璃内密封条

（9）拆卸前门玻璃分总成

1）如图 6-1-17 所示，连接蓄电池负极端子，连接电动车窗升降器主开关总成，并移动前门玻璃分总成以便能看到车门玻璃螺栓。

图 6-1-17　调整前门玻璃位置

2）如图 6-1-18 和图 6-1-19 所示，断开蓄电池负极端子和电动车窗升降器主开关总成，拆下 2 个螺栓。

图 6-1-18　拆卸前门车窗玻璃固定螺栓　　　图 6-1-19　拆卸车窗升降器固定螺栓

3）如图 6-1-20 所示，拆下前门玻璃分总成。

图 6-1-20　拆下前门玻璃分总成

(10) 拆卸前门窗升降器分总成

1) 如图 6-1-21 所示，断开插接器，松开临时螺栓，拆下 5 个螺栓。

2) 将前门窗升降器分总成和前电动车窗升降器电动机总成作为一个单元拆下，从前门窗升降器分总成上拆下临时螺栓。

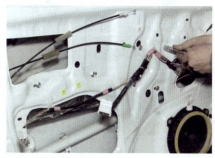

图 6-1-21　拆下前门升降器分总成

(11) 拆卸前门后下门框分总成

1) 如图 6-1-22 所示，拆下螺栓和前门后下门框分总成。

2) 如图 6-1-23 所示，分离卡爪和卡子，并拆下前门下门框支架装饰条，断开插接器。

图 6-1-22　拆卸前门后下门框分总成固定螺栓　　　图 6-1-23　拆卸前门下门框支架

(12) 拆卸前门外把手盖（图 6-1-24）

1) 拆下孔塞，用梅花扳手松开（不是拆下）螺钉，然后将前门外把手盖和车门锁芯一体拆下。

2) 用螺钉旋具分离 2 个卡爪并拆下前门外把手盖。

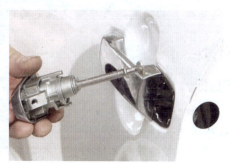

图 6-1-24　拆卸前门外把手盖

(13) 拆卸前门门锁总成

1) 如图 6-1-25 所示，拆下 3 个螺钉，向下滑动气门门锁总成，并将前门锁开启杆从外把手框中拉出，然后将前门门锁总成和拉索作为一个整体拆下。

2) 将前门锁开启杆从前门门锁总成上拆下。

3）将门锁线束密封从前门门锁总成上拆下。

（14）**安装前门锁总成** 按照拆卸顺序的相反顺序安装。

（15）**测试前门锁总成** 测试前门锁动作正常。

图6-1-25 拆卸前门门锁总成

任务二　遥控与防起动钥匙系统检修

情境导入

情境描述

一辆2017年款一汽大众迈腾B8，遥控门锁不工作，起动发动机时，发动机运转约2s后熄火。你的主管将这个检修任务分配给你，你能完成吗？

情境提示

车辆防盗系统一般分为遥控和防起动钥匙两部分。

遥控器可遥控控制所有车门的开锁或闭锁。遥控器控制不了门锁，可能是遥控器的原因（电池亏电、遥控器需要设定、遥控器损坏）和车辆原因（遥控接收和控制系统故障、门锁故障等）。

使用非法或失效的点火钥匙起动发动机会触发防起动系统，发动机不能起动。

本情境的故障现象是典型的防盗系统触发的现象，应采用合法的钥匙起动发动机。如果原合法钥匙失效，必须利用汽车常见规定的设备或操作程序解除防盗系统。

学习目标

知识目标

1）能描述遥控门锁系统的作用和结构组成。
2）能描述遥控门锁系统的操作方法。
3）能描述防起动钥匙系统的作用和结构组成。

技能目标

1）能进行遥控钥匙的功能检查与匹配。
2）能进行防起动钥匙检查与匹配。

一 基本知识

1. 遥控门锁系统的作用与结构组成

（1）**遥控门锁的作用**　遥控门锁控制系统的作用是从车辆远处锁止和解锁所有车门。该系统由手持式车门控制发射器/遥控器（图6-2-1）控制，发射器向所有车门控制接收器发送无线电波。防盗控制单元执行识别码识别过程并接合门锁控制。

图6-2-1　各种类型的车门控制发射器

（2）**遥控门锁系统的结构组成**　如图6-2-2和图6-2-3所示，遥控门锁系统的结构组成包括以下元件。

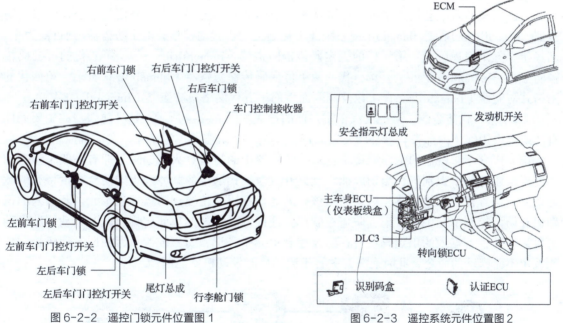

图6-2-2　遥控门锁元件位置图1　　　　图6-2-3　遥控系统元件位置图2

1）车门控制发射器。车门控制发射器即遥控器，有锁止（闭锁）、解锁和行李舱开启开关，向车门控制接收器发送弱无线电波（识别码和功能代码）。

2）车门控制接收器。车门控制接收器从车门控制器发射接收弱无线电波并发送至认证ECU（即防盗控制单元）。

3）前、后门控灯开关和行李舱门控灯开关。当车门打开时接通，车门关闭时断开，同时将车门状态（打开或关闭）输出至车身ECU（即车身控制单元）。

4）门锁位置开关。门锁位置开关将各车门的门锁位置信号发送至车身ECU。

5）认证ECU。认证ECU即遥控防盗系统控制单元，发送遥控门锁控制信号以响应来自车门门锁控制器的代码数据和来自认证ECU的信号。

(3)遥控门锁系统控制　遥控门锁控制方法如下：

1）车门锁止。按下锁止开关锁止所有车门。

2）车门解锁。按下解锁开关解锁所有车门。

3）自动锁止。如果车门通过遥控门锁控制解锁后，在30s内没有打开任何车门，则所有车门将再次自动锁止。

4）行李舱门打开。按下发射器的行李舱门开启开关打开行李舱门。

5）应答。当通过遥控操作锁止车门时，危险警告灯闪烁一次；当通过遥控操作解锁车门时，危险警告灯闪烁两次。

6）解锁照明。当所有车门锁止时，按下解锁开关会使车内照明灯会随解锁操作同步亮起。

2. 防起动钥匙系统的结构组成与工作原理

发动机防起动钥匙系统也称发动机停机系统，是为防止车辆被盗而设计的。本系统使用收发器钥匙ECU总成来存储经授权的点火钥匙的钥匙代码。如果试图使用未经授权的钥匙起动发动机，则钥匙ECU将向发动机ECU发送信号以禁止供油和点火，从而有效地禁止发动机工作。

以下以大众汽车防盗系统为例，介绍防起动钥匙系统的结构组成与工作原理。

大众汽车的防起动钥匙系统，通常称为大众防盗器系统，采用的是西门子公司提供的防盗器(Immobilizer)系统。Immobilizer系统属于控制发动机起动授权的电子防盗器。到目前为止，已经历了五个发展阶段：第一代的固定码传输防盗器（Immobilizer Ⅰ）、第二代的可变码传输防盗器（Immobilizer Ⅱ）、第三代的两级可变码传输防盗器（Immobilizer Ⅲ）、第四代的网络式防盗器（Immobilizer Ⅳ）以及刚刚面世的第五代网络式防盗器（Immobilizer Ⅴ）。

（1）第一代防盗器　第一代汽车防盗器的构成如图6-2-4所示。这种防盗器的主要元件有防盗点火钥匙（内部带有脉冲转发器、辨认线圈）、防盗器控制单元、发动机控制单元。

第一代汽车防盗器的工作原理是：每个防盗器中的防盗点火钥匙除了拥有一般车钥匙的功能外，还有一个识别码，当钥匙插入点火开关时，钥匙中的脉冲发生器便会产生特有的脉冲信号，信号被辨认线圈感应后，产生该钥匙的识别码并传输到防盗控制单元，若输入的识别码在防盗控制单元中有登记，防盗控制单元便向发动机控制单元解锁，此时扭动钥匙发动机可以起动；若输入的识别码没有在防盗控制单元中登记，防盗控制单元便向发动机控制单元发出不能起动的命令，此时点火开关置于起动档时发动机不能起动。

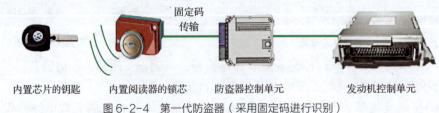

图6-2-4　第一代防盗器（采用固定码进行识别）

（2）第二代汽车防盗器　第二代汽车防盗器的构成如图6-2-5所示。这种防盗器的防盗控制单元随机产生一个变码，这个码是钥匙和防盗控制单元用于计算的基础。在钥匙和防盗控制单元内，有一套公式列表和一个相同且不可改写的SKC（隐秘的钥匙代码），经钥匙和防盗控制单元分别计算后，钥匙将计算结果发送给防盗控制单元，防盗控制单元将收到的结果与自己的计算结果进行比较，如果相同，则钥匙确认完成，该钥匙合法，允许发动机起动，否则发动机不能起动。

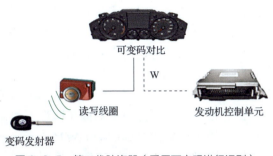

图 6-2-5　第二代防盗器（采用可变码进行识别）

只有使用经过汽车上的防盗控制单元匹配认可的钥匙，发动机才能起动。匹配钥匙时，需要把全部钥匙同时与防盗控制单元匹配。如果需要重新配钥匙或者增配钥匙，也必须匹配全部钥匙。如果用户遗失了一把合法的钥匙，为了安全起见，必须把其他所有合法钥匙重新进行一次匹配，这样就可以使丢失的钥匙变为非法钥匙，不能再用来起动发动机。

（3）第三代防盗器　大众车系的奥迪、帕萨特、宝来、高尔夫、波罗等车型，自 2001 年以后的大部分车辆已装备第三代防盗器，防盗器通过打开/锁止发动机控制单元（通过 W 线或 CAN 总线），可以有效防止汽车在未被授权的情况下靠自己本身的动力被开走。同前一代防盗器比较，它具有更高的安全性。在第三代防盗器中，防盗器控制单元与组合仪表是集成在一起的，钥匙上压有 W 标记。

如图 6-2-6 所示，第三代汽车防盗器的主要元件有点火开关上的读写线圈（天线）、点火钥匙（变码发射器）、组合仪表（内部包含防盗器控制单元）、发动机控制单元及仪表板上的故障警告灯。

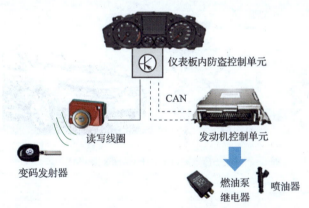

图 6-2-6　第三代防盗器（采用固定码与可变码双重识别）

第三代防盗器与第二代防盗器相比，有如下特点：

1）发动机控制单元是防盗系统的一部分，其不接受没有 PIN 的自适应。在第二代防盗系统中，当发动机控制单元锁死后，可通过自适应值清除，即可解除锁止，起动发动机。但在第三代防盗系统中，必须通过密码 PIN 登录发动机控制单元后才能解除锁止，可见其安全性得到了提高。

2）钥匙自适应后被锁止，不能再用于其他车辆。钥匙适配后，通过防盗器在钥匙芯片中写入密码计算公式，钥匙将不能再与其他车辆进行匹配。

3）在发动机的防盗器控制单元之间的数据采用 CAN 总线进行传递。在第二代防盗系统中，其间数据的传递采用 W 线。

4）钥匙上压有 W 标记，表明该系统是第三代防盗系统（在奥迪车辆上没有没有此标记）。

5）在防盗器控制单元和发动机控制单元中，都有防盗器 14 位串号和 17 位车辆底盘编号（VIN 车辆识别号）。在第二代防盗系统中，发动机控制单元中没有该串号和车辆底盘编码。因此可通过读取发动机控制单元中是否具有这两个号码而界定该车防盗系统是否为第三代防盗系统。

（4）第四代汽车防盗器　从 2008 年起，大众汽车高端车型开始逐步装配第四代防盗器。第四代防盗器不是一个单独的控制单元，而是一项功能（防盗器控制单元是舒适系统中的一个集成部分），包括：①位于德国大众集团总部的的 FAZIT（车辆信息和核心识别工具）中央数据库；②无钥匙进入/起动控制单元（集成了防盗器控制单元）；③发动机控制单元；④转向柱锁控制单元；⑤遥控钥匙。

如图 6-2-7 所示，位于德国大众总部的中央数据库是第四代防盗器的核心部分，必须通过大众专用的测试仪 VAS5051 及后代产品，通过网络进入 FAZIT 获得车辆的防盗数据，否则无法完成防盗器的匹配。第四代防盗器与第三代防盗器相比，有如下改进：

1）第四代防盗器与发动机控制单元之间的数据通过动力 CAN 总线进行传输，数据传输的安全性得到提高。

2）大众不同品牌之间的防盗器数据传输协议并不相同。防盗器部件在大众不同品牌的某些车型之间可以互用，但一旦完成匹配，就不能在其他品牌的防盗器系统内使用。

3）每一辆车的防盗数据都储存在大众总部的 FAZIT 中央数据库，而不是存储在车辆上的防盗控制单元内；进 FAZIT 数据库只能通过大众专用的测试仪，所有钥匙供应/更换过程中的安全性得到提高。

4）防盗器内的控制单元自动对准，无需手动输入安全 PIN。

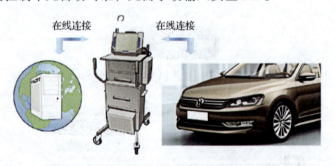

图 6-2-7　防盗数据存放在 FAZIT 的第四代防盗器

二　基本技能

以下以大众汽车为例介绍遥控器功能、防起动钥匙检查与匹配方法。

1. 遥控器的功能检查

（1）检查基本功能　遥控器如图 6-2-8 所示。

1）检查并确认按下各开关 2 次时，发射器 LED 灯亮起 3 次，按住各开关时 LED 应闪烁，如 LED 未亮则更换遥控器电池。

2）按下锁止开关，检查并确认所有车门均锁止。

3）按下解锁开关，检查并确认所有车门均解锁。

（2）检查自动锁止功能

1）检查并确认如果用解锁开关解锁所有车门后大约 30s 内没有打开车门或锁止任何车门，

则车门自动重新锁止。

2）如图 6-2-9 所示,检查并确认如果用解锁开关解锁所有车门后大约 30s 内打开某一车门,则自动锁止功能不能运行。

图 6-2-8　遥控器

图 6-2-9　检查车门是否能打开

（3）检查车内照明灯的亮起功能

1）将车内照明开关转至"DOOR"位置。

2）如图 6-2-10 所示,按下解锁开关时,检查并确认解锁操作时同时车内照明灯亮起。

3）解锁操作大约 15s 后,如果无车门打开,检查并确认车内照明灯熄灭。

（4）检查应答功能

1）当通过遥控操作锁止车门时,危险警告灯闪烁一次。

2）当通过遥控操作解锁车门（图 6-2-11）时,危险警告灯闪烁两次。

图 6-2-10　按下解锁键时门控灯亮

图 6-2-11　按下解锁键

（5）检查开关操作的失效保护功能　如图 6-2-12 所示,检查并确认当钥匙插入点火锁芯时车门无法通过操作开关锁止。

2. 遥控防起动钥匙的匹配

➢ **提示**：以一汽大众迈腾、速腾、宝来、高尔夫等车型为例,以下步骤供参考,请参照检测仪器功能引导/故障引导完成。

图 6-2-12　检查开关操作的失效保护功能

（1）遥控钥匙匹配程序

1）打开点火开关,连接诊断仪器,进入地址：46。

2）选择功能 10—选择 00 通道,删除适配记忆。

3）选择功能 10—选择 01 通道—输入适配钥匙数 00001…4（最多四把）。

4）依次按需适配的钥匙上的遥控键 1s 以上,所有钥匙要在 15s 内完成。

5）用未失效遥控器钥匙,打开点火开关。

（2）新增遥控钥匙的匹配程序

1）用新钥匙锁车门。

2）用遥控键开或关车门。

3）按键停至少1s后再按遥控按钮。

4）自适应结束时有喇叭提示。

➤ **提示**：速腾车型新增遥控匹配：用一把钥匙打开点火开关，用另一把钥匙锁车门，用遥控键开或关车门，按键至少1s后再按遥控按钮，自适应结束时有喇叭提示。

（3）关于遥控的其他补充说明

1）控制器和发射器配套使用原则：如果遥控失效，匹配时有确认闪动但遥控无效，应检查该车用的遥控器是否为L1GD959753、315MHz，若与该车的遥控控制单元协议不配比，应更换新的遥控器L1GD959753A315.5MHz（适用于更新后的车型），匹配才能成功。

2）迈腾遥控的舒适性设置：按菜单选项按钮进入舒适系统，按确认按钮选择舒适模式。舒适模式有三种模式。三种模式说明：选关模式，插入车门锁的钥匙遥控将不能遥控四门玻璃升降；选所有模式，插入车门锁的钥匙能遥控四门玻璃升降；选驾驶人模式，插入车门锁的钥匙遥控只能遥控驾驶人倒车门玻璃升降。

3）通过遥控单元恢复座椅和后视镜位置。对于有记忆功能的电动座椅和后视镜，可将所存储的座椅位置输入到遥控钥匙上：存储座椅和后视镜位置；之后在10s内将该位置输入到遥控钥匙上；将遥控钥匙从点火开关内拨下；按下遥控钥匙开锁按钮并保持大约2s，直到听到输入完成的确认声音。

➤ **注意**：在重新调整座椅的记忆位置后，在10s内不要随便按遥控钥匙按键，否则，遥控器将记忆最后所存储的座椅位置。

三 拓展知识

以下介绍丰田汽车遥控防起动系统。

1. 丰田汽车遥控钥匙的匹配

（1）重要提示

1）更换车门控制发射器或车门控制接收器时，应注册识别码。

2）如果要在注册新识别码的同时仍需保留已注册的识别码，应使用添加模式。添加发射器时，使用该模式。如果注册码数量超过6个，则以前注册的代码将会按顺序相应地被清除，先从最早注册的代码开始。

3）使用改写模式清除所有以前注册的代码并仅注册新的识别码，更换新的发射器或车门控制接收器时，使用该模式。

4）使用确认模式确认在注册另识别码前已注册的识别码数量。

5）使用禁止模式清除所有已注册的代码，并取消遥控门锁功能，当发射器丢失时使用该模式。

6）车辆应置于以下条件下：

① 钥匙未插入点火开关。

② 仅驾驶人侧车门打开。

7）匹配操作程序必须按顺序连续地进行。

（2）模式选择　执行下列操作以选择所需的模式：

1）5s 内将钥匙在点火开关中插入并拔出两次，结束时拔出。

2）在以上操作之后，关闭和打开驾驶人车门两次，结束时车门打开，随后将钥匙插入点火锁芯，然后拔出，在 40s 内完成该步骤。

3）在以上操作之后，关闭和打开驾驶人侧车门两次，结束时车门打开，然后将钥匙插入点火锁芯并关闭车门，该步骤在 40s 内完成。

4）如图 6-2-13 所示，以约 1s 时间间隔，将点火开关从 LOCK 位置转到 ON 位置然后转回到 LOCK 位置 1、2、3 或 5 次，以选择一种模式，然后将钥匙从点火锁芯中拔出，该步骤在 40s 内完成，如果点火开关 ON-LOCK 操作次数为 0、4、6 或更多，不会作出选择何种模式的响应。

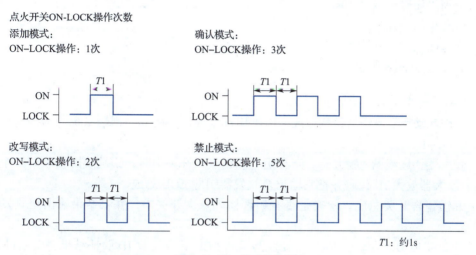

图 6-2-13　模式的选择

5）如图 6-2-14 所示，选择了一种模式后，主车身 ECU 会在 5s 内自动执行电动车门 LOCK-UNLOCK 操作，以通知已选择的模式。

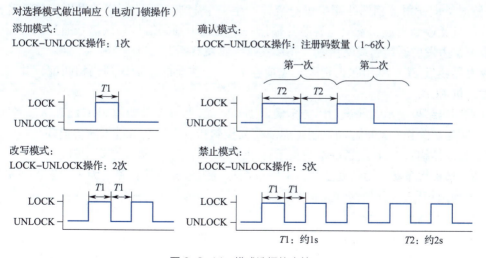

图 6-2-14　模式选择的应答

➤ 提示：在确认模式下，对于每个已注册的识别码会发生一次 LOCK-UNLOCK 操作，例如已注册了 2 个识别码，就会出现两次 LOCK-UNLOCK 操作；在确认模式和禁止模式下，一旦 LOCK-UNLOCK 操作出现响应，注册程序将会结束。

（3）注册新的识别码（添加模式或改写模式）

1）选定了添加模式或改写模式后 45s 内，同时按下发射器开关上的锁止和解锁开关 1~1.5s，然后按下其中一个开关操作 1s（程序 A）。

2）松开发射器开关 5s 内，如果正确完成了发射器的识别码注册，会自动执行 LOCK-UNLOCK 操作一次；如果 LOCK-UNLOCK 操纵进行两次，则识别码注册失败，再次执行注册程序（程序 B）。

（4）多个遥控器注册 如果多个发射器需要注册，在前一个注册后的 45s 内重复成 A 和 B。

> 提示：一次可注册 6 个识别码；只要符合下列条件，注册模式结束：

1）识别码注册后经过 40s。
2）所有车门打开。
3）钥匙插入点火开关。
4）已注册 6 个识别码。

2. 丰田汽车防起动钥匙系统介绍

（1）防起动钥匙系统的结构组成 以丰田汽车为例，防起动钥匙系统的结构组成和功能如下（图 6-2-15）：

1）收发器钥匙线圈 / 放大器。当有钥匙插在点火开关中时，钥匙线圈接收到一个钥匙代码，然后放大器放大 ID 代码并把它输出至收发器钥匙 ECU 总成。

2）解锁警告开关总成。检查是否有钥匙插入点火开关中，并将结果输出至收发器钥匙 ECU 总成。

3）发动机 ECU。发动机 ECU 从收发器钥匙 ECU 总成接收 ID 验证结果，发动机 ECU 也将验证收发器钥匙 ECU，然后判断是否停止发动机（不控制喷油器动作）。

4）安全指示灯。根据收发器钥匙 ECU 总成的操作，车内安全指示灯亮起或开始闪烁。

（2）防起动钥匙系统控制过程 当收发器钥匙 ECU 总成检测到钥匙解锁警告开关置于 ON 位置时，向发射器钥匙线圈提供电流并产生一个电波。钥匙柄中的发射应答芯片接收到电波，一旦接收到电波，发射应答芯片输出一个钥匙识别码信号。该信号通过收发器钥匙放大器放大，由发射器钥匙线圈接收，并被发送到收发器钥匙 ECU。

收发器钥匙 ECU 将钥匙识别码与先前在 ECU 中注册的车辆识别码相匹配，并将结果发送至发动机 ECU。

在识别码结果显示钥匙识别码与车辆识别码匹配，且收发器钥匙 ECU 已确认二者匹配后：

1）防盗解除且发动机起动控制（燃油喷油控制和点火控制）进入准备模式。
2）收发器钥匙 ECU 发送一个"指示灯熄灭"的信号，熄灭安全指示灯。

（3）丰田汽车防起动钥匙复制 丰田车系防盗钥匙有两款：黑色为主钥匙，通常只有一把；灰色为副钥匙，可以有多把。

1）主钥匙增加复制程序如下：
① 插入主钥匙到点火开关，并在 15s 内，踩、放加速踏板 5 次。
② 踩、放制动踏板 6 次。
③ 拔下主钥匙，并在 10s 内插入另外一把要复制同步设定的主钥匙。
④ 踩、放加速踏板 1 次，安全指示灯应闪烁。
⑤ 等待大约 1min，安全指示灯应熄灭，则表示完成同步设定。

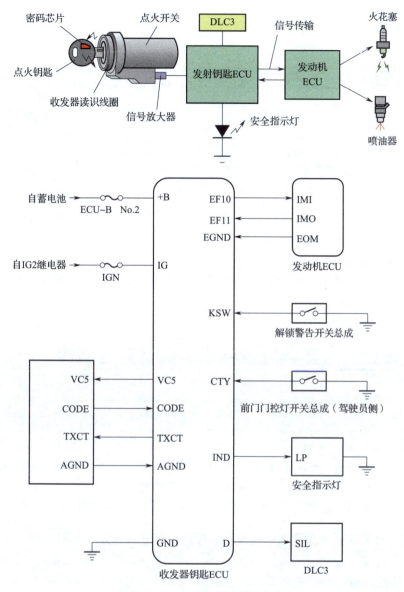

图 6-2-15 防起动钥匙系统原理图

⑥ 若想再复制另一把钥匙，则在 10s 内重复步骤③~⑤。

2）副钥匙复制程序：

① 插入主钥匙（以同时设定），并在 15s 内踩、放加速踏板 4 次。
② 踩、放制动踏板 5 次，拔下主钥匙。
③ 在拔下主钥匙 10s 之内，插入欲复制的副钥匙到点火开关。
④ 在插入欲复制副钥匙到点火开关的 10s 内，踩、放加速踏板一次，安全指示灯应闪烁。
⑤ 等待 1min 左右，安全指示灯应熄灭，此时完成复制副钥匙的设定程序。
⑥ 若要再复制另一把钥匙，则在 10s 内，重复步骤①~⑤。

项目七
车载局域网络与互联网系统检修

集新技术一体的汽车,绝大部分都采用了车载局域网络和互联网系统。本项目介绍车载局域网络和车载互联网系统的相关知识,分为两个工作任务:任务一车载局域网络系统认知与检修;任务二车载互联网系统认知与应用。

通过两个工作任务学习,你能掌握车载局域网络及车载互联网系统的功能、类型和结构原理,并能进行应用及检修。

任务一 车载局域网络系统认知与检修

➡ 情境导入

情境描述

一辆2017年款的一汽大众迈腾B8,发动机警告灯亮。采用诊断仪器读取故障码,发现仪器不能与发动机控制单元通信,你知道问题出在哪里吗?

情境提示

车载局域网络系统的故障有其特殊性,检修时应先掌握基本的工作原理。

本情境中,诊断仪器不能与发动机控制单元通信,在排除诊断仪器及操作问题外,故障出在CAN系统或发动机控制单元上。

➡ 学习目标

知识目标

1)能够描述车载总线系统的基本知识。
2)能够描述CAN总线网络的结构原理与应用。
3)能够描述LIN总线网络的结构原理与应用。
4)能够描述MOST总线网络的结构原理与应用。

技能目标

1)能认识车载局域网络系统的结构。
2)能进行诊断座终端电阻进行测量。

一 基本知识

20世纪80年代初,德国博世(Bosch)公司就开始研发CAN总线系统。随着总线技术的引入,汽车跨系统的数据交换成为了可能,同时节省了布线成本,使车辆的可靠性大大地提升。

1. 车载总线系统概述

(1)汽车总线技术的产生 随着汽车技术的不断发展,智能化程度也不断提升。与此同时,汽车上电子控制单元的数量以及控制单元之间的数据交换也随之增加。

传统的数据交换形式是通过控制单元间专设的导线完成点对点的通信。数据量的增加必然导致车身线束的增加。庞大的车身线束不仅增加了制造成本,而且还占用空间,提高了整车重量。线束的增加还会使因线束老化而引起电气故障的可能性大大提高,降低了系统的可靠性。

解决这个问题的关键就是利用计算机网络技术,将车载控制单元通过车载网络连接起来,实现数据信息的高效传输。车载网络形式多种多样,目前应用最为广泛的是控制器局域网络(Controller Area Network),即所谓的CAN BUS总线系统。

图7-1-1a所示代表传统布线及信息传递方式。发动机控制单元与自动变速器等控制单元以独立的数据专线传递各种信息,如发动机转速、节气门位置、升降档的信息等。而图7-1-1b所示则采用CAN BUS数据总线进行信息传递,所有信息都通过两根数据线进行传递。各控制单元之间的所有信息都通过两根数据线进行交换,相同的数据只需在数据系统中的传递一次。通过该种数据传递形式,所有的信息,不受控制单元的多少和信息容量的大小限制,都可以通过这两条数据线进行传递。

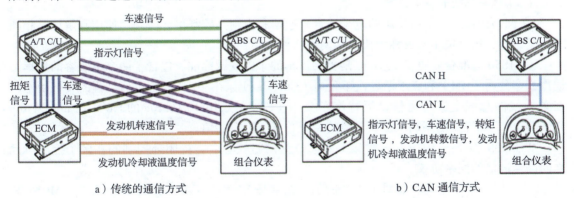

图7-1-1 传统数据传输系统与CAN BUS系统对比图

如图7-1-2所示,类似于公共汽车可以运输大量乘客,CAN数据总线可以以高效率实现大量的数据信息传输。

因此,与传统数据传输方式相比,CAN数据总线具有如下优点:

1)数据传输速度快。数据传输能以较快的速度进行,最快速度达到1Mbit/s。

2)系统可靠性高。系统能准确识别数据传输故

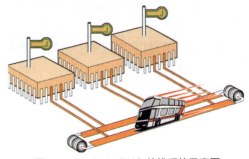

图7-1-2 CAN BUS总线系统示意图

障（不论是由内部还是外部引起的）；具有较强的抗干扰和应急运行能力，如能以单线模式工作（出于安全因素，正常情况下双线同时工作）。

3）减少线束，降低成本。通过减少车身线束降低了制造成本，同时又节省了空间，降低了整车重量。

4）系统配置更加灵活便利。若需对系统进行功能增减或配置更改时，只需进行较少的改动，如对相应控制单元进行软件升级等。

5）高效率诊断。通过网络实现对网络中各系统的高效诊断，大大减少了诊断扫描所需的诊断线束。

（2）汽车总线的标准分类　为方便研究和设计应用，美国汽车工程师协会（SAE）的汽车网络委员会按照系统的复杂程度、传输速率、应用场景等，将汽车数据传输网络划分为A、B、C、D四大类，见表7-1-1。

表7-1-1　美国SAE对车载网络的分类

等级	标准	传输速率	应用
Class A	LIN、TTP/A	~10kbit/s	车灯、照明、车窗、门锁、座椅、面向智能传感器和执行器
Class B	低速CAN、J1850、VAN	10~125kbit/s	车辆舒适性控制单元、仪表显示等，面向独立控制单元间数据共享的网络
Class C	高速CAN、TTP/C、FlexRay	125kbit/s~10Mbit/s	面向闭环实时控制的多路传输高速网络，如动力传动系统
Class D	MOST、D2B、Byteflight	250kbit/s~400Mbit/s	汽车导航、影音系统等多媒体应用；高速实时控制和安全领域

（3）汽车总线的基本概念

1）网络协议。网络由使用的电子语言来通信和识别。控制单元必须"使用和解读"相同的电子语言，这种电子语言称为协议。网络协议包括：

①J1850标准企业协议：J1850是美国汽车的车内联网标准，包含了两个不兼容的规程。通用汽车公司（GM）和克莱斯勒汽车公司（Chrysler）采用10.4kbit/s可变规程的类似版本，在单根线的总线上进行通信；福特汽车公司（Ford）采用46.1kbit/s的PWM（Pulse Width Modulation，脉冲宽度调制），在双线的差分总线上进行通信。

②J1939协议：J1939是一种以CAN 2.0为网络核心、支持闭环控制的在多个控制单元之间高速通信的网络协议。

2）主总线和子总线。如图7-1-3所示，在宝马X5 E70车型中，有CAN总线、MOST总线以及Flex Ray总线，这些总线又可称为主总线。主总线的特点是可以跨系统交换数据。

除了主总线，还有LIN、K、BSD等总线，这些总线是子总线。子总线只能在系统内交换数据，处于从属地位。

3）网关与节点。汽车上通常采用多种类型的总线将控制单元连接成网络，由于不同类型总线的传输速率和识别代号不同，因此某一信号要从一个总线进入到另一个总线区域，必须把此信号的速率和识别代号进行改变，能够让另一个系统接受，这个任务由网关（Gateway）来完成。网关（图7-1-4）是汽车内部网络通信的核心，通过它可以实现各种总线上控制单元之间信息的共享以及汽车内部的网络管理和故障诊断功能。如图7-1-5所示，网络A与网络B采用不同的协议，两者之间不能直接进行信息交换，因此在两个网络之间需要通过网关

G 进行转换。

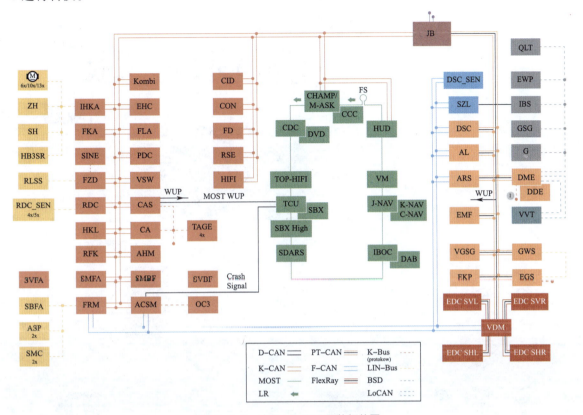

图 7-1-3 宝马 X5 E70 网络拓扑图

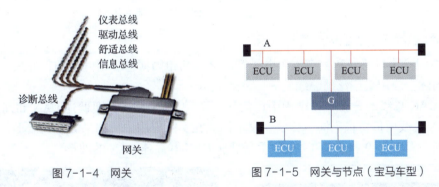

图 7-1-4 网关

图 7-1-5 网关与节点（宝马车型）

所谓节点（Node）是指有独立地址和具有传送或接收数据功能的网络连接。网关本身也是一个节点，它是多个网络之间的数据接口，起到"翻译"的桥梁作用。

4）网络拓扑结构。在车辆中常用的网络拓扑结构有总线型结构（图 7-1-6 左）、环型结构（图 7-1-6 右）、星型结构（图 7-1-7）、混合拓扑结构（图 7-1-8）。网络拓扑 (Network Topology) 结构是指用传输介质互连各种设备的物理布局，指构成网络的成员间特定的物理的即真实的，或者逻辑的即虚拟的排列方式。如果两个网络的连接结构相同，我们就说它们的网络拓扑相同，尽管它们各

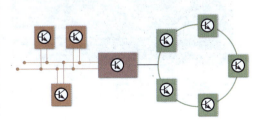

图 7-1-6 总线型与环型结构

自内部的物理接线、节点间距离可能会有不同。

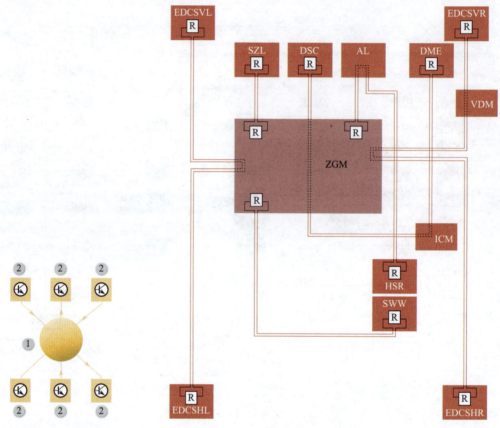

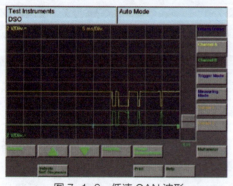

图 7-1-7　星型结构

图 7-1-8　混合拓扑结构

2. CAN 总线网络的结构原理与应用

CAN 总线是由以研发和生产汽车电子产品著称的德国博世公司开发的，并最终成为国际标准，是国际上应用最广泛的总线之一。

（1）CAN 总线的分类　在车辆中广泛使用两种 CAN 总线，即低速 CAN 和高速 CAN。这两种 CAN 总线通信协议不同，传输速率不同。在实际应用中，如果测量其波形，会发现波形也不相同。图 7-1-9 和图 7-1-10 所示是低速 CAN 和高速 CAN 的波形。

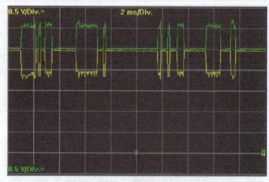

图 7-1-9　低速 CAN 波形

图 7-1-10　高速 CAN 波形

（2）CAN 总线的结构组成　CAN 总线系统主要由控制器、收发器、终端电阻和传输线等组成，如图 7-1-11 所示。除数据传输线外，其他元件都置于控制单元内部。

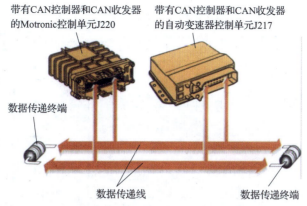

图 7-1-11 CAN 总线系统图（大众车型）

1）传输线及信号传输方式。传输线又称为通信传输介质或媒体，常用通信传输介质有电话线、同轴电缆、双绞线、光导纤维电缆、无线与卫星通信信道等。CAN 总线数据没有指定接收器，数据通过数据传输线同时发送给各控制单元，各控制单元接收后进行对数据的分析、判断和计算。

如图 7-1-12 所示，为了防止外界电磁波干扰和向外辐射，两种 CAN 总线都采用两条线缠绕在一起的双绞线作为信号传输介质。双绞线可以屏蔽干扰，当信号有干扰时，总线上的信号同向变大或变小，但两者的差值不变，这样总线仍能不受外界干扰而确保信息正常传输。两条线上的电位是相反的，如果一条线的电压是 5V，另一条线就是 0V，两条线的电压总和等于常值。因此，CAN 总线得到保护而免受外界电磁场干扰，同时 CAN 总线向外辐射也保持中性，即无辐射。

如图 7-1-13 所示，两根双绞线分别命名为 CAN_H（CAN_HIGH）和 CAN_L（CAN_LOW），它们每相隔 25mm 绞合一次。此双绞线允许的总长度为 30m（25m 连接节点，5m 连接诊断仪）。理论上连接的节点数不受限制，但实际上可连接的控制单元数受总线上的时间延迟及电气负载的限制。降低通信速度，可连接的单元数增加；提高通信速度，则可连接的单元数减少。

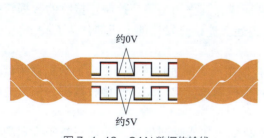

图 7-1-12 CAN 数据传输线

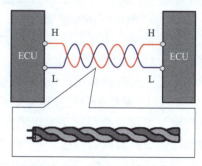

图 7-1-13 CAN_H 和 CAN_L

2）终端电阻。如图 7-1-14 所示，CAN 总线都采用总线型拓扑结构，属于多主控网络。不同之处在于，高速 CAN 在终端处有终端电阻。终端电阻的作用是避免高速信号在终端处产生回波反射造成对信号的叠加，从而使信号产生失真形成干扰。

单个终端电阻为 120Ω，利用万用表测量时，测量 CAN_H 和 CAN_L 之间的电阻约为 60Ω（实际上是两个电阻并联后的阻值）。在实际应用中，利用测量高速 CAN 的终端电阻值，可以判断总线线路有无断路。低速 CAN 一般不去测量终端电阻值，因为它没有诊断意义。

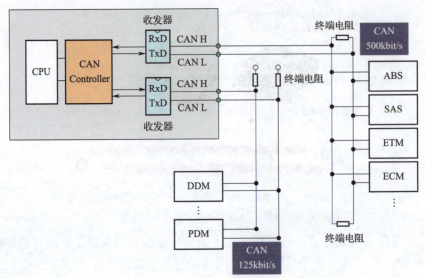

图 7-1-14　CAN 总线节点结构

3）控制器和收发器。CAN 控制器（也称驱动器，图 7-1-15）的作用是用于接收控制单元中微处理器发出的数据、处理数据并传给 CAN 收发器；同时控制器也接收收发器收到的数据、处理数据并传给微处理器。在 CAN 总线上的信号变化实际上由控制器产生的。高速 CAN 与低速 CAN 的控制器不同，这使得总线上的信号有差别。

CAN控制器
CAN控制器有28个针脚，主要实现了两部分的功能：
➤ 数据链路层的全部功能
➤ 物理层的位定时功能

图 7-1-15　高速 CAN 总线控制器

CAN 总线控制器有两个功能：

① 将"0"或"1"逻辑信号转换为规定的电平，并向总线输出。

② 将总线电压转换为逻辑信号，并向控制器反馈。

收发器是由一个发射器和一个接收器组合而成，其作用是将从控制器接收的数据转换成能够通过 CAN 总线传递的电信号，并能双向传递。连接收发器的上级芯片为 CAN 协议控制芯片，再上一层级的芯片就是 CPU。

（3）CAN 总线的信息传输与交换　各个控制单元之间进行传输与交换的数据称为信息。信息传输与交换是按照顺序来连续完成的，每个控制单元都能发送和接收数据，但只是有选择性地读取需要的数据信息。

如图 7-1-16 所示，CAN 总线中的所有控制单元都能收到信息，并且判断所收到的信息是否与相应的控制单元有关，如果有关，则采用；否则将被忽略。通常把上述信息交换的原理称为"广播"，类似与一个广播电台发送某一节目一样，每个连接的用户均可接收。这种"广播"形式使系统中所有控制单元都处于相同的信息状态，但用户可以选择听与不听，听的用户也分为"有用"和"没用"。

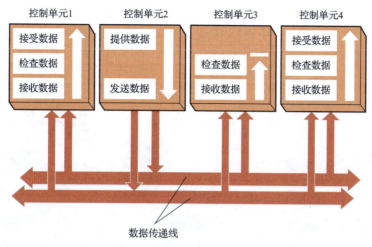

图 7-1-16 信息交换原理图

（4）CAN 总线在汽车中的应用

1）CAN 总线在传统汽车中的应用情况。CAN 总线虽然有标准的应用协议，但 CAN 协议对物理层中的驱动器、收发器、插接器、电缆等的形态没有统一规定。这样一来，不同厂家采用的 CAN 总线的速率、波形形态、拓扑结构也就各不相同，每个厂家对 CAN 总线的称谓也不尽相同。但是不同车型 CAN 总线都分为两大类，即低速 CAN 和高速 CAN。通过测量波形或总线电压即可区分是高速 CAN 还是低速 CAN。如图 7-1-17 所示的大众车型，从传输速率来看有低速的 100kbit/s 的舒适 CAN 和信息娱乐 CAN，还有高速的 500kbit/s 的扩展 CAN、驱动 CAN、组合仪表 CAN。不同类型的 CAN 通过中央网关 BEM 连接。

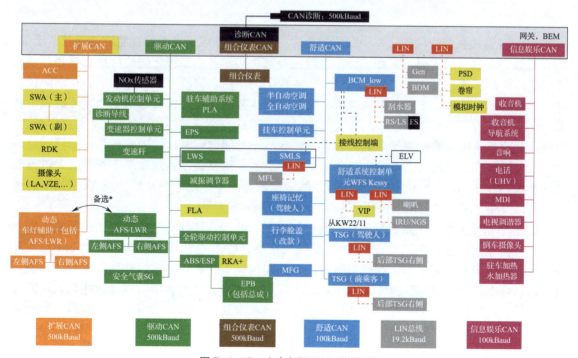

图 7-1-17 大众车型 CAN 总线系统

如图 7-1-18 所示，在宝马车型中，K-CAN（车身）和 F-CAN（底盘）属于低速 CAN，速率为 100kbit/s，PT-CAN（动力传输）为高速 CAN，速率为 500kbit/s。在较新的宝马车型中，低速 CAN 基本上不再使用，都采用带宽是 500kbit/s 或 1Mbit/s 的高速 CAN。

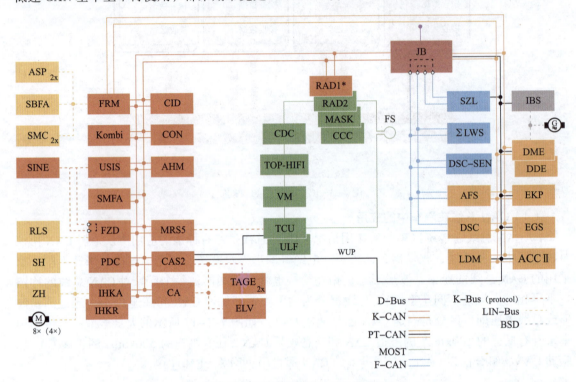

图 7-1-18 宝马车型 CAN 总线系统

2）CAN 总线在智能网联汽车中面临的挑战。在 L0 到 L3 级别汽车的智能辅助驾驶系统中，CAN 总线是车联网的重要组成部分，车联网需要解决车辆各个系统之间的信息交换和共享问题。通过对传感器数据和终端数据的处理，实现车辆诊断、提醒、报警等功能。在现阶段，对于车联网，主要依赖于车身有线通信、短距离无线通信和远程移动通信三个方面的通信技术。其中，车身有线通信主要是指车内装置通过 CAN 总线与车身控制单元通信，从而获得车速、档位、制动减速度、偏航率等车辆状态信息。在汽车智能网联时代，随着汽车传感器和处理器的大量增加，导致通信带宽需求显著增加。在引入了信息娱乐系统和基于视频的先进驾驶辅助系统（ADAS）时，这些应用的数据需要的带宽明显高于传统电控系统。当前的 CAN 总线技术已难以满足需要，急需下一代的车辆网络技术和系统结构。

此外，CAN 总线通信缺乏加密和访问控制机制，缺少认证和消息验证机制，无法识别和警告异常信息。在智能网联汽车的 CAN 总线安全中，CAN 总线用于将汽车的 T-box 与各种控制单元连接起来，而 T-box 则作为智能汽车的联网设备，具有更多的外部接入点，数据传输和信息验证的过程极易受到黑客的攻击。鉴于 CAN 的特点，攻击者可以通过物理入侵或远程入侵的方式进行攻击和入侵。例如通过消息伪造和重放，利用系统漏洞远程控制车辆的多媒体系统，然后攻击车辆控制单元，获得远程向 CAN 总线发送命令的权限，达到远程控制动力系统和制动系统的目的，在用户不知情的情况下减速、关掉发动机、突然制动或者让制动失灵。车辆处于物理接触状态时，攻击者可以通过接口注入命令来控制车辆的动力系统，并可以控制转向盘和制动系统，严重威胁到行车安全。基于 CAN 总线数据通信的汽车数据安全保障也是一个亟待解决的问题。

汽车行业新建立的 CAN FD（灵活数据速率，图 7-1-19）协议，用于实现 5 Mbit/s 的高速 CAN 通信和 CAN PN（局部网络），从而提高能耗效率。CAN 技术的不断发展，带宽的不断增大，为后续智能网联汽车的设计提供了新的可能性。但 CAN 总线基于事件触发的机制，已不能满足高速、实时控制的应用场景，需要新的总线类型来替代，如 TT-CAN 或 Flex Ray 总线。

图 7-1-19　CAN FD（灵活数据速率）

（5）车载局域网络系统检修方法　车载局域网络系统的故障特点和检修方法如下：

1）故障诊断工具。

① 诊断设备：能进行 CAN 数据总线故障检测的诊断仪器（含原厂仪器、通用型仪器）。

② 检测设备：汽车专用电表、示波器等。

③ 技术资料：相关车型车载局域网络系统结构图、线路图。

2）车载局域网络系统的故障种类和故障部位

① 全部控制单元不能和诊断仪器通信：故障可能部位包括诊断接头、BUS 线、网关等。

② 部分或某个控制单元不能和诊断仪器通信：故障可能部位包括对应的 BUS 线、控制单元等。

③ 控制单元记忆系统相关的故障码：故障可能部位包括对应的 BUS 线、控制单元、相关元件等。

④ 采用 CAN 系统控制的功能故障：故障可能部位包括对应的 BUS 线、控制单元、相关元件等。

3）车载局域网络系统的故障类型

类型 1：断路或短路的故障

断路：总线上无电压

对正极短路：总线上无电压变化，总线电压为蓄电池电压。

对搭铁短路：总线上无电压变化，总线电压为 0。

可能原因：导线中断；导线局部磨损；线束连接损坏/触头损坏/污垢、锈蚀；控制单元损坏或控制单元供电故障。

类型 2：控制单元的故障

会干扰总线系统的控制单元：该故障原因可能由于软件引起。

症状：由电码干扰而导致的功能无法执行或功能异常。

确定干扰总线系统的控制单元的方法：

① 依次取下每根总线上连接的控制单元熔丝。

② 每脱开一个控制单元后，重复总线测试。

③ 如果在脱开某个控制单元后数据传送重新正常，则表明该控制单元干扰了数据交换。

④ 可更换相关的控制单元。

4）总线的维修。如图 7-1-20 所示，拆开在损坏点处的缠绕线，对损坏点处进行维修。在维修时需注意：为了屏蔽干扰，尽可能少拆解缠绕节，并且维修点之间的距离应保持至少 100mm。

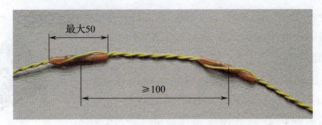

图 7-1-20　总线的维修

二　基本技能

车载局域网络系统检修中，除了线路的检测外，最重要的是终端电阻的测量，通过终端电阻判断控制单元是否正常。

1）如图 7-1-21 所示，找到 OBD 诊断座。诊断座 6 号端子为 CAN 总线的 H 端子，14 号为 L 端子。

▶ 数据总线检测

图 7-1-21　找到诊断座高低 CAN 端子

2）点火开关置于 ON 位置。

3）万用表调至电阻 200Ω 档。

4）如图 7-1-22 所示，两表笔分别连接 H、L 端子（6 和 14 号端子），测量 CAN 终端电阻，标准值为 60Ω 左右。

▶ 提示：CAN 总线系统的终端电阻值为 120Ω 左右，采用这种测量方法实际上是检测到 CAN 系统两个控制单元并联的终端电阻。根据欧姆定律，实际测量值为终端电阻的 1/2，即 60Ω 左右。

图 7-1-22　测量 CAN 总线电阻

三　拓展知识

1. LIN 总线网络的结构原理与应用

（1）LIN 总线系统概述

LIN 是英文 Local Interconnect Network 的缩写，即局部互联网络。LIN 作为一种低成本、高效率的串行通信网络，已经普遍应用于现在的汽车上，它可以为现有的汽车网络（CAN 总线）提供辅助功能。

LIN 和 CAN 之间的不同之处在于 CAN 网络遍布整个车辆（主总线），而 LIN 通常用于对传送速度和性能要求不那么高的较小的单独网络（如执行器和高级传感器通信），是一种典型的子总线，也是 A 类网络中主流的总线之一。表 7-1-2 是 LIN 总线与 CAN 总线主要特性对比。

在车载局域网络系统中，LIN 总线属于低端网络，与 B 类或 C 类网络比，它成本低廉、结构简单、传输速度低。它与高速网络之间是互补关系。在 LIN 总线应用的领域可以显现其必要性和优越性。

与CAN数据总线连接的LIN主控制单元具有以下功能：

1）监控数据传送和数据传送率。

2）软件中包含有一个传送周期，传送周期规定了何时和以何种频度把信息传送到LIN数据总线。

3）执行本地LIN总线系统中LIN控制单元和CAN数据总线之间的换算功能。因此，它是LIN总线系统中唯一与CAN数据总线连接的控制单元。

4）对已连接的LIN从属控制单元进行控制。

表7-1-2 LIN总线与CAN总线主要特性对比

特性	LIN	CAN
工作方式	一主多从式	多主控方式
仲裁机制	无须仲裁	位仲裁
物理层（数据传输线）	单线，12V	双绞线，5V
驱动方式	偏压驱动	差压驱动
总线最远传输距离	40m	10km
信息标识符（ID）位数/bit	6	11或29
总线最大节点数	16	110
每帧信息数据量/Byte	2或4或8	0~8
错误检测	8位累加和校验	15位循环冗余校验（CRC）
石英/陶瓷振荡器	主节点需要，从节点不需要	每个节点都需要

（2）LIN总线系统结构及特性

1）LIN总线的结构组成。LIN总线系统主要由LIN主控制单元、LIN从属控制单元以及数据传输线所组成。

如图7-1-23所示，在LIN数据总线系统中，可以把单个控制单元作为LIN从属控制单元使用，如新鲜空气鼓风机、传感器或者执行元件。由此，LIN主控制单元可以通过接收由LIN总线用数字信号的形式传送LIN从属控制单元（传感器元件）的测量值来查询LIN从属控制单元（执行元件）的实际状态，而LIN从属控制单元（执行元件）能够接收LIN主控制单元以数字信号的形式传送的任务指令。

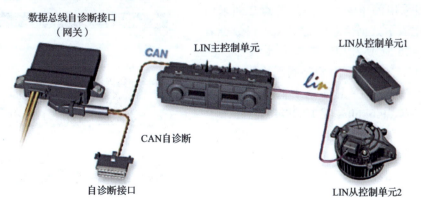

图7-1-23 LIN总线系统组成

2）LIN总线的节点结构。LIN总线属于"单主多从"结构，即一组网络中，只有一个主节点，从节点可以有多个（或单个）。节点均通过单线传输线路连接在LIN总线上。如图7-1-24所示。

主从节点之间通过数字信号传输信息。为了实现LIN网络的信号传输功能，主节点和从节点必须按照特定的协议规范设计其硬件结构，并按照协议发送和接收信号。

主从节点具有类似的硬件结构。图7-1-25所示为主节点与从节点的结构，两者的结构类似，区别在于从节点没有主节点的功能。

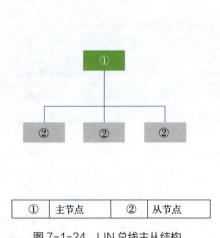

图7-1-24　LIN总线主从结构

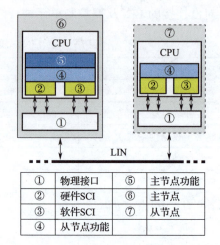

图7-1-25　LIN总线节点结构

3）LIN总线特性。LIN网络的特点与CAN网络有较大的区别，例如主从结构、单线传输、偏压驱动、低速通信和低容错特性。

主节点能向任一个节点发送信号。从节点仅在主节点的控制下向LIN总线发送数据。从节点一旦将数据发布到总线上，任何一个节点都可以接收该数据，但只有一个节点允许回应。

LIN总线也具有系统柔性，当系统加入新节点时，不需要其他从节点进行任何软件或硬件的改动。LIN总线和CAN一样，传送的信息带有一个标识符，它给出的是这个信息的意义或特征，而不是这个信息传递的地址。

LIN总线的电气性能对网络结构有很大影响。在LIN网络中，建议不要超过16个从节点，否则网络的阻抗降低，在最坏工作情况下会发生通信故障。每增加一个节点大约使网络阻抗降低3%。

LIN总线采用偏压驱动，主从节点之间采用电压的高低变化表示数据信息的含义（逻辑数据0和1）。图7-1-26所示为LIN总线电压波形，波形电压范围0~12V，使用万用表实测平均值电压时，电压不超过10.5V。LIN总线属于低速总线，一般速率有4.8kbit/s、9.6kbit/s或19.2kbit/s。

LIN总线出现以下故障时，则无容错能力：总线接地、总线断路、主节点故障。

如果从节点损坏或其支路断路，则其他从节点与主节点的通信不受影响，如图7-1-27右侧示意图所示。

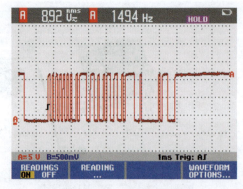

图7-1-26　LIN总线实测信号

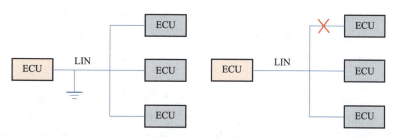

图 7-1-27　LIN 总线容错特性

（3）LIN 总线系统网络信号传输　采用主从结构的 LIN 网络，主节点用于控制 LIN 总线，它通过对从节点进行查询，将数据发布到总线上。从节点仅在主节点命令下发送数据，从而在无需仲裁的情况下实现双向通信。

LIN 总线的信息传输模式共有以下三种信息传输方式：

方式一：主节点请求从节点数据（Data from Slave to Master）。

方式二：主节点向从节点发送数据（Data from Master to Slave）。

方式三：从节点之间发送数据（Data from Slave to Slave）。

因为节点物理结构类似，因此主节点和从节点的信号收发原理是一样的，以下站在主节点的角度说明信号的发送和接受过程。

1）信号发送。如图 7-1-28 所示，SCI（串行数据接口）通过 Tx 控制晶体管，使 V_{BAT} 与 GND 通过上拉电阻接通，LIN 总线形成了接地效果，此时 LIN 总线的为低电平（0V），也是显性电平。当 SCI 不控制晶体管时，晶体管处于截止状态。此时 LIN 总线为高电平（12V），同时也是隐形电平。

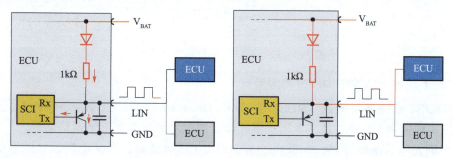

图 7-1-28　LIN 信号发送过程

2）信号接收

如图 7-1-29 所示，从节点中的 SCI 在接通与断开内部晶体管的过程中，会在总线上产生高低电平的变化。主节点的 Rx 线可以接收这个高低变化的电压，从而判断其含义。

➢ 提示：如果 LIN 总线处于待用状态一定时间，从节点就会转为休眠模式，以便降低功率消耗。

（4）LIN 总线在汽车中的应用　图 7-1-30 所示为 2013 款沃尔沃 S60 车型 LIN 总线的局部应用。中央电子控制单元（CEM）与照明开关控制单元（LSM）、转向盘控制单元（SWM）组成了一组 LIN 总线，其中 CEM 为主节点。

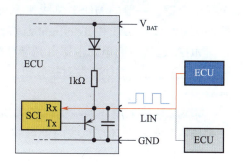

图 7-1-29　LIN 信号接收过程

信息娱乐控制单元（ICM）与SWM组成了另一组LIN总线，其中ICM为主节点。

在第一组LIN总线中，CEM识别LSM的开关信息，从而控制灯光的工作，如前照灯的近光与远光等。也可以识别SWM的左侧开关（SWSL）状态，作为巡航控制系统工作的参考信号。

在第二组LIN总线中，ICM识别SWM的右侧开关的状态，作为信息娱乐系统工作的参考信号。CEM与警笛控制单元（SCM）、超声波传感器（IMS）组成了一组LIN总线。

当车辆进入防盗起动功能时，CEM通过LIN总线请求IMS检测车内的动静；IMS将检测结果通过LIN总线反馈给CEM。当车辆达到激活警笛工作条件时，CEM通过LIN向SCM发送指令，使警笛工作。

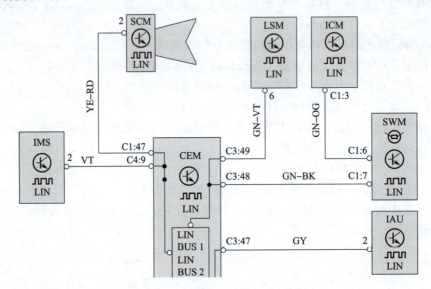

图7-1-30　沃尔沃S60 LIN总线应用

2. MOST总线网络的结构原理与应用

（1）**MOST总线系统概述**　MOST是Media Oriented Systems Transport的缩写，意为媒体导向系统传输网络。MOST是一个用于多媒体应用程序的标准化网络通信系统。

随着车辆娱乐系统的发展，车载电子如DVD、CD播放器，数字电视及导航系统等需要使用多媒体方式传输。MOST是面向多媒体系统的网络，由于传输数据量大，采用带宽大的光纤正合适，一般的MOST总线速率可达25Mbit/s。目前在高端车型中采用的光学总线主流是MOST总线，D2B和Byteflight总线已经逐渐淘汰。

MOST总线控制单元主要由光导纤维、光导插头、内部供电装置、电气插头、专用部件、标准微型控制器、MOST发射接收机、发射接收机、光导纤维发射机等部件构成，如图7-1-31所示。

MOST总线采用环型结构。各通道（同步通道、异步通道和控制通道）在媒介上以同步方式传输。在整个环型总线内都可获得相关数据，即以无损方式读取数据（复制）并能够用于不同组件。

MOST总线的结构易于扩展组件。环型总线内各组件的安装位置取决于功能。无需为将来的系统预留位置（例如双线圈扬声器）。

如果节点模块存在内部故障，则可以通过旁通模式直接将光波发送至下一个节点。这样保证了环型总线的正常功能。

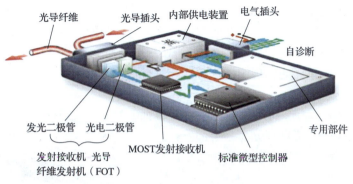

图 7-1-31　MOST 总线控制单元结构

综上，MOST 总线具有以下的优点：

1) MOST 总线不可能出现电流短路的情况，降低了节点损坏的风险。
2) MOST 网络与电磁兼容性不会有问题。
3) MOST 线路对于来自其他线路的电流交叉感应不敏感。
4) MOST 容易实现新增功能，以及安装附件。

（2）MOST 总线的基本原理和信号传输方式　MOST 网络的特点主要体现在主从结构、光纤通信、光数据传输、单向传输、高速率通信和无容错能力等方面。

MOST 是光学总线，系统采用光纤传输信号。光导纤维（光纤）是 MOST 系统的传输媒介，由几层材料组合而成。由于光信号在光导纤维内进行的是全反射，要求光纤走向尽量接近直线。但在实际结构中，光纤与车辆线束一起布置，不弯曲是不可能的。因此，光导纤维的特殊结构能保证光信号在一定弯曲度内的全反射，但光纤弯曲部位的弯曲半径必须大于 25mm，否则无法实现信息的正常传递。如图 7-1-32 所示是光信号传输示意图。

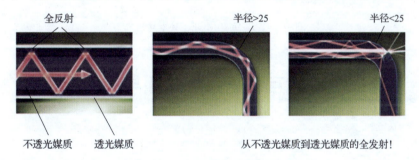

图 7-1-32　光信号传输示意图

在图 7-1-33 中，发光二极管 1 通电后可以发出光，再经过光纤内芯 3 传输至光电二极管 4，这样发光二极管实现了电信号到光信号的转换，通过光纤实现了光信号的传输，再通过光电二极管实现光信号到电信号的转换。当发光二极管通电发光时，表示逻辑 1；无光线时表示逻辑 0。

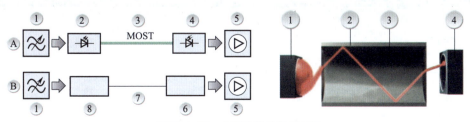

图 7-1-33　光学传输的基本原理

发光二极管发出的光是 650nm 的红光，主要是在这个波长范围内系统的能耗最低。光线在光纤内传输时，传输距离越远光的强度越弱，这个过程叫做衰减。

每个 MOST 控制单元都可以将数据发送到 MOST 总线上。只有主控控制单元能实现 MOST 总线与其他总线系统之间的数据交换。

如图 7-1-34 所示，为了满足数据传输应用方面的各种要求，每条 MOST 信息都分为三个部分：

1）同步数据：例如音频、TV 和视频信号。
2）异步数据：例如导航系统，矢量表示。
3）控制数据：例如调节光强度。

如图 7-1-35 所示，在宝马车型中，ZGM 中央网关模块是 MOST 总线的主控模块。在整个环型网络中，采用光缆单向传输信号，传输速率为 22.5Mbit/s。如果光纤出现断裂，整个环路都不能通信。

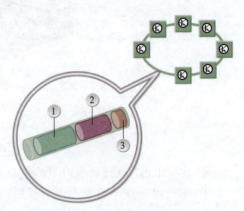

图 7-1-34　MOST 总线数据传输
1—同步数据　2—异步数据　3—控制数据

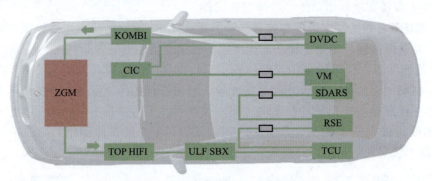

图 7-1-35　宝马 MOST 环型网络

任务二　车载互联网系统认知与应用

情境导入

情境描述

你的客户需要你向他介绍车载互联网系统的功能和使用方法，你能完成这个任务吗？

情境提示

汽车作为一个高科技的综合体，很多在生活当中应用成熟的技术，比如移动互联网技术也被应用到车上。由于增加了"汽车元素"，这些技术的应用需要掌握一定的知识和技巧。

学习目标

知识目标

1）能描述车载互联网系统的定义、功能和组成。
2）能描述车载互联网系统的实际应用。

技能目标

1）能正确介绍车载互联网系统构成。
2）能进行车载互联网系统操作。

一　基本知识

1. 移动互联网与车载移动互联网的定义和组成

（1）移动互联网　移动互联网是以移动网络作为接入网络的互联网服务，包括移动终端、移动网络和应用服务三个要素。移动互联网包含两方面的含义：

一方面，移动互联网是移动通信网络与互联网的融合，用户以移动终端接入无线移动通信网络、无线城域网、无线局域网等方式访问互联网；

另一方面，移动互联网还产生了大量新的应用场景，这些应用与终端的可移动性、可定位和随时携带等特性相结合，为用户提供个性化的、位置相关的服务。

如图 7-2-1 所示为移动互联网的网络结构。

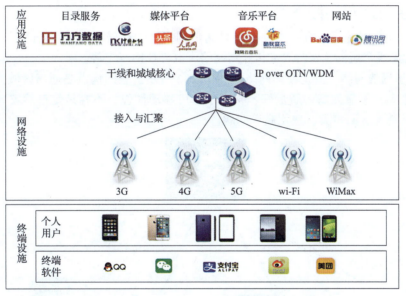

图 7-2-1　移动互联网的网络结构

（2）车载移动互联网　车载移动互联网是以车为移动终端，通过远距离无线通信技术构建的车与互联网之间的网络。实现车辆与服务信息在车载移动互联网上的传输。

车载移动互联网的组成如图 7-2-2 所示，它先通过短距离通信技术在车内建立无线个域网或无线局域网，再通过 4G/5G 网络与互联网连接。

图 7-2-2　车载移动互联网组成

2. 车载移动互联网的特点

（1）**终端移动性** 移动互联网业务使得用户可以在移动状态下接入和使用互联网服务，移动的终端便于用户随时携带和随时使用。这些终端一般安装在车辆上，以车辆供电系统为电源，使用方便。

（2）**业务及时性** 用户使用移动互联网能够随时随地获取自身或其他终端的信息，及时获取所需的服务和数据。

（3）**服务便利性** 由于移动终端的限制，移动互联网服务要求操作简便、响应时间短。

（4）**业务/终端/网络的强关联性** 实现移动互联网服务需要同时具备移动终端、接入网络和运营商提供业务三项基本条件。

（5）**终端和网络的局限性** 移动互联网业务在便携的同时也受到了来自网络能力和终端能力的限制。在网络能力方面，受到无线网络传输环境、技术能力等因素限制；车载终端能力方面，受到终端大小、处理能力、电池容量等的限制。

随着物联网技术的发展，以及5G技术的到来，网络带宽、终端处理能力等已经完全可以支持车载移动互联服务了。

3. 车载移动互联网的接入方式

车载移动互联网的接入方式主要有卫星通信网络、无线城域网（WMAN）、无线局域网（WLAN）、无线个域网（WPAN）和蜂窝网络（4G/5G网络）等。

（1）**卫星通信网络** 卫星通信网络如图7-2-3所示。它的优点是通信区域大、距离远、频段宽、容量大；可靠性高、质量好、噪声小、可移动性强、不容易受自然灾害影响。缺点是存在传输时延大、回声大、费用高等问题。

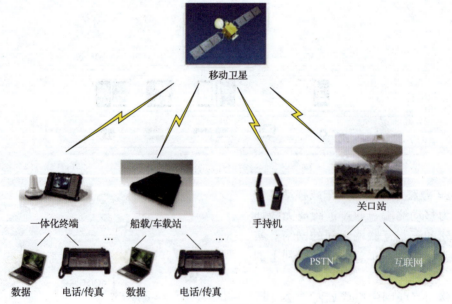

图7-2-3 卫星通信网络示意图

（2）**无线城域网** 无线城域网如图7-2-4所示，它是以微波等无线传输为介质，提供同城数据高速传输、多媒体通信业务和互联网接入服务等，具有传输距离远、覆盖面积大、接入速度快、高效、灵活、经济、较为完备的QoS（网络服务质量）机制等优点。缺点是暂不支持用户在移动过程中实现无缝切换，性能与4G的主流标准存在差距。

项目七 车载局域网络与互联网系统检修

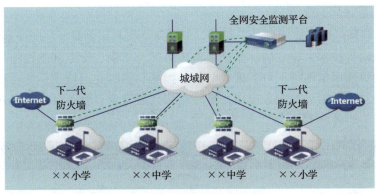

图 7-2-4 无线城域网示意图

（3）**无线局域网** 无线局域网如图 7-2-5 所示，它是指以无线或无线与有线相结合的方式构成的局域网，如 Wi-Fi。无线局域网具有布网便捷、可操作性强、网络易于扩展等优点；缺点是性能、速率和安全性存在不足。

（4）**无线个域网** 无线个域网如图 7-2-6 所示，它是采用红外、蓝牙等技术构成的覆盖范围更小的局域网。目前无线个域网采用的技术有红外、蓝牙、ZigBee、UWB、60GHz、IrDA、RFID、NFC 等，具有功耗低、低成本、体积小等优点。缺点主要是覆盖范围小。

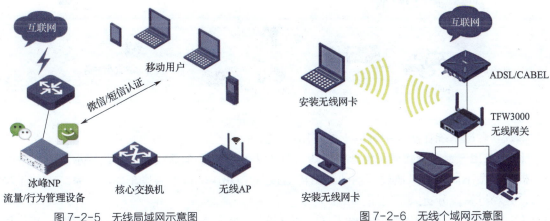

图 7-2-5 无线局域网示意图　　　　图 7-2-6 无线个域网示意图

（5）**蜂窝网络** 蜂窝网络也称移动网络，如图 7-2-7 所示。蜂窝移动通信系统由移动站、基站子系统、网络子系统组成，采用蜂窝网络（4G/5G 网络）作为无线组网方式，通过无线信道将移动终端和网络设备进行连接。其中，宏蜂窝、微蜂窝是蜂窝移动通信系统运用较多的蜂窝技术。蜂窝移动通信的主要缺点是成本高、带宽低。随着 5G 移动通信时代的到来，带宽问题将不再是限制车载移动互联网发展的技术瓶颈。

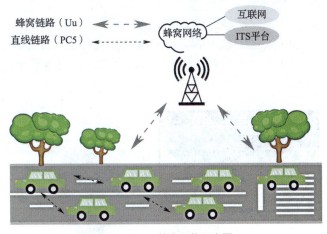

图 7-2-7 蜂窝网络示意图

4. 车载移动互联网的应用

车载移动互联网的典型应用就是车联网。车联网是指利用物联网、无线通信、卫星定位、云计算、语音识别等技术，建立的一张全面覆盖市民、车辆、交通基础设施、交通管理者、交通服务商等的快速通信网络，可实现智能信号控制、实时交通诱导、交通秩序管理、交通信息服务等一系列交通管理与服务应用，最终达到交通安全、行车高效、驾驶舒适、节能环保等目标，如图 7-2-8 所示。

图 7-2-8　车联网组成示意图

车载互联网系统在实际中有以下的应用。

（1）应用一：**车辆数据采集分析终端**　图 7-2-9 所示是车辆数据采集终端示意图。根据车型不同，可以通过车辆的数据传输接口（OBD 接口）采集车辆控制系统的数千项数据，并经过系统分析共享应用。

（2）应用二：**新型的维修保养系统**　图 7-2-10 所示是车联网维修保养示意图。其作用如下：

1）用户能够实时了解车辆的车况。

2）通过信息共享，4S 店及其他维修企业可将服务由被动变主动。

3）良好、方便、高效的沟通平台，实现自助化的维修保养模式，使得各方利益最大化。

图 7-2-9　车辆数据采集终端示意图

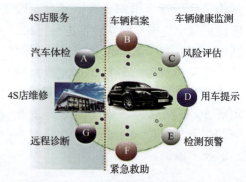

图 7-2-10　车联网维修保养示意图

（3）应用三：远程监控诊断控制系统、新型救援服务系统　图7-2-11所示是车联网远程监控诊断、救援系统示意图。其作用如下：

1）借助卫星定位，与紧急救援实现高效对接。

2）实时的故障信息可保障及时的各种服务请求，如爆胎、加油等。

3）服务中心的个性化服务将给用户带来全方位的汽车生活体验。

（4）应用四：道路事故处理系统　图7-2-12所示是车联网道路事故处理系统示意图。

实时及全面的行车数据使事故现场轻松地在电脑上得以重现；将对交通管理、保险等传统行业带来革命性的创新模式。

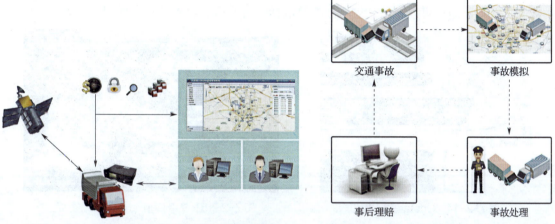

图7-2-11　车联网远程监控诊断、救援系统示意图　　图7-2-12　车联网道路事故处理系统示意图

（5）应用五：用户的其他便捷功能　图7-2-13所示是用户便捷功能示意图。用户可以便捷查询到保险、路况、位置以及车辆油耗等需求的信息。

图7-2-13　用户便捷功能示意图

（6）应用案例　智能车载互联技术，即利用互联网技术，使得汽车可以与手机、平板电

脑等移动终端设备，实现驾驶人对汽车更加便捷、智能化的控制，如通过智能手机来控制汽车，用语音来给汽车下达指令等。目前，智能车载互联技术主要的应用在车载娱乐系统、导航、车载 APP 以及无人驾驶。

如搭载在通用汽车上的 Onstar（图 7-2-14），主要是以通用汽车为主的车型提供安全信息服务，包括自动撞车报警、道路援助、远程解锁服务、免提电话、远程车辆诊断和逐向道路导航（Turn-By-Turn Navigation）等服务。

还有，如苹果公司开发的 CarPlay 系统（图 7-2-15），已陆续应用在传统汽车和新能源汽车上。CarPlay 是将用户的 iOS 设备，以及 iOS 使用体验与仪表系统无缝结合。如果用户汽车配备 CarPlay，就能连接 iPhone 等设备，并使用汽车的内置显示屏和控制键，或 Siri 免视功能与之互动。用户可以轻松、安全地拨打电话、听音乐、收发信息、使用导航等。

图 7-2-14　Onstar 主要操作按钮

图 7-2-15　使用 CarPlay 后的操作界面

为了把手机的优点和车机的优点结合起来，满足用户的需求，越来越多汽车厂商把汽车与移动 APP 完美整合在一起，如图 7-2-16 所示，形成新一代基于驾车者移动设备的信息娱乐系统。这种映射技术随着市场需求发展成长得非常快，目前已有几个车厂开始在做。例如宝马在 3 系车型使用其最新的 iDrive 系统，通过 1 个按钮和 8 个热键配合，可以轻松实现和 iPhone 的无缝连接，这是目前映射做得最好的代表产品。

这两种操作系统占据了智能手机97%的份额

图 7-2-16　手机 APP 移动终端

通过手机无线获取汽车实时数据，并传送给云服务器，把汽车 OBD 数据与 GPS 地理定位数据结合，基于手机平台操作系统，开发远程控制、车辆代驾、网上商城、爱车常识、地图升级等手机 APP 应用功能。

二　基本技能

车载移动互联网用户主要接触应用服务层面。针对不同的应用场景，有基于车载移动互联网的不同应用及其使用方法。车载移动互联网及相关系统的使用，可以通过互联网搜索及用户手册获取相关的信息。

三 拓展知识

随着汽车智能化的发展，车载网络技术应用越来越多，以下介绍车载以太网的应用。

1. 车载以太网的技术特点

以太网（Ethernet）是由美国施乐（Xerox）公司创建，并由施乐、英特尔和数字装备（DEC）公司联合开发的基带局域网规范，是当今现有局域网采用的最通用的通信协议标准。以太网包括标准以太网（10Mbit/s）、快速以太网（100Mbit/s）、千兆以太网（1000Mbit/s）和万兆以太网（10Gbit/s）。

以太网具有以下特点。

（1）**数据传输速率高** 现在以太网的最大传输速率能达到10Gbit/s，并且还在提高，比任何一种现场总线都快。

（2）**应用广泛** 基于TCP/IP协议的以太网是一种标准的开放式网络，不同厂商的设备很容易互联。这种特性非常适合于解决不同厂商设备的兼容和互操作的问题。以太网是目前应用最广泛的局域网技术，遵循国际标准规范IEEE802.3，受到广泛的技术支持。几乎所有的编程语言都支持以太网的应用开发，如Java、C++、VB等。

（3）**容易与信息网络集成，有利于资源共享** 由于具有相同的通信协议，以太网能实现与互联网的无缝连接，方便车辆网络与地面网络的通信。车辆网络与互联网的接入极大地解除了为获得车辆信息而带来的地理位置上的束缚。这一性能是目前其他任何一种现场总线都无法比拟的。

（4）**支持多种物理介质和拓扑结构** 以太网支持多种传输介质，包括同轴电缆、双绞线、光缆、无线通信等。这使用户可根据带宽、距离、价格等因素做多种选择。以太网支持总线型和星型等拓扑结构，可扩展性强，同时可采用多种冗余连接方式，提高网络的性能。

（5）**软硬件资源丰富** 由于以太网应用多年，人们对以太网的设计应用等方面有很多的经验，对其技术已十分熟悉，大量的软件资源和设计经验可以显著降低系统的开发成本，从而可以显著降低系统的整体成本，并大大加快系统的开发和推广速度。

（6）**可持续发展潜力大** 由于以太网的广泛应用，它的发展一直受到广泛的重视和大量技术投入。

车载网络采用以太网，可以避免其发展游离于计算机网络技术的发展主流之外，从而使车载网络与信息网络技术相互促进，共同发展。

车载以太网一般采用快速以太网，用于诊断与编程数据的传输。大部分车型都支持OBD Ⅱ的诊断协议，有的车型还支持基于Ethernet的诊断协议，包括诊断和对车辆编程。

2. 车载以太网的应用

以太网在汽车上的应用刚刚开始，但它优越的性能得到汽车业界的重视，有望成为重要的车载网络。随着先进传感器、高分辨率显示器、车载摄像头、先进驾驶辅助系统及其数据传输和控件的加入，汽车电子产品正变得更加复杂。采用标准的以太网协议将这些设备连接起来，可以帮助简化布线、节约成本、减少线束重量和增加行驶里程。图7-2-17所示为以太网在智能网联汽车上的应用。

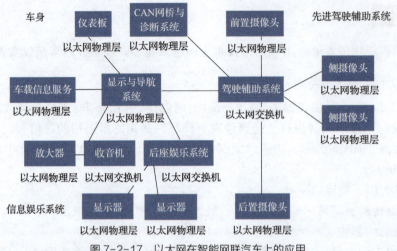

图 7-2-17　以太网在智能网联汽车上的应用

随着汽车朝智能化、网联化和数字化发展，汽车中的智能手机连接系统、车载信息娱乐系统、导航系统、车载诊断系统（OBD）、先进驾驶辅助系统（ADAS）等各种软件变得越来越复杂，而它们之间的联系也越来越紧密。上述所有软件致使带宽的需求迅速增加，对时延同步的精度要求更高。对汽车自动驾驶系统来说，可靠的高速通信网络是一项基本要求。因此，车载以太网的应用需求越来越多，为汽车提供大带宽、高可靠性、低时延、高精度时钟同步的成熟和标准化解决方案。

项目八
空调与暖风系统检修

本项目学习空调与暖风系统检修，包含两个工作任务：任务一空调与暖风系统认识及检查；任务二空调与暖风系统维护及检修。通过这两个工作任务的学习，你能够掌握空调与暖风系统的结构组成和工作原理，以及操作、维护及检修方法。

任务一　空调与暖风系统认识及检查

➡ 情境导入

情境描述

一辆 2017 年款一汽大众迈腾 B8，需要对空调与暖风系统进行检查，你能完成这个任务吗？

情境提示

为了确保车辆驾乘人员乘坐的舒适性，大部分汽车都装备了空调与暖风系统。本情境中，进行空调与暖风系统的检查，应掌握空调与暖风的产生方式，以及控制面板的操作方法。

➡ 学习目标

知识目标

1）能描述空调与暖风系统的功能。
2）能描述空调与暖风系统的结构组成。
3）能描述制冷循环系统的类型、结构组成与工作原理。
4）能描述空调与暖风系统的控制方式。
5）能描述自动空调系统的工作原理。
6）能描述空调与暖风系统使用的注意事项。

技能目标

1）能认识空调与暖风系统的控制面板。
2）能进行空调与暖风系统功能检查。

一 基本知识

1. 汽车空调与暖风系统的功能

汽车空调与暖风系统的功能就是保证无论在炎热的夏季还是寒冷的冬季都能使驾乘人员获得舒适的驾乘空间，同时预防或去除风窗玻璃上的雾、霜和冰雪，保证驾驶人的视野，提高行车的安全性，如图 8-1-1 所示。

汽车安装空调与暖风系统目的是调节车内空气的温度、湿度，改善车内空气的流动性（风速），提高空气的清洁度（内外循环），这也是衡量汽车空调效果的指标。

图 8-1-1 汽车空调与暖风系统的功能

2. 汽车空调与暖风系统的结构组成

汽车空调与暖风系统主要由制冷装置、暖风装置、通风装置、空气净化装置和控制装置等组成。

（1）**制冷装置** 制冷装置的作用是对车内空气或外部进入车内的新鲜空气进行冷却或除湿，使车内空气变得凉爽舒适。制冷装置由压缩机、蒸发器、鼓风机及送风管道、制冷剂及制冷循环系统等组成，如图 8-1-2 所示。

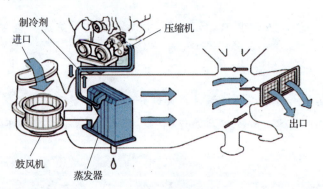

图 8-1-2 制冷装置

当发动机运转以及空调开关打开时，发动机带动压缩机运转。压缩机将制冷剂送到蒸发器，制冷剂冷却蒸发器，蒸发器冷却来自鼓风机送来的风，这些经过冷却（调节）的风送到车内进行制冷（调节）。当空气中含有水分较多时，经蒸发器之后水分将被冷凝，冷凝的水存在滴水盘中，最后用排水软管排出车外，达到除湿的目的。调节好的空气最终通过空调出风管道中的翻板动作按照乘员的需求从相应的出风口吹出，起到对车内空气制冷和除湿的功效。

制冷装置在工作过程中需要消耗发动机的功率，因此车辆在开启空调的过程中，发动机的动力性将受到一定的影响，特别是小排量低功率的发动机表现更加明显，车辆的油耗也会伴随有一定程度的上升。

（2）**暖风装置** 暖风装置主要用来取暖和除霜，大多数汽车采用发动机冷却液的余热作为取暖的热源，即通过冷却液加热暖水箱（加热器芯），再加热由鼓风机送入的车内空气或车外的新鲜空气，使得出风口的温度上升达到取暖及除霜的目的。暖风装置由加热器芯、暖水阀、水管、发动机冷却液组成,如图 8-1-3 所示。

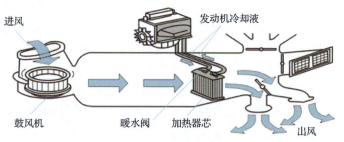

图 8-1-3　暖风装置

(3)**通风装置**　将外部新鲜空气吸进车内,起到通风和换气的作用,同时,通风对防止风窗起雾也起到一定的作用。

(4)**空气净化装置**　空调的管道进风口装有空调滤清器,滤芯具有活性炭等物质,能除去车内空气的尘埃、臭味、烟气以及有毒气体,使车内空气变得清洁。

(5)**控制装置**　控制装置对制冷装置和暖风装置的温度进行控制,同时对车内空气的温度、风量、流向进行控制,保证了空调与暖风系统的正常工作,如图 8-1-4 所示。

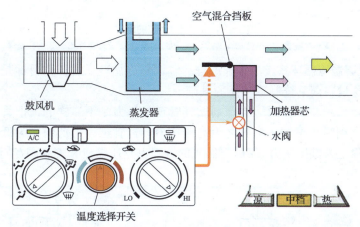

图 8-1-4　控制装置

3. 汽车空调制冷循环系统的类型、结构组成与工作原理

(1)**汽车空调制冷循环系统类型与结构组成**　空调制冷循环系统是制冷装置的重要组成部分,主要元件在车上的安装位置如图 8-1-5 所示。

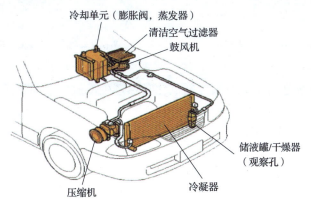

图 8-1-5　制冷循环系统主要元件在车上的安装位置

空调制冷循环系统按照节流元件不同分为膨胀阀式和节流管式两种类型。

1）膨胀阀式制冷循环系统。如图 8-1-6a 所示，膨胀阀式制冷循环系统的主要部件有压缩机、冷凝器、储液干燥器、膨胀阀和蒸发器等五大部件，五大部件通过软管和铝管等管道连接成一个密封的系统。此外还有管道内流动的制冷剂和压缩机油，以及管道上的维修接口和压力开关等元件。

2）节流管式制冷循环系统。如图 8-1-6b 所示，节流管式制冷循环系统的主要部件有压缩机、冷凝器、节流管、蒸发器和储液罐等五大部件，五大部件通过软管和铝管等管道连接成一个密封的系统。此外还有管道内流动的制冷剂和压缩机油，以及管道上的维修接口和压力开关等元件。

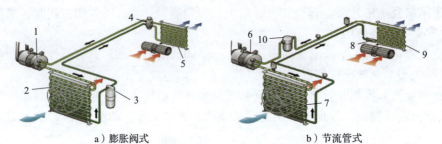

图 8-1-6　制冷系统的组成

1、6—压缩机　2、7—冷凝器　3—储液干燥器　4—膨胀阀　5、9—蒸发器　8—节流管　10—储液罐

（2）汽车空调制冷循环系统的工作原理　空调制冷循环系统工作目标是使蒸发器温度维持在低温水平，这是空调系统制冷功能的基础。

空调制冷循环系统在工作时，制冷剂循环管道的压力是不一样的，把管道压力高的称为高压管，在高压侧测量出来的压力称之为高压压力；把管道压力低的称为低压管，在低压侧测量出来的压力称之为低压压力。高压与低压的分界点是压缩机和膨胀阀/节流管，如图 8-1-7 所示。

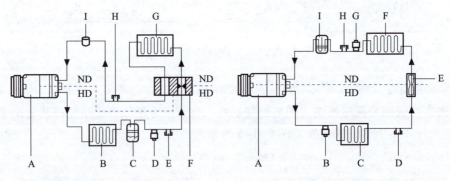

a）膨胀阀式制冷系统高压与低压分布　　b）节流管式制冷系统高压与低压分布

图 8-1-7　高压与低压分布

空调制冷循环系统是利用液态制冷剂汽化吸热产生冷效应的原理进行制冷的，每个循环有四个基本过程，如图 8-1-8 所示。

1）压缩过程。空调压缩机把低温低压（约 4℃、0.15~0.25MPa）气态制冷剂压缩成高温高压（约 80℃、1.5MPa）气态后进入冷凝器。

2）放热过程。高温高压的过热气态制冷剂进入冷凝器，使其能在冷凝器内将热量释放给车外的空气，失去热量的气态制冷剂在冷凝器内冷凝成中温高压（约 40℃、1.0~1.2MPa）的液态制冷剂。

3）节流膨胀过程。中温高压的液态制冷剂在通过节流膨胀装置后，体积变大，温度和压力急剧下降（约 –5℃、0.15MPa），以雾状（细小液滴）进入蒸发箱。

4）吸热制冷过程。雾状制冷剂在蒸发器内汽化时的温度低于蒸发器外空气的温度，因此能吸收将被强制送入车厢内的空气中的热量，使进入车厢内空气降低温度，产生制冷效果。从蒸发器中出来的制冷剂又变成低温低压（约 4℃、0.15~0.25MPa）的气体，再次进入压缩机中去重新工作。

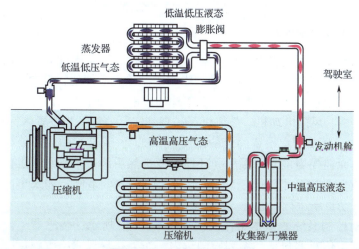

图 8-1-8　制冷系统工作原理

4. 汽车空调与暖风系统的控制方式

汽车空调与暖风系统按控制方式可分为手动、半自动和全自动（智能）三种类型。

（1）**手动空调与暖风系统**　手动空调与暖风系统不具备车内温度和空气配送自动调节功能，制冷、取暖和风量的调节需要使用者按照需要调节，控制电路简单，通常使用在普及型轿车和中、大型货车上。手动空调控制面板如图 8-1-9 所示。

（2）**半自动空调与暖风系统**　半自动空调与暖风系统虽然具备车内温度和空气配送调节功能，但制冷、取暖和送风量等部分功能仍然需要使用者调节，配有比较复杂的电子控制电路，通常使用在普及型或者部分中级轿车上。半自动空调控制面板如图 8-1-10 所示。

图 8-1-9　手动空调的控制面板

图 8-1-10　半自动空调的控制面板

（3）**全自动（智能）空调与暖风系统**　全自动系统具备自动调节和控制车内温度、风量以及空气配送方式的功能，保护系统完善，并具有故障诊断和网络通信功能，工作稳定可靠，目前广泛应用在中、高级轿车和大型豪华客车上。全自动空调控制面板如图 8-1-11 所示，控制面板上有功能选择键、温度键、调风键、后窗除霜键等。

图 8-1-11 全自动空调的控制面板

5. 自动空调控制系统的工作原理

自动空调的控制系统采用多个传感器对车厢内实际温度、湿度等小气候参数的监控，以及接收来自 CAN 网络上的其他系统信号。空调控制单元不停地将设置的车内温度标称值与传感器检测到的实际值进行比较，如果由于车外的影响使实际值偏离标称值，则起动各执行器工作，例如压缩机、风门电动机、鼓风机等，直到实际值重新与设置的标称值匹配。例如，在暖风采暖系统上，假设用户设置固定的温度值 26°C。通过车厢内各处与车厢外的温度传感器，空调控制单元监控当前车内温度和环境温度，然后决定泵阀总成上的热水调节阀的必要开度。车内温度一旦达到了 26°C，系统就会关闭热水调节阀。如果车内温度再次降低，开环控制回路则自动重新运行，这是一种闭环控制形式。

汽车空调自动控制系统的基本工作模式如图 8-1-12 所示：传感器（设定参数）→控制单元→执行器。其中传感器包括一系列检测车内、车外、导风管空气温度变化和太阳照射的传感器，以及其他来自 CAN 网络的控制信号，经控制单元内部电路分析、比较后，单独或集中对执行器的动作进行控制。这种控制过程，可以计算出设定参数与实际状况的工作差别，精确地控制执行器按照程序完成空调的既定工作，高效、可靠地完成调节空气质量的任务。同时，自动空调系统还具备完善的自我检测诊断功能，并与汽车其他控制系统交换数据，协调车辆平稳、安全、舒适地运行。

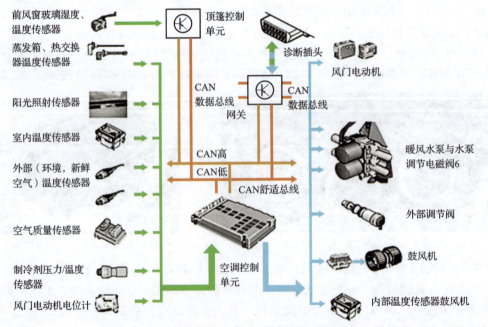

图 8-1-12 自动空调控制系统结构示意图

以下介绍自动空调控制系统的传感器与执行器。

（1）环境温度传感器（也称外部温度传感器） 位于汽车的前部，一般位于前保险杠内部或者前风窗玻璃流水槽处。环境温度传感器可检测实际的环境温度。如果信号出现故障，则使用第二个温度传感器（新鲜空气进气管道内的温度传感器）的测量值。如果该信号也出现故障，则系统会通过假设外界环境温度10℃作为替代值继续运行。该温度传感器具有自诊断功能，如图8-1-13所示。

图8-1-13 环境温度传感器

（2）新鲜空气进气风门温度传感器 位于新鲜空气进气风门的内侧，它是第二个实际的环境温度测量点，如果信号出现故障，则使用汽车前部的第一个温度传感器（环境温度传感器）的测量值。空调系统控制单元会比较两个温度传感器的测量值，取较低的一个作为环境温度实际值输入信号。

（3）蒸发箱、热交换器温度传感器 均属于NTC（负温度系数）传感器，分别位于蒸发箱与热交换器下游表面处，监控其各自工作时的实际温度值。如果蒸发箱侧检测到蒸发箱温度低于0℃，那么控制单元将强行关闭空调压缩机，关闭空调系统的制冷功能，如图8-1-14所示。热交换器处温度传感器将监测到的温度测量值发送至空调系统控制单元，用于调节热水调节阀的开度，如图8-1-15所示。

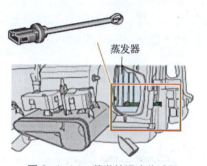 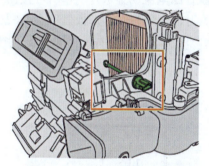

图8-1-14 蒸发箱温度传感器　　图8-1-15 热交换器温度传感器

（4）室内温度传感器 一般位于车厢内温度相对稳定处或者车厢内空气排出口。该传感器将实际的车内温度发送给控制单元，便于控制系统的闭环控制。如果信号出现故障，则假设车厢内温度为24℃作为替代值，系统继续保持运行状态。

（5）前风窗玻璃温度、湿度传感器 雨雪天气或高纬度地区的冬季，在环境温度较低时，风窗玻璃上面三分之一部分的温度会变得很低，车厢内空气温度和湿度较高时，空气中的水分容易在前风窗玻璃以及车窗上凝结，很容易起雾。为了能够对自动除霜功能进行自适应控制，传感器会检测空气湿度、传感器周围的空气温度和风窗玻璃温度三个测量值，如图8-1-16所示。

（6）空气质量传感器 该传感器与进气温度传感器一起安装在发动机舱后部的新鲜空气进入区域中，检测环境空气中的污染物。当传感器测量值发生变化时，则认为空气中的污染物以可氧化气体或可还原气体的形式出现。空调控制单元需要传感器信号来开启自动空气内循环功能。如果此功能开启，新鲜空气进气风门则自动关闭，内循环风门打开，如图8-1-17所示。

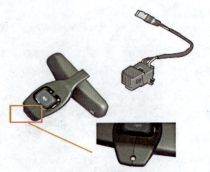
图 8-1-16　前风窗玻璃温度、湿度传感器

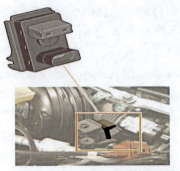
图 8-1-17　空气质量传感器

（7）**阳光照射传感器**　此传感器装配在一个黑色塑料外罩下面，位于仪表板中的两个除霜出风口之间，外罩可让阳光穿过。它主要用于检测阳光照射的强度和方向，如图 8-1-18 所示。

阳光照射光传感器外壳内有两个光电二极管和一个光学元件。光学元件被分成两个腔室，每个腔室包含一个光电二极管。例如，如果阳光从左侧照射到传感器上，光学元件的属性就把光线集中到左侧光电二极管上。这样就使此光电二极管的电流明显大于另一个光电二极管。如果阳光从右侧照射，此侧的光电二极管就会有更大的电流。这样，空调控制单元就可以确定车内是否被太阳加热以及太阳从哪一侧照射，如图 8-1-19、图 8-1-20 所示。

图 8-1-18　阳光照射传感器

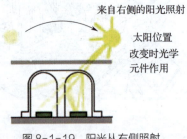
图 8-1-19　阳光从右侧照射

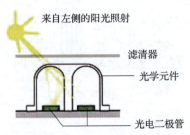
图 8-1-20　阳光从左侧照射

（8）**风门电动机电位计**　风门电动机电位计集成在风门电动机内部，向空调控制单元反馈风门电动机带动风门盖板旋转的角度值，如图 8-1-21 所示。

（9）**风门电动机**　在自动空调中，各空气风门是通过以电气方式激活的定位电动机来操作。例如，空气内循环风门电动机接受控制单元的脉冲信号，驱动轴转动一定的角度。风门电动机的安装位置始终与空气分配总成上的风门轴保持水平。所有电动机都可接受到来自空调控制单元的相应控制信号。每个风门电动机都带有一个电位计，电位计会通过信号将风门位置以反馈值的形式发送给控制单元，如图 8-1-22 所示。

图 8-1-21　风门电动机电位计

图 8-1-22　风门电动机

6. 汽车空调与暖风系统使用注意事项

汽车空调与暖风系统操作比较方便，但能否正确使用，将对空调系统的性能及使用寿命、发动机的工作稳定性及功耗都会有较大的影响。为此，汽车空调使用时注意事项如下。

（1）**夏季使用要点** 夏季时不要把空调温度调得太低，否则不仅会增加油耗，还会影响身体健康，也易使蒸发器表面结霜。同时若风机开在低速档，则冷气温度开关不宜调得过低。一般车厢内外温度差在10℃以内为宜。如果是非恒温式空调，可先把冷气温度设在最低，风速开到最大，等感觉到冷时再把温度调高一点，把风速降一档，如还冷，再将温度调高些，然后将风速降下来，反复这样才是正确操作。

夏日应避免汽车在阳光下直接暴晒，尽可能把车停在树荫下。长时间停车后，车厢内温度会很高，应先开窗及通风，用风扇将车内热空气赶出车厢，再开汽车空调，开汽车空调后车窗应关闭，以降低热负荷。

（2）**冬季不用时也应适当操作空调系统** 汽车空调的工作核心是压缩机，压缩机中的润滑油如果长时间不使用，会凝结，再次使用的时候有可能会造成压缩机卡死。因此在不使用汽车空调的季节，最好一个月运转一两次，每次10min左右。

（3）**汽车在熄火前要事先关掉空调** 起动发动机时，汽车空调开关应处于关闭位置。发动机熄火后，也应及时关闭汽车空调，以免蓄电池电量损耗，同时避免在下次点火瞬间汽车空调自动开启，加大发动机的负担。

（4）**停车后使用空调时间不宜过长** 有的驾驶人在车内等人或休息的时候，为了舒适，紧闭车窗开着空调。如果汽车空调换气不畅或汽车密封不严的话，时间一长容易导致车内缺氧或一氧化碳等废气浓度升高而中毒。另外，怠速下长时间使用空调，对汽车发动机也会有损害。

（5）**车厢内最好不吸烟** 开空调时，乘员最好不要在车内吸烟。如果确实需要吸烟，则一定要将空调通风控制调整到"外界空气循环模式"位置上。

（6）**热车后使用暖风** 如果在冷车时就打开暖风，既得不到暖风又会延长暖车时间，因此一般在冷却液温度升高之前不要打开暖风开关，应该把调节温度的红蓝开关拨到蓝色位置，这样就把暖风开关关闭了，等冷却液温度正常后再把调节温度的红蓝开关拨到红色位置，打开鼓风机就可以了。

（7）**长时间使用注意** 在突然高档位起动或长距离上坡行驶时，应暂时关闭汽车空调，以免冷却液沸腾。超车时，若汽车空调系统无超速自动停转装置，则也应先关闭汽车空调。

（8）**定期保养** 定时清洁或更换过滤器（汽车空调的滤芯），这是因为空气中的灰尘等脏物会堵塞过滤器，直接影响汽车空调出风流量和制冷效果，造成车厢内异味。

每次车辆保养时应该清洁空调滤芯，定期（建议周期1年/20000km，灰尘大的区域缩短周期）更换空气滤清器滤芯。

定期清洗冷凝器和蒸发箱，这是因为由于外界空气环境等原因，冷凝器、蒸发箱表面易被灰尘等脏物附着，造成汽车空调系统的制冷效果下降。

（9）**换季保养** 在换季（入冬、入夏）初次使用时，建议进行蒸发箱及空调管道清洗、杀菌、除臭处理。

（10）**异响注意** 在汽车空调运行时，若听到汽车空调装置有异常响声，如压缩机响、风机响、管子爆裂等，应立即关闭汽车空调，并及时联系维修人员进行检修。

二 基本技能

以下介绍汽车空调控制面板的认识与功能检查。

▶ **提示**：不同车型的空调面板的布局有差异，请参照用户手册的内容。

（1）汽车空调控制面板的认识 手动空调控制面板的功能如图8-1-23所示。

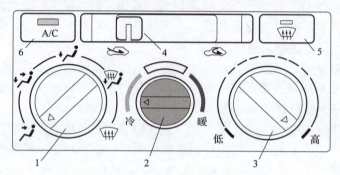

图8-1-23 手动空调控制面板的功能

1—空调分配旋钮 2—温度旋钮 3—鼓风机转速旋钮 4—空调循环拉杆 5—后除霜开关 6—空调开关

手动空调控制面板上按钮的功用见表8-1-1。

表8-1-1 手动空调控制面板按钮的功用

操作按钮	名称	作用
A/C	A/C开关	按下按钮，指示灯信号灯亮起，制冷空调打开
	胸部	空调中间出风口出风
	双程	吹向胸部和脚部空间
	脚部	空气分配旋钮旋转到此位置，空气主要从脚部通风口吹出
	除霜及脚部	空气分配旋钮转到此位置，空气从除雾通风口和脚步通风口吹出
	除霜	空气分配旋钮转到此位置，空气流向风窗除霜
	外循环	新鲜空气进入驾驶室，当外界空气质量不高时，关闭外界循环
	内循环	按下开关，空气车内循环，可以快速取暖和制冷，但是不宜长时间使用
	后窗除霜	后窗玻璃加热，为避免电能过度消耗，该功能会自动关闭

自动空调操作面板的功能如图 8-1-24 所示。

图 8-1-24　自动空调操作面板的功能

1—风速显示　2—环境温度显示　3—除霜和除雾显示　4—内外循环状态显示　5—出风模式显示　6—自动运行显示
7—设定温度显示　8—设备故障显示　9—压缩机运转显示　AUTO—空调自动运行按钮
🚻—前风窗除霜按钮　　—循环空气模式　■（红色）—温度升高调节按钮
■（蓝色）—温度降低调节按钮　MODE—气流分布按钮　❄—鼓风机转速按钮

（2）汽车空调与暖风系统功能检查　以自动空调面板为例，根据以下步骤操作空调面板，检查按键的功能。

1）按下"AUTO"按钮可打开空调自动运行模式，空调与暖风系统会自动维持设定的温度，风量和空气流量分布会进行自动控制，如图 8-1-25 所示。

2）按下驾驶人处空调吹风口按钮，正前方吹风按钮，如图 8-1-26 所示。

图 8-1-25　按下"AUTO"按钮

图 8-1-26　正前方吹风按钮

3）按下驾驶人处空调吹风口按钮，向下吹风按钮，如图 8-1-27 所示。

4）在中控显示屏上显示出各种工作状态，如图 8-1-28 所示。

图 8-1-27　向下吹风按钮

图 8-1-28　工作状态图

5）操作空调风量调节按钮，按下按钮"+"或"-"可以手动调节风量，如图 8-1-29 所示。

6）操作空气内循环运行模式，按下按钮，该按钮上的指示灯亮起，空气内循环运行模式打开。再次按下按钮，该按钮上的指示灯熄灭，空气内循环运行模式关闭，此时空调与暖风系统处于外循环模式，如图 8-1-30 所示。

图 8-1-29　空调风量调节按钮　　　　图 8-1-30　按下内循环按钮

7）内循环工作状显示态图，空气内循环运行模式处于 OFF 状态，如图 8-1-31 所示。

8）根据需要检查空调与暖风系统其他功能。

图 8-1-31　内循环工作状显示态图

任务二　空调与暖风系统维护及检修

情境导入

情境描述

一辆 2017 年款一汽大众迈腾 B8，出现空调完全不制冷的故障，经初步检查，制冷剂足量。你的主管把检修的任务分配给你，你能完成这个任务吗？

情境提示

空调制冷系统完全不制冷，除了制冷循环系统因泄漏导致无制冷剂外，还有压缩机不工作等原因。

学习目标

知识目标

1）能描述汽车空调系统专用维修工具设备的类型及使用方法。
2）能描述汽车空调维护的内容及操作注意事项。
3）能描述汽车空调制冷系统常见故障与检修方法。
4）能描述汽车暖风系统常见故障与检修方法。

项目八 空调与暖风系统检修

技能目标

1）能进行制冷剂量的检查。

2）能进行空调不制冷故障诊断与排除。

一 基本知识

1. 汽车空调系统专用维修工具设备类型及使用方法

对于汽车空调系统的检查、保养、维修，除了通用的维修工具设备外，还有空调系统专用的工具设备，包括切管器、弯管器、扩口器、歧管压力表组、真空泵、检漏设备等。

（1）专用工具

1）切管器。修理汽车空调的制冷循环系统时，需对铜管进行切断或弯曲等，此时就需要使用切管器，如图 8-2-1 所示。

2）弯管器。小管径的铜管一般用弯管器进行弯曲，弯曲时可先在弯曲处退火，在管子弯曲前用气焰加热管子。加热部分应有一定的长度，其长短由弯曲角度和管子的直径来决定，如图 8-2-2 所示。

3）扩口器。当铜管采用螺纹连接时，为确保连接处的密封性，需使用扩口器将管口扩大并呈喇叭口形状，如图 8-2-3 所示。

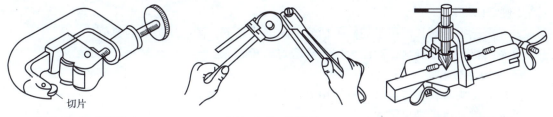

图 8-2-1 切管器　　　　图 8-2-2 弯管器　　　　图 8-2-3 扩口器

（2）歧管压力表组　歧管压力表组（图 8-2-4）是汽车空调系统维修中必不可少的设备，它与制冷循环系统相接，可以进行制冷剂排空、抽真空、加注制冷剂、添加冷冻机油及诊断制冷系统故障等。

1）组成。歧管压力表组是由高压表、低压表、高压手动阀（HI）、低压手动阀（LO）、阀体及三个软管接头组成。歧管压力表组配有不同颜色的三根连接软管，一般规定蓝色软管用于低压侧（接低压工作阀），红色软管用在高压侧（接高压工作阀），黄色（也有绿色）软管用在中间，接真空泵或制冷剂罐。高压手动阀和低压手动阀两侧的盲接（与管路不通的接口）

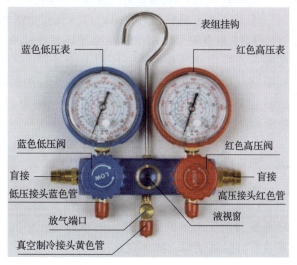

图 8-2-4 歧管压力表组结构示意图

是用于检修完毕后，将高低压管的连接接头插在上面保存的，这样做的目的是保证管内及接头的清洁，避免有异物进入。

汽车空调歧管压力表为弹簧管式压力表。低压表既用于显示压力，也用于显示真空度。

2）工作过程

① 高压手动阀（HI）和低压手动阀（LO）同时关闭，可对高、低压侧压力进行检测。

② 高压手动阀和低压手动阀同时打开，全部管道连通。此时接上真空泵则可对系统进行抽真空。

③ 高压手动阀关闭，而低压手动阀打开，则可由低压侧充注气态制冷剂。

④ 高压手动阀打开，而低压手动阀关闭，则可由高压侧充注液态制冷剂，也可排出制冷剂，使系统放空。

3）连接适配接头。歧管压力表组的适配接头用于连接车辆的维修端口。在连接到车辆之前，适配接头必须处于关闭位置。

① 逆时针转动适配接头的旋钮，关闭适配接头。

② 将适配接头放在车辆的维修端口上。

③ 用手指拉起适配接头的外圈，安装适配接头，然后释放外圈。拉动适配接头，检查适配接头是否正确入座。

④ 为了获得最大流量，顺时针转动适配接头的旋钮到底。

⑤ 根据工作内容控制高压手控阀和低压手控阀的开启或关闭。

4）压力测量与诊断

① 连接蓝色低压侧管路到空调系统的低压侧维修端口。连接红色高压侧管路到空调系统的高压侧维修端口。

② 在高压手控阀和低压手控阀手柄轮关闭的状态下，读取压力表的数值。

③ 查阅相关维修资料，对压力进行分析与诊断。

5）使用注意事项

① 压力接头与软管连接时，只能用手拧紧，不可使用工具。

② 使用时要尽量排尽管内空气。

③ 不使用时，应用堵头将各接口密封，防止管内进入水分或杂物。

④ 该表属于精密仪表，平时应注意保持清洁，使用时应注意轻拿轻放。

（3）真空泵　汽车空调制冷循环系统抽真空的目的是抽取系统内在维修打开系统时，由外界进入系统的环境湿空气。如果系统内有制冷剂存在，补加时是不需要抽真空的。抽真空应使用电动真空泵（图8-2-5）配合歧管压力表组进行。没有真空泵时可以从高压充注加入一部分制冷剂气体，然后从低压排出制冷剂，感觉有点凉时即可。

图8-2-5　真空泵

使用真空泵抽真空方法如下：

1）分别将高压表接入储液罐的维修阀，低压表接入自蒸发器至压缩机低压管路上的维修阀，中间注入软管安装于真空泵接口，抽真空连接。

2）起动真空泵，打开歧管压力表高低压手动阀。

3）系统抽真空，使低压表所示的真空度达105Pa。抽真空时间为5~10min。

4）关闭真空泵手动阀，真空泵继续运转，打开制冷剂罐，让少量R134a制冷剂进入系统（压力为0~49kPa），关闭罐阀。

5）放置5min，观察压力表，若指针继续上升，说明真空下降，系统有泄漏之处，应使用检漏仪进行泄漏检查，并修理堵漏。

6）继续抽真空20~25min，并重复步骤5），如压力指针保持不动，说明无泄漏，可进行下一步工作。

7）关闭高、低压压力表的手动阀，停止抽真空，从真空泵的接口拆下中间注入软管，准备注入制冷剂。

（4）检漏设备　汽车空调制冷循环系统发生制冷剂泄漏时，应检查泄漏部位并进行维修。检漏方法如下：

1）目测检漏法：制冷剂与冷冻机油是互溶的，泄漏处会有油迹出现。但是压缩机轴油封处微量的油迹是正常的。

2）肥皂水检漏法：检漏时，擦净被检漏部件，把肥皂水刷在可能泄漏的地方，若有泄漏，会出现气泡。

3）加染料检漏法：给制冷循环系统加入带有染料的制冷剂，在泄漏处就会明显地看到有颜色斑痕。

4）卤素灯检漏法：使用卤素灯检查时，应严格遵守其使用要求。

5）正压检漏法：系统在维修之后，加注制冷剂之前，先充入少量气态制冷剂，再充氮加压，使压力达到1.4~1.5MPa，保压12h。其表压下降超过0.005MPa时，说明系统泄漏。先用肥皂水粗检，后用卤素灯细检，察明具体泄漏部位。

6）负压检漏法：将系统抽成真空，保持一定时间，观察真空表压力的变化情况，如果真空度下降，说明系统泄漏。

7）卤素检漏仪检漏法：目前常用也是最简便的方法。在使用时，只需将卤素检漏仪（图8-2-6）探头伸向可能泄漏的部位，若有泄漏，警铃或警灯根据泄漏量多少显示相应信号。

（5）制冷剂回收加注机　由于环保要求及其他因素，目前大部分汽车维修企业采用集制冷剂加注、回收、抽真空等功能为一体的制冷剂回收加注机（图8-2-7）。使用时应参照设备的说明书操作。

图8-2-6　卤素检漏仪

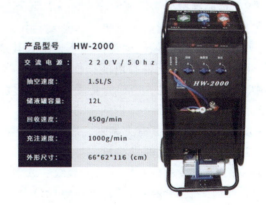
图8-2-7　制冷剂回收加注机

2. 汽车空调维护的内容及操作注意事项

汽车空调系统分日常维护和定期维护。日常维护一般由驾驶人或普通汽车维修人员进行，在维护时会发现许多没有注意到的故障，而这些故障的早期发现和及时处理，对延长汽车空调装置的使用寿命起着重要作用。定期维护则由专业的汽车空调维修技师进行，除检查和调整日常维护项目外,还应按汽车空调专门的维护周期及时进行作业项目。

(1) 日常维护 日常维护保养主要是通过看、听、摸、测等方法进行检查。

1) 检查和清洗汽车空调的冷凝器,要求散热片内清洁,片间无堵塞物。

2) 检查制冷系统制冷剂的量。在汽车空调系统正常工作时,用眼观察储液干燥器顶部的视液镜,若视液镜内没有气泡,仅在提高或降低发动机转速时出现少量的气泡,这说明制冷剂适量;若不论怎样调节发动机转速,始终看到有混浊状的气泡流动,则说明管路内制冷剂不足,应予补充;若不论怎样调节发动机转速,始终看不到气泡,则说明制冷剂过量。

3) 检查传动带,压缩机与发动机之间的传动带应张紧。

4) 用耳听和鼻闻的方法,检查汽车空调有无异常响声和异常气味。

5) 用手摸压缩机附近高、低压管有无温差,正常情况下低压管路呈低温状态,高压管路呈高温状态。

6) 用手摸冷凝器进口和出口处,正常情况下是前者较后者热。

7) 用手摸膨胀阀前后应有明显温差,正常情况是前热后凉。

8) 检查制冷系统软管外观是否正常,各接头处连接是否牢靠,接头处有无油污,有油污表明有微漏,应进行紧固。

9) 检查制冷系统电路连接是否牢靠,有无断路或脱落现象。

10) 汽车空调系统运行状态是否可靠,也可通过空调歧管压力表的指示压力来进行判断。可将压力表接到压缩机的高、低压管接头上,当系统正常运转时,压力数值见表8-2-1。

表 8-2-1 汽车空调制冷系统正常工作时的压力围

车外温度 /℃	高压表指示压力 /MPa	低压表指示压力 /MPa
25	1.05~1.25	0.10~0.15
30	1.35~1.55	0.15~0.20
35	1.45~1.80	0.20~0.25
40	1.90~2.55	0.25~0.30

(2) 定期维护 为保证汽车空调无故障运行,需要定期对系统各主要零部件进行维护保养,包括压缩机、冷凝器、散热器、蒸发器和其他电器部件等。

1) 压缩机:在压缩机运转情况下,检查其是否有异常响声,如有,说明压缩机的轴承、阀片、活塞环或其他部件有可能损伤或冷冻润滑油过少;检查压缩机的高低压端有无温差;运转中如压缩机有振动,应检查传动带的松紧度,同时还要检查润滑油液面的高度。

2) 冷凝器、蒸发器:检查两者的清洁状况、通道是否畅通,以保证其能通过最大的通气量。

3) 膨胀阀:检查其有无堵塞,感温包与蒸发器出口管路是否贴紧;膨胀阀能否根据温度的变化自动调节制冷剂的供给量。

4) 高、低压管:检查软管有无裂纹、鼓包、老化或破损现象,硬管是否有裂纹或渗漏现象,是否会碰到硬物或运动件,管道螺栓是否紧固。

5) 储液干燥器:检查易熔塞是否熔化,各接头处是否有油迹;正常工作时其表面应无露珠或挂霜现象;每年入夏之前维护期中视需要更换干燥剂或干燥过滤器总成。

6) 电气系统:检查压缩机的电磁离合器无打滑现象,低温保护开关在规定的气温下如能正常起动压缩机则说明其有故障;检查电线连接是否可靠。

7) 高、低压开关:检查高、低压开关,高压开关在压力 2.2MPa 时,应能自动报警并使电磁离合器断电,当压力小于 2MPa 时应能自动复位;低压开关在压力小于 0.2MPa 时,应能自动报警并使电磁离合器断电,当压力大于 0.2MPa 时应能自动复位。

8)冷凝器和蒸发器风机:检查冷凝器和蒸发器风机工作时有无异常响声,叶片有无破损,螺栓、管路连接是否牢固,电动机轴承有无缺油现象。

(3)汽车空调维修操作时的基本注意事项　在操作汽车空调和处理制冷剂时,必须严格遵守制定的行为准则及安全注意事项,以确保泄漏的制冷剂不会造成任何人员伤害。

工作执行不当也可能对空调系统本身造成损坏,因此,应尽量避免这类操作。汽车空调维修操作时的基本注意事项如下:

1)保证作业环境的清洁、通风、防潮和防火,防止拆装时灰尘、杂质、水分或污物进入管路。

2)保存和搬运制冷剂钢瓶时,应按要求存放,严禁将对制冷剂瓶直接加热或放在 40℃以上的水中加热。

3)更换汽车空调系统部件时,必须补充冷冻润滑油,具体要求应参照有关车型的维修手册。补充冷冻润滑油时,务必使用指定牌号的冷冻润滑油,切勿使用混合牌号或普通的发动机润滑油,对某些特殊型号压缩机来说,更应注意润滑油的牌号。

4)在拆卸制冷剂管路或填充制冷剂时,切勿接触面部,最好戴上安全护目眼镜或者保护头盔。

5)拆卸管道时,应立即将管道或接头堵住,以免潮气、灰尘、杂质混入制冷剂管道,严禁用嘴或未经过干燥的压缩空气去吹制冷管道和零件。

6)拧紧或拧松制冷管道接头时,必须用两个呆扳手,并按规定的力矩拧紧。对用 O 形圈密封的接头拧紧力矩应按照维修手册的要求确定。

7)连接歧管压力表软管时,应注意歧管压力表软管和压力表歧管阀的正确连接,以及高、低压力表所对应的压缩机进出阀接头的正确连接。连接制冷剂管道时,应在 O 形密封圈上涂一点与该系统兼容的冷冻润滑油。

8)从压缩机进出软管拆卸仪表软管时,必须快速、敏捷。拆卸高压软管时,要等压缩机停止工作(约几分钟),待高压压力降低后再进行。维修人员要预先做好手部保护以免被液态制冷剂冻伤或被发动机舱内的炽热烫伤。

9)如果液态制冷剂接触到眼睛,则用水彻底冲洗双眼 15min,然后滴入眼药水。即使眼睛并没有刺痛感,仍需咨询医生,告知医生是由制冷剂引起的。

如果制冷剂接触到皮肤,则立即脱下湿的衣服并使用大量的水冲洗受影响的皮肤区域。

10)如果有明火或热物的高温会导致制冷剂气体发生化学裂变,导致作业人员吸入高浓度的制冷剂蒸气时,应立即将受害者移至露天环境中,呼吸新鲜空气;如果受害者呼吸困难,则向其供氧;如果受害者呼吸微弱或不再呼吸,则向后倾斜伤员头部,进行人工呼吸;同时,拨打 120 急救电话寻求帮助。

(4)汽车空调系统修理后的外部检查　当新的汽车空调制冷系统各部件安装完毕后,或是当有故障的制冷系统检修后,应对制冷系统进行泄漏检查,将系统中的空气和水汽排除,必要时加注制冷剂和润滑油。

1)检查汽车门窗是否密封,隔热层是否平整、牢固和贴紧;汽车空调电气线路布置是否整齐、连接是否牢靠;汽车空调各部件及仪表是否干净、安装是否牢固等。

2)检查汽车空调控制面板上各控制键是否使用灵活、无阻滞现象。各按键变化时,送风量、送风方向及室内温度是否会随之发生改变。如果是自动控制汽车空调,检查其是否可在调定的温度范围内稳定运行。

3）汽车空调系统管道及各部件的泄漏检查。汽车空调在投入运行前应用电子检漏仪对管道系统进行一次全面细致的泄漏检查。若发现有微小泄漏，是因管道连接处的O形密封橡胶圈松动，只需拧紧螺母即可（但拧得太紧，O形圈密封性能反而下降）；如是因管道有裂纹则应及时进行补焊或更换。

3. 空调制冷系统常见故障与检修

（1）空调制冷系统常见故障 要能正确处理制冷系统的故障，需要了解制冷系统的结构与工作原理，并熟悉制冷系统常见故障现象、检测方法以及诊断思路，具备基本作业项目的操作能力，如制冷剂加注、空调系统元件检测、电路分析等。

空调作为车辆一个相对独立的系统，其故障类型与其结构密切相关。一般而言，空调制冷系统的故障可分为以下几类：

1）空调系统不工作。该故障出现时，驾乘人员操作空调面板后，空调系统不运行，所有功能都失效。

故障诊断应先从故障现象入手，并实车确认故障现象是非常重要的。出现该种故障时，维修人员应重点检查空调系统的供电电源及线路方面，以及整个空调系统的控制单元是否正常工作。

2）空气流量控制故障。空气流量控制故障指的是鼓风机及其调速控制系统出现故障。该系统出现故障时，通常会出现鼓风机不工作、鼓风机异响、鼓风机转速失控、风量不足等现象。

出现该故障时，维修人员应重点检查鼓风机及其控制电路。维修时，应结合鼓风机控制电路及维修手册进行。

3）温度控制故障。常见的温度控制故障为没有冷风（或暖风）吹出、出风温度比设置的低或高、出风温度响应较慢、温度调节失控（仅最高或最低）等现象。

出现上述故障时，重点检查制冷系统（暖风系统）组件，测量空调系统的诊断参数，判断故障出现的部位，并综合运用诊断仪读取故障码、数据流测试、主动测试及电路检查及元件测试等方法判定故障。

4）模式失控。模式故障指的是内外循环模式故障或出风模式故障，例如内外循环不能切换或出风模式不能切换。

出现上述故障时，应重点检查控制单元和伺服电机及其控制电路。

5）怠速提升故障。当开空调时，空调系统会给发动机控制单元发出怠速提升请求信号。当系统出现故障时，发动机怠速不提升或持续提升。出现故障时，应检查空调面板及其电路、信号传输线路等。

6）空调异味。空调异味产生的原因是在蒸发箱密闭的空间内产生了霉菌或空调滤清器失效。出现空调异味时，应检查空调滤清器，以及对蒸发箱及排水管道、风道等进行清洗消毒杀菌。在使用过程中应提醒客户正确使用空调。当开冷气时，在关闭发动机前应提前几分钟关闭空调，但保持鼓风机工作，使蒸发器内的湿气被吹出，减少内外温差，避免细菌滋生。

（2）汽车空调常规检查方法 汽车空调在检查过程中，要做到一听、二看、三摸、四检查。

起动发动机并稳定在1500r/min左右，将空调系统的鼓风机起动并置于高速档，置功能键于A/C档，并移动调温键从冷至热，再由热至冷慢慢移动，测定或手感空调出风口的温度变化以及各控制键的操纵是否灵活、轻便。具体步骤如下：

1）一听。从压缩机的运行声音状况来判断其运转状况。

①听到压缩机传出轻脆而均匀的阀片跳动声，即为正常。

② 听到有敲击声，即表明制冷剂有"液击"声或者喷油（油量过多）敲缸等故障。

③ 听到机体内有较严重的摩擦声以及离合器时而发出摩擦声，表明是压缩机负荷太重，润滑油不足以及离合器打滑。

④ 听到外部有拍击声，是 V 带太松或是严重磨损。

⑤ 听一下空调器内的风扇转动是否有响声。如果风扇有响声，表明是叶片碰击异物、风扇轴承磨损或者缺油。

⑥ 当在停机过程中，清晰地听到机体内运动部件的连续撞击声，则是内部的运动部件的磨损严重，引起轴与轴承之间，活塞与缸体之间，连杆与轴之间间隙过大或者出现松动。

2）二看

① 观察冷凝器表面是否清洁，因为杂物和泥土附在冷凝器上会影响制冷效果。要经常用水清洗冷凝器。但是应注意，在清洗冷凝器时，不要把翅片碰变形。对于已变形的翅片，应细心地用尖嘴钳矫正过来。

② 观察汽车空调器的蒸发器进风处，一般汽车都装有空调滤芯，要定期观察空调滤芯。

③ 观察空调制冷系统的所有连接部位是否有油渍。一旦有油渍，说明此处有制冷剂渗漏，此时应用电子检漏仪或其他类检漏装置进行检查。一旦发现或确定有制冷剂泄漏，必须马上排除故障。

④ 检查压缩机轴油封是否渗漏。

⑤ 仔细检查各软管有无磨损、老化、鼓泡、裂纹和渗漏等现象。由于汽车的冷、暖系统采用了大量的橡胶管，在汽车行驶过程中易与汽车车身摩擦产生磨损，在发动机舱内因经受高温易老化，制冷管遇低温容易龟裂，结果导致制冷剂和冷冻润滑油泄漏，使水分、空气和灰尘渗入，使压缩机及各个部件受到损害。因此，一旦发现橡胶管和发动机接触，要及时隔开并固定好橡胶管。胶管穿过金属板，一般都应有防护套，并注意防护套要固牢，否则金属会割破胶管。

3）三摸。用手触摸正在运行中的空调系统管路和各部件的温度。一般在正常情况下，高压端的管路温度应在 55~65℃范围以下，而低压端管路因处于低温状态，所以低压端的部件和管路，连接部分表面都会结有水露。

① 用手小心摸触高压区，特别是高压端金属部件，如压缩机的出口阀、冷凝器、储液干燥器等。这些部分应都是热的，正常为手感热而不烫手。若手感烫手，则应先检查冷凝器的冷却是否良好，冷凝器表面是否清洁而无杂物，风扇的风量是否过小。此时可以试用大风扇对着冷凝器吹，若还是烫手，则可能是制冷剂过多。若高压端手感热度不够，则为制冷剂过少；若没有温度，则为制冷剂漏光。

② 低压管的手感为冰凉，有水露，但不应该有霜。若有霜说明系统有故障，可能是膨胀阀的故障也可能是制冷剂充注太多，需要放掉一些；或者是蒸发器的温度传感器或恒温器出现了故障。

③ 如果在储液干燥器上出现霜或水露，这说明干燥剂已破碎，堵住了制冷剂流动管道，而且此处的前端高压区表现为热度是很烫手的。此时必须尽快排除堵塞问题，换上一只新的储液干燥器。

④ 膨胀阀的手感温度是比较特殊的，它的制冷剂进口连接处是热的，而其出口连接处是凉的有水露。

⑤ 用双手触摸压缩机的进气口和排气口，手感温度应该有明显的差别。若没有温度差别，则说明制冷剂已经全部漏光；若差别不大，则说明制冷剂不足。

⑥ 用手摸触各个接头是否已经松动，特别是一些电器插接器的连接是否松动，这些对空调系统的正常工作都有极大的影响。所以，正常的检查必须包括对电器连接件的固定、紧固和清洁等。

4）四检查。对系统进行了上述三个步骤的初检后，还需做进一步的检查，以准确判断空调系统的故障所在。

① 检查 V 带的张力。空调带轮直径不同，中心距不同，所要求的张力也不同；新、旧 V 带的张力也不同；即使是新 V 带，用上 5min 后，其张力也会发生较大变化。所以对新安装的 V 带必须进行两次调整。第一次为新安装后，调整到规定值。运行 30min 后新 V 带两边的毛边已经磨去，再进行第二次调整。

② 检查电磁离合器。接通离合器电源开关，此时压缩机应马上运行；断开电源，压缩机应立即停止运行。若不是这样，应先检查开关是否损坏，再检查电磁线圈是否正常。

③ 检查风扇电动机的调速器。打开风扇电动机开关后，从低档到高档进行转速调节，以检查其送出的风量是否有变化，若没有变化，则可能是调速器的电阻损坏。

④ 检查高、低压保护开关和过热保护器。高、低压保护开关和过热保护器的功能是在制冷系统发生故障时，保护压缩机和制冷系统不会损坏。它们都和空调开关、风扇开关串联在一起。当系统工作压力太高，或者当环境温度太低，制冷剂泄漏过多，高、低压力开关便会切断压缩机离合器电路。

⑤ 检查供暖系统。首先应保证有足够的冷却液，冷却液若不干净或有铁锈，液色变黄，都应该将冷却液放掉，再用化学清洗剂清洗冷却系统，用清水清洗干净，然后加满冷却液。起动发动机至冷却液温度正常。拨动调温键至取暖位置，这时出风口应有温暖空气吹出。

⑥ 检查膨胀阀。膨胀阀的毛细管应牢固地夹紧和用绝缘布包捆在蒸发器出口处，有的毛细管应准确插入制冷管路的插孔中，并用感温油包覆。

⑦ 检查视液镜。汽车空调一般装配有视液镜来观察制冷系统内部制冷剂的流动情况，大多数车型的视液镜设置在储液干燥器的出口处，只有个别车型视液镜设置在储液干燥器和膨胀阀之间的管道上。视液镜的设置，给保养汽车空调带来了许多方便。在检查汽车空调时，可以通过观察视液镜中制冷剂的流动状况来确定制冷系统制冷工况是否正常。

通过视液镜来检查制冷系统制冷工况的步骤如下：

起动发动机，并将转速稳定在 1500~1700r/min，让制冷压缩机运行 5min。擦干净视液镜的玻璃，把空调功能选择键置于最大制冷状态，且使送风机（包括空调器和冷凝器送风机）达到最高转速。这时可以通过视液镜中观察到如下几种情况：

情况一：清晰

视液镜内没有气泡出现，也看不见液体流动。这种状况表明系统有三种状况：

a. 表示系统内制冷剂已全部泄漏光。这时若用手触摸压缩机进、排气口，没有温度差异，空调器出风口的空气温度也不冷。这时应立即关闭发动机，检查制冷系统制冷剂泄漏的原因，并进行维修。

b. 制冷剂过多。两手分别触摸压缩机进气管和排气管口，温差明显，而且高压侧有烫手感，低压侧能看到冰霜；空调器出风口的温度比正常制冷剂量时高 3~5℃；关闭空调系统压缩机 45s 以后，视液镜内仍然清晰无气泡流过，便可以判断是系统内制冷剂量过多，此时便必须把多余的制冷剂排除。否则，会出现管道破裂，制冷性能降低，能耗上升等故障。用压力表测量高压端，则其值超过正常值。

c. 制冷剂适量。此时的现象和制冷剂量过多时相比较，首先是高压不烫手，出风口的温度较冷。

情况二：偶有气泡
偶尔或者缓慢地看到有少量气泡流过，此状态说明制冷剂量稍有不足或制冷系统的干燥剂已经饱和，制冷剂内有水分混入。区分上述情况的方法如下：

a. 当膨胀阀有结霜现象出现，并且视液镜有时能看到变颜色的干燥剂，则说明系统制冷剂含有水分，应马上更换干燥瓶。

b. 当膨胀阀没有结霜现象出现，说明制冷剂量不足，必须加入适量的制冷剂，并检查有无泄漏之处。

情况三：有大量气泡或泡沫状
此状态说明系统内制冷剂量严重不足，并伴有大量水分和空气进入系统。此时必须采用制冷剂检漏仪查漏维修。然后将制冷系统抽真空，加入足量的冷冻润滑油和制冷剂。

情况四：视液镜的玻璃上有机油条纹或污浊
此状态表明系统有如下三种故障：

a. 如果压缩机进、排管有明显温差，此时关闭空调系统压缩机，视液镜内玻璃的油渍干净，说明系统制冷剂量略少，而冷冻润滑油量过多。此时应从系统内释放一些冷冻润滑油，再加入适量的制冷剂。

b. 如果压缩机进、排气管有明显温差，此时关闭空调系统压缩机，玻璃上留下的油渍是黑色或有其他杂物，则说明空调系统内的冷冻润滑油已变质、受污染。此时在清洗制冷系统后，重新注入冷冻润滑油和制冷剂。

c. 如果压缩机进、排气阀门没有明显的温差，空调器出口也没有冷气出来，则说明制冷剂已全部漏完，镜上的是冷冻润滑油。

4. 暖风系统常见故障与检修

汽车空调系统已发展到一体化装置，其中暖风系统是空调重要组成部分，暖风系统故障可能会导致空调制冷性能下降，所以，对暖风系统检修也是很重要的。

汽车空调暖风系统常见的故障主要表现为无暖风、暖风不足等，其故障诊断流程如图 8-2-8 所示。

暖风系统主要部件检修方法如下。

（1）节温器的检修

1）拆下节温器。

2）观看节温器是否被腐蚀或者打开，如果被腐蚀了，更换节温器。

3）如果没有腐蚀，将节温器悬挂在盛满水的耐热玻璃容器内，将玻璃容器放在加热炉上加热，并用温度计测量温度。

4）观察温度计，注意节温器打开温度，不符合节温器壳体上标明的打开温度，更换节温器。

（2）加热器芯的检修　当发生泄漏时，车辆乘客或驾驶人侧地板脚垫会变湿，就很有可能是由加热器芯泄漏造成的。当用手感知加热器芯进出水管的温度差异，如果进水管很热，而出水管温度较低，一般由于加热器芯堵塞造成。

以下是更换加热器芯的典型程序，但并不是针对所有的车型，具体参照车型的维修资料。

1）排出冷却液。

2）拆卸仪表台，以便接近加热器芯。

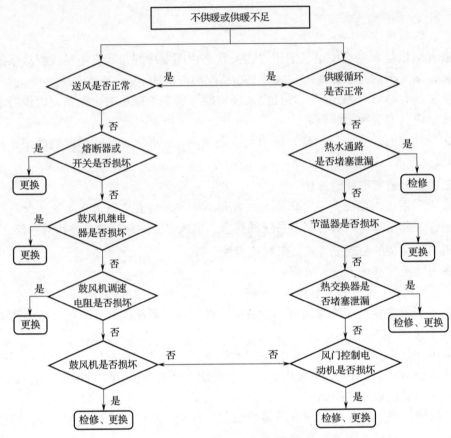

图 8-2-8　暖风系统故障诊断流程

3）松开软管卡箍，如图 8-2-9 所示，拆下加热器冷却液软管。

4）如果安装控制阀，拆下控制拉索或者真空控制管。

5）拆下加热器芯，并且固定支架卡箍。

6）从外壳上取出加热器芯。

7）按拆卸相反顺序安装。

（3）热水阀拉线的调节

1）打开发动机舱盖下导线卡箍，然后断开加热器阀摇臂上的加热器阀拉索。

2）从仪表板下拉索卡箍处断开加热器阀拉索壳体，然后从空气混合控制连接装置上断开加热器阀拉索，如图 8-2-10 所示。

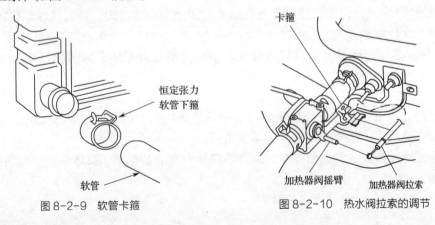

图 8-2-9　软管卡箍　　　　　图 8-2-10　热水阀拉索的调节

3）接通点火开关，并将温度控制按钮设置在最冷处（MAX COOL）。

4）将加热器阀拉索接到空气混合控制连接装置上，并保持住加热器阀拉索壳体，使之紧靠限位器，然后将加热器阀拉索壳体扣锁在拉索卡箍上。

5）将发动机舱盖下加热器阀摇臂转至全关闭位置，并将其保持不动。然后，将加热器阀拉索接到加热器阀摇臂上，并且轻微地拉动加热器阀拉索壳体以消除松动，最后将加热器阀拉索壳体锁在拉索卡箍上。

二 基本技能

1. 制冷剂量的检查

制冷剂的检查是空调系统维修必备的基本技能。

（1）车上检查

1）检查空调管道的观察孔。根据表8-2-2，准备车辆，检查空调管道上的观察孔，如图8-2-11所示。

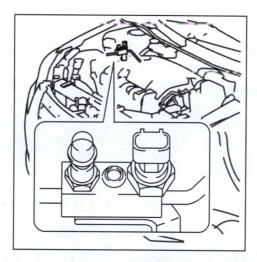

图8-2-11 观察孔的位置

表8-2-2 检查制冷剂的条件

项目	条件
车门	全开
温度设置	MAX COOL
鼓风机速度	HI
空调	ON

2）将观察孔中所看见的情况与表8-2-3进行比较。

表8-2-3 视窗气泡对应症状表

项目	检查症状	制冷剂量	纠正措拖
1	有气泡	不足①	检查有无漏气，必要时进行维修，重新加注适量制冷剂

(续)

项目	检查症状	制冷剂量	纠正措拖
2	不存在气泡	空、不足或过量	参见项目3和项目4
3	压缩机的进气口和出气口没有温差	空或很少	检查有无漏气,必要时进行维修,排空空调系统,重新加入适量的制冷剂
4	压缩机进气口和出气口有明显温差	适量或过量	参见项目5和项目6
5	空调关闭后,制冷剂立即变清澈	过量	检查有无漏气,必要时进行维修,排空空调系统,重新加入适量的制冷剂
6	空调关闭后,制冷剂立即起泡,然后变得清澈	适量	

①车内温度高于35℃(95℉)时,如果冷却充分,则观察孔中有气泡可视为正常。

(2)用歧管压力表组检查制冷剂压力

▶ **提示**:此方法是用歧管压力表组帮助查找故障。

满足下列条件后读取歧管压力表压力:

① 将开关置于RECIRC(内循环)位置时,进气口的温度为30~35℃(86~95℉)。
② 发动机以1500r/min的转速运转。
③ 鼓风机转速控制开关置于"HI"位置。
④ 温度调节旋钮置于"COOL"位置。
⑤ 空调开关打开。
⑥ 车门全开。
⑦ 点火开关置于可使空调压缩机运转的位置。

正常工作的制冷系统仪表读数如图8-2-12所示,正常压力应符合表8-2-4。

表8-2-4 系统正常压力读数

压力	读数
低压压力	0.15 至 0.25 MPa
高压压力	1.37 至 1.57 MPa

制冷剂不足时制冷系统仪表读数如图8-2-13所示,系统压力应符合表8-2-5。

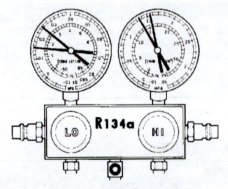

图8-2-12 系统正常时压力读数

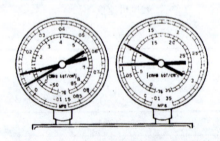

图8-2-13 制冷剂不足时系统压力读数

表 8-2-5 系统压力读数

压力	读数	可能原因	诊断	纠正措拖
低压压力	低	制冷系统泄漏	制冷系统泄漏	1. 检查有无漏气，必要时进行维修 2. 加注适量的新制冷剂 3. 如果仪表指示压力接近于0，则有必要在修复泄漏后抽空系统
高压压力	低		制冷系统泄漏	

2. 空调系统不制冷故障诊断与排除

空调系统不制冷故障应重点检查制冷循环系统及控制系统是否存在故障。

（1）制冷系统完全不制冷故障原因分析　汽车空调制冷完全不制冷故障可能原因见表 8-2-6。

表 8-2-6 完全不制冷故障症状表

症状	可疑部位	排除方法
无冷风	制冷剂量	加注
	制冷剂压力	检查后调整
	压力传感器及电路	维修或更换
	压缩机电磁阀及电路	维修或更换
	蒸发器温度传感器及电路	维修或更换
	环境温度传感器及电路	维修或更换
	加热器控制开关及电路	维修或更换
	空气混合风门控制拉索	调整
	膨胀阀	更换
	空调放大器（控制单元）	更换

（2）控制系统检查

1）检查电源电路。如果电源电路出现故障，整个空调系统将不工作，系统也不会制冷。

在维修时，应对照车型的电路图，仔细检查空调系统的电源电路，确保每个供电熔丝、继电器及供电线路不存在故障。

2）检查空调控制单元及面板。打开点火开关，起动发动机，开启空调。观察控制面板上的按钮按键是否能工作。

在维修时，应连接诊断仪，观察诊断仪能否与空调控制单元通信或读取控制单元的故障码。同时，应利用诊断仪读取数据流的功能，读取压力信号和温度信号、压缩机接通信号、怠速提升信号，并做好记录。如果诊断仪无法与空调控制单元建立联系，则表明控制单元电源电路、控制单元本身或总线通信线路有问题。

3）检查传感器和执行器电路。利用诊断仪器数据流分析传感器工作状态是常用的方法。另外利用执行器的主动测试可以判断执行器及其线路是否正常工作。

除此之外，直接检查传感器和执行器也是非常重要的能力。在空调系统中，要注意检查环境温度传感器和蒸发器温度传感器信号，若线路有故障会导致空调不工作。另外，压力传感器及线路、压缩机电磁阀控制电路也是检查重点。空调开关打开后,要观察压缩机是否运转,并通过视液镜观察制冷剂是否流动。

控制系统从电源、信号输入、信号控制处理和信号输出执行等方面保证空调系统正常运行,在检查时,要确保这些信号正常。

(3)制冷循环系统检查 如果控制系统正常,则把检查重点放在制冷循环系统。

1)压力测量。通过压力测量,可以较好的判断制冷剂是否存在泄漏、制冷剂是否含有空气或水分、制冷剂是否循环不畅或压力不够等。所以,制冷剂压力是制冷系统最重要的诊断参数。

如图8-2-14所示,可利用压力表测量空调系统高压和低压端的压力,以判断制冷剂量及压缩机和系统循环是否存在故障。压力数据应根据维修手册的规定来判断,此外还应结合测试时的温度、湿度加以判断。

如图8-2-15所示,低压端偏低,高压端正常至偏低。故障原因可能是制冷剂不足,即表明空调系统中出现了泄漏。维修时应先回收制冷剂,再检漏,确保无漏点后加注规定量的制冷剂。

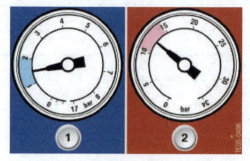
图8-2-14 高低压管路压力正常

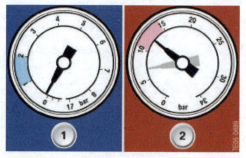
图8-2-15 低压端偏低,高压端正常至偏低

如图8-2-16所示,高低压端压力都偏高。可能的故障原因是制冷剂中含有空气、制冷剂过量、膨胀阀未闭合或者冷凝器冷却效果太差。在维修时,应检查膨胀阀和冷凝器,回收净化制冷剂,加注适量的制冷剂。

如图8-2-17所示,低压端偶尔出现真空状态,说明制冷剂中有水分,在膨胀阀处形成了冰堵现象。或者是蒸发器温度传感器故障,导致了蒸发器表面结冰。

图8-2-16 高低压管路压力都偏高

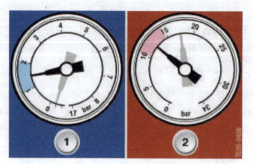
图8-2-17 低压正常至过低,高压正常至偏高

如图8-2-18所示,高低压端压力都过低,说明制冷剂循环出现故障。通常是由于膨胀阀卡死或干燥罐堵塞导致。

如图8-2-19所示,高压过低,低压过高。出现这一现象则表明压缩机压缩故障。可能的原因是压缩机传动带松动或打滑、压缩机损坏、压缩机电磁离合器打滑或未调整好。

项目八 空调与暖风系统检修 149

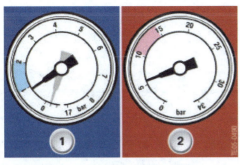

图 8-2-18 高低压端压力都过低

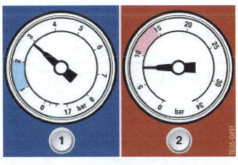

图 8-2-19 高压过低，低压过高

2）温度测量。温度测量一般使用红外线测温仪（图 8-2-20）或普通温度计进行测量。

测量点分别是高低压管路、冷凝器进出口端、压缩机表面和出风口内。通过温度测量，可以了解系统的工作情况。

（4）**维修方式** 如发现故障，一般的维修方式为制冷剂循环系统净化再加注、系统检漏补漏、部件更换或线路修理。在维修时，要结合实际故障，运用空调的工作原理来判断系统故障。

图 8-2-20 红外线测温仪

项目九
车身其他电气系统检修

本项目学习车身其他的电气系统检修,包含四个工作任务:任务一刮水器与洗涤器系统检修;任务二电动车窗与天窗系统检修;任务三电动座椅系统检修;任务四电动后视镜系统检修。通过这四个工作任务的学习,你能够掌握这些车身电气系统的结构组成和原理,以及检修方法。

任务一　刮水器与洗涤器系统检修

情境导入

情境描述

一辆2017年款一汽大众迈腾B8,出现刮水器不动作、洗涤器不喷水的故障。你的主管把检修任务交给你,你能完成吗?

情境提示

在进行维修之前必须掌握刮水器与洗涤器系统的工作原理。

本情境中,刮水器不动作,故障可能在刮水器开关、电动机及线路,应根据从简单到复杂的顺序检修。

本情境中,洗涤器不喷水,首先应做基本检查,即洗涤液是否足够和管路是否正常。然后检查洗涤泵电动机、开关及其线路。

学习目标

知识目标

1)能描述刮水器系统的结构组成与工作原理。
2)能描述洗涤器系统的结构组成与工作原理。

技能目标

1)能进行刮水器系统检修。
2)能进行洗涤器系统检修。

一 基本知识

1. 刮水器系统的结构组成与工作原理

刮水器系统能够确保驾驶人在雨天、雪天和雾天有良好的视线,因此所有车辆必须装备。汽车的刮水器系统包括前风窗玻璃刮水器和后窗玻璃刮水器,有些车辆还采用了前照灯刮水器。

(1)刮水器系统的结构组成　刮水器系统由电动机、传动机构、摇臂和刮水片组成,如图 9-1-1 所示。

1)刮水器电动机。刮水器电动机通常采用永磁直流电动机,电动机转速由换向器上普通、高速和低速三个电刷控制。无论电动机何时运转,普通电刷都会输送电流。低速电刷和高速电刷分布在不同的位置。通常情况下,高速电刷与普通电刷相对而置,而低速电刷则斜着放置,如图 9-1-2 所示。

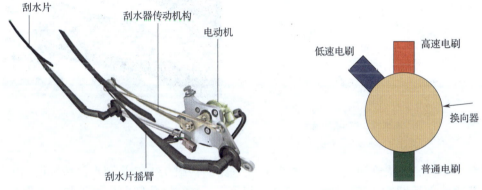

图 9-1-1　刮水器结构　　　　图 9-1-2　永磁直流刮水器电动机

电刷的布局决定了连接在电路中的电枢绕组的数量。蓄电池电压施加到的绕组越少,磁力越小,反电动势越小。随着反电动势的变小,电枢电流变大,电动机转速变高。通电的绕组越多,电枢周围的磁场越大,反电动势越大,电流减小并且电动机转速变低。

为使刮水器在开关关闭后能够复位,电动机内部装置有复位停靠开关,使电动机齿轮上的凸轮或锁栓臂断开。如图 9-1-3 所示,关闭刮水器开关后,停靠开关将继续为电动机提供电压,可使电动机继续运转,直至该开关达到停靠位置。电动机每转动一圈,停靠开关的位置都会发生改变。电动机转动大约 9/10 圈时,停靠开关保持在运行位置。如果再转动 1/10 圈,停靠开关将会位于停靠位置。这并不会影响电动机的运行,直到将刮水器开关置于停靠位置。

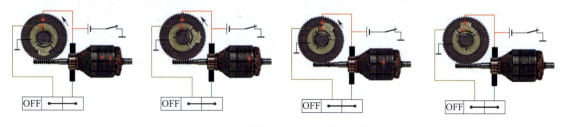

图 9-1-3　停靠复位开关工作原理图

2)刮水器传动机构。刮水器传动机构由蜗轮蜗杆和枢轴组成,用来传输电动机的旋转运动以摆动刮水器。随着刮水器电动机的运转,传动机构将会使刮水器臂从左侧旋转至右侧。传动机构的布局可以使刮水器的枢轴点摆动。刮水器臂和刮水片直接安装在两个枢轴点上。

有的刮水器系统具有两个运转方向相反的刮水器电动机，因此可使刮水器左右摆动，如图9-1-4所示。

3）刮水片。刮水片容易受温度的影响和使用时间的延长，使刮水片老化、硬化、变软而导致在使用刮水器时出现异响和刮不干净，因此需要定期检查和更换刮水片。

（2）刮水器系统控制电路和工作原理　如图9-1-5所示，刮水器系统通常有关闭、低速、高速、间歇档位，大部分刮水器系统也提供了可以调节刮水器间隔时间的功能。这些系统中的大部分系统都使用了安装在转向柱附近的控制单元或调速器，或者系统有一个与车身控制单元（车载电网控制单元）相连的控制单元。

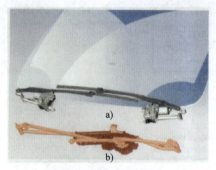

a）使用了两个运转方向相反的电动机
b）典型的单电动机杆系

图9-1-4　刮水器系统

图9-1-5　一汽大众迈腾的刮水器开关

图9-1-6是一汽大众迈腾刮水器控制开关电路图，图9-1-7是刮水器系统控制电路图。刮水器开关的信号发送到转向柱电子装置控制单元（J527），转向柱电子装置控制单元通过

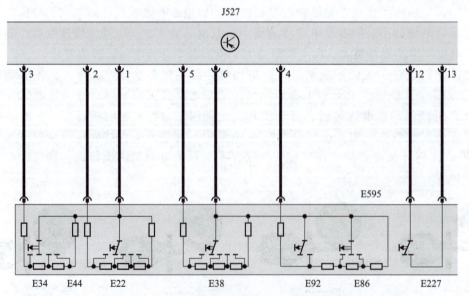

图9-1-6　一汽大众迈腾刮水器控制开关电路图

E22—间歇式刮水器运行开关　E34—后窗玻璃刮水器开关　E38—前风窗玻璃刮水器间歇运行调节器　E44—前风窗玻璃清洗泵开关（自动刮水/清洗装置和前照灯清洗装置）　E86—多功能显示器按钮　E92—Reset（复位）按钮　E227—GRA（定速巡航）设置按钮　E595—转向柱组合开关　J527—转向柱电子装置控制单元

CAN系统由车载电网控制单元（J519）指令刮水器电动机控制单元（J400）驱动刮水器电动机工作。刮水器控制系统还能根据雨量与光线识别传感器（G397）等信息，调节刮水器电动机的运转速度。

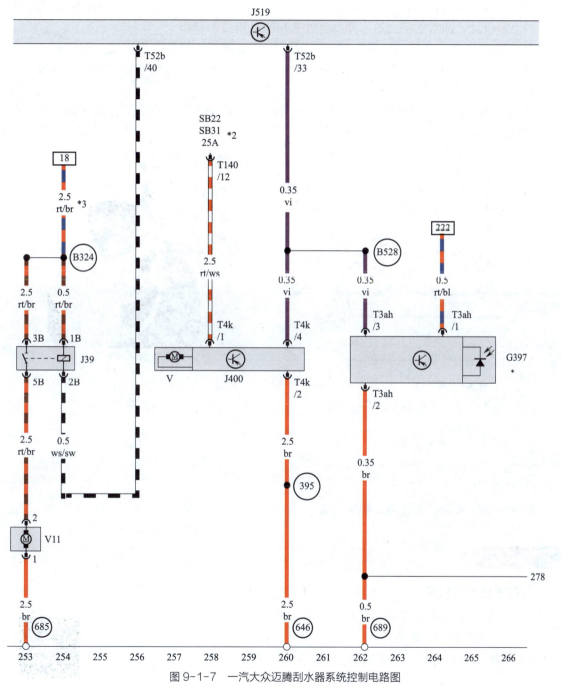

图9-1-7　一汽大众迈腾刮水器系统控制电路图

B528—连接1（LIN总线），在主导线束中　222—连接其他电路图编号222的线束　J519—车载电网控制单元　J400—刮水器电动机控制单元　V—刮水器电动机　G397—雨水与光线识别传感器　SB22/SB31—熔丝

2. 洗涤器结构组成与工作原理

风窗玻璃洗涤器可将洗涤液喷洒到风窗玻璃上，并配合刮水片一起工作以清洁风窗玻璃。

（1）洗涤系统的结构组成　风窗洗涤器的结构如图9-1-8所示，主要由储液罐、洗涤泵、软管和喷嘴等组成。储液罐内安装有洗涤器水泵，通过按住洗涤器开关即可操作洗涤器系统。如果刮水器/洗涤器系统也具有间歇式控制单元，则会在接通洗涤器开关时向该控制单元发送信号。该控制单元内的控制电路将会低速操作刮水器，并持续动作规定的时间。根据控制单元的不同设计，刮水器将会返回停靠位置或在间歇模式下操作。

有些高端车辆具有可以清洗前照灯和雾灯的洗涤器，以便最大程度提高可视性。前照灯洗涤系统（图9-1-9）可能会通过自带的开关和洗涤泵或者与风窗玻璃洗涤器系统一起工作。

有些车辆配备了低液位指示灯（或提示信息）。储液罐内的液位降至低于满刻度线的1/4位置时，洗涤液液位开关将会关闭。关闭开关后，仪表的洗涤系统液位指示灯点亮。

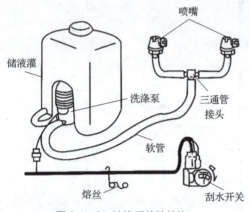
图9-1-8　洗涤系统的结构

图9-1-9　前照灯洗涤系统

（2）洗涤系统的电路　洗涤系统的控制一般包含在刮水器系统控制电路内，电路图参照图9-1-6和图9-1-7。根据电路图，洗涤系统不工作时，可能出现的故障部位如下：

1）洗涤系统熔丝。
2）刮水器/洗涤器开关。
3）刮水器继电器。
4）线束。

检修时应按从简单到复杂的顺序排查。

二　基本技能

1. 刮水器系统检修

以下介绍刮水器电动机拆卸、检查与安装方法。

（1）刮水器电动机拆卸

1）拆卸刮水器臂端盖。如图9-1-10所示，使用一字螺钉旋具，用胶布将螺钉旋具头部包好，拆卸刮水器臂端盖。

2）拆卸刮水器臂及刮水器片总成。如图9-1-11所示，使用棘轮扳手拆卸左前刮水器臂和刮水片总成的锁止螺母，然后用一定的力按下刮水器臂下端，拆下刮水器臂和刮水片总成；用同样的方法拆卸右前刮水器臂和刮水片总成。

3）拆卸前围板上的通风栅板，如图9-1-12所示。

①脱开7个卡子并拆下至发动机舱盖至前围上板密封条。

刮水器电机总成拆卸

② 脱开卡子和 14 个卡爪，并拆下右前围板上通风栅板，用同样的方式拆下左前围板上通风栅板。

4）断开刮水器电动机线束插接器。如图 9-1-13 所示，松开刮水器电动机线束固定卡夹，断开刮水器电动机线束插接器。

图 9-1-10　拆卸左刮水器臂端盖

图 9-1-11　取下左侧刮水器臂总成

图 9-1-12　拆卸左右前围板上通风栅板

图 9-1-13　取下刮水器电动机线束插接器

5）拆卸刮水器电动机及连杆总成。如图 9-1-14 所示，使用棘轮扳手拆下 2 个固定螺栓和刮水器电动机和连杆总成。

图 9-1-14　拆卸刮水器电动机及连杆总成固定螺栓

（2）刮水器电动机检查

1）刮水器低速检查。如图 9-1-15 所示，检查刮水器电动机低速（LO）状态，将蓄电池正极引线连接至端子 5，将蓄电池负极引线连接至刮水器电动机壳体，检查并确认电动机低速（LO）运行。

2）刮水器高速检查。如图 9-1-16 所示，将蓄电池正极引线连接至端子 3，将蓄电池负极引线连接至刮水器电动机壳体，检查并确认电动机高速（HI）运行。

图9-1-15 刮水器电动机低速检查

图9-1-16 刮水器电动机高速检查

（3）刮水器电动机安装

1）安装刮水器电动机及连杆总成，如图9-1-17所示。

① 对准位置安装刮水器电动机和连杆总成，安装3个固定螺栓。

② 使用扭力扳手，以规定力矩紧固刮水器电动机和连杆总成的3个固定螺栓。

2）安装刮水器电动机线束。如图9-1-18所示，插接刮水器电动机线束插接器，并卡上线束固定卡夹，确保连接牢固。

图9-1-17 安装刮水器电动机总成

图9-1-18 安装刮水器电动机线束

3）安装前围板上通风栅板。如图9-1-19所示，接合卡子和8个卡爪，并安装左前围板上通风栅板。用同样的方法安装右前围板上通风栅板。

4）安装发动机舱盖至前围板上密封条。如图9-1-20所示，接合7个卡子并安装发动机舱盖至前围板上密封条。

图9-1-19 安装前围板上通风栅板

图9-1-20 安装前围板上密封条

5）安装刮水器臂及刮水片总成。如图9-1-21所示，对准安装位置安装刮水器臂和刮水片总成；拧上固定螺母，使用扭力扳手，以规定的力矩紧固刮水器臂和刮水片总成固定螺栓；依次安装左前、右前两个刮水器臂端盖。

项目九　车身其他电气系统检修

图 9-1-21　安装刮水器臂端盖

2. 洗涤器系统检修

以下介绍洗涤器不动作的检修方法。

> 提示：检查刮水器及洗涤器时，应确认发动机舱盖已经关闭。

（1）检查刮水器和洗涤器系统电路

1）根据电路图、元件位置图找到熔丝和继电器。

2）取下熔丝和继电器，目测检查或者用万用表检查其好坏。

（2）检查洗涤器开关

1）打开点火开关，用诊断仪器进入转向柱电子控制单元 J527（大众迈腾为例），读取数据流（图 9-1-22）。

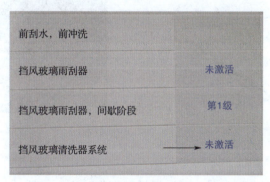

图 9-1-22　洗涤器系统数据流（未动作）

2）如图 9-1-23 所示，接通洗涤器开关，开关接通时数据流风窗玻璃洗涤器应为已按下（图 9-1-24），若没有则检查线路或更换前风窗玻璃刮水器开关总成。

图 9-1-23　开启洗涤器开关

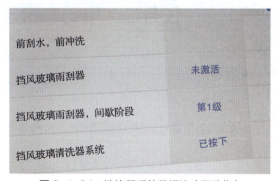

图 9-1-24　洗涤器系统数据流（已动作）

（3）检查洗涤泵

1）拆下洗涤储液罐及洗涤泵总成。

2）给洗涤泵电动机施加蓄电池电压，观察洗涤泵总成能否正常喷水，若不能则更换洗涤泵总成。

3）用万用表检查洗涤泵电动机的电源线（图9-1-25），标准电压为蓄电池电压，如无电或电压过低，说明线路有腐蚀松动，应进行线路的维修。

图9-1-25　测量洗涤泵电动机的电源线电压

三　拓展知识

1. 雨量感应刮水器

有的高端车辆的风窗玻璃刮水器系统装备雨量（即雨水与光线）传感器，可以根据雨量大小自动调节刮水器动作速度。雨量传感器感应信号变化作为判断雨量的依据，风窗玻璃刮水器系统将会根据这些变化增加或减少刮水器动作的次数。如图9-1-26所示，雨量传感器通常位于后视镜后方的风窗玻璃中央和顶部，通过特殊的光学元件将红外光传输到风窗玻璃的表面上，风窗玻璃干燥时，所有光线将会反射回传感器。湿气开始在玻璃上积聚时，风窗玻璃反射光线的能力将立即发生变化。这会使红外光束穿透风窗玻璃，从而减少了反射的光线。反射的光线越少，表示风窗玻璃表面上的湿气越重。

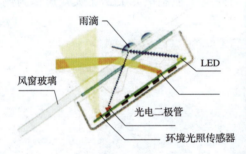 

图9-1-26　雨量传感器

2. 车速感应刮水器

一些车辆具有车速感应刮水器，可以根据车速来改变刮水器动作速度或刮水器间隔。系统通常由车身控制单元根据来自车速传感器的输入信号（CAN传输）进行控制。

任务二　电动车窗与天窗系统检修

情境导入

情境描述

一辆2017年款一汽大众迈腾B8，电动车窗不能升降。你的主管把这个检修任务交给你，你能完成吗？

项目九　车身其他电气系统检修　159

情境提示

根据故障现象，电动车窗开关、电动机、升降器及电路都有可能造成故障，必须先进行电动车窗结构和原理学习，才能进行检修。

本情境中，可能发生故障的部位涉及较多，检修时应按照从简单到复杂的顺序进行排除。

学习目标

知识目标

1）能描述电动车窗的结构组成与工作原理。
2）能描述电动天窗的结构组成与工作原理。

技能目标

1）能够对电动车窗升降功能进行检查。
2）能进行电动车窗防夹功能检查与设定。
3）能够对电动天窗的功能进行检查。
4）能够对电动天窗的进行初始化设定。

一　基本知识

1. 电动车窗的结构组成与工作原理

（1）**电动车窗的结构组成**　汽车的电动车窗（图9-2-1）安装在车门上，驾驶人或乘客在座位上操纵控制开关，利用电动机驱动玻璃升降器实现车窗玻璃的升降。

▶左前车窗电机拆卸

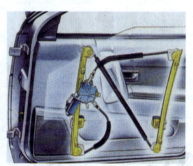

图9-2-1　汽车电动车窗

电动车窗主要由控制开关、带车窗电动机的玻璃升降器和车窗玻璃等组成。

1）控制开关。如图9-2-2所示，电动车窗装有两套控制开关，一套装在驾驶人侧车门上，为总开关，由驾驶人控制所有车窗的升降和控制乘客车窗禁用；另一套分别装在每个车门上，由乘客进行控制。每个车窗都通过总开关控制，所以电流不但通过每个车窗上的分开关，还通过总开关上的相应开关。

2）玻璃升降器。如图9-2-3所示，电动车窗的玻璃升降器由电动机、齿轮减速机构、主动臂、从动臂、托架、玻璃安装槽板等机构组成。每个车窗都装有一个电动机，通过直流开关控制电流的方向，电动车窗中的电动机带动齿轮转动，通过升降器使车窗实现上升和下降。

驾驶人侧开关　　　　　　　　乘客侧开关

图 9-2-2　电动车窗控制开关

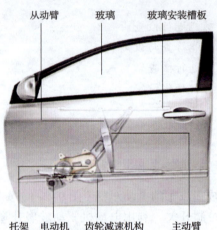

图 9-2-3　电动车窗玻璃升降器

常见的玻璃升降器有齿扇式和绳轮式等类型，如图 9-2-4 所示。

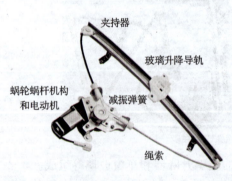 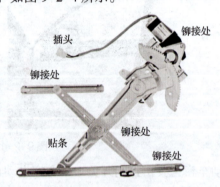

a）绳轮式升降器　　　　　　　b）齿扇式升降器

图 9-2-4　玻璃升降器类型

（2）电动车窗控制电路和工作原理　如图 9-2-5 是一汽大众迈腾电动车窗电路图（驾驶人侧）。驾驶人操作驾驶人侧前部车窗升降器按钮（E710）时，信号传递到驾驶人侧车门控制单元（J386），J386 直接控制驾驶人侧车窗电动机（V147）动作。驾驶人需要控制其他车窗玻璃升降时，操作相关按钮，信号传递到驾驶人侧车门控制单元（J386），由 J386 指令其他车门控制单元，控制相应的车窗电动机动作。

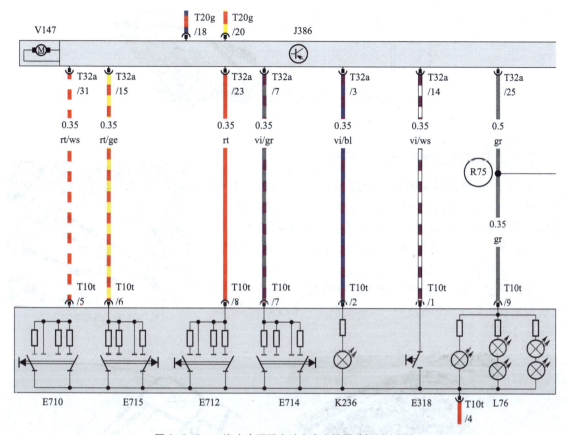

图 9-2-5 一汽大众迈腾电动车窗电路图（驾驶人侧）

J386—驾驶人侧车门控制单元　V147—驾驶人侧车窗电动机　E710—驾驶人侧前部车窗升降器按钮
E715—前排乘客侧车窗升降器按钮　E712—左后车窗升降器按钮　E714—右后车窗升降器按钮　R75—连接（58d）1
K236—儿童安全锁激活指示灯　E318—儿童安全锁按钮　L76—按钮照明灯泡

电动车窗还具备其他的控制功能：

1）一键式升降。有些车辆配备了"一键式"电动车窗升降功能。通过按住车窗开关持续 0.3s 以上，然后松开，即可完全打开或关闭车窗。在任何时候按下该开关，车窗都可以停止移动。一键式车窗选装件依赖于电子控制单元和继电器。发出指令时，控制单元将会激活继电器，从而为电机形成完整的电路。车窗完全降低时，该控制单元将会打开继电器，从而停止电动机。如图 9-2-6 是一汽大众迈腾电动车窗开关，四个车门车窗均可一键升降。

图 9-2-6 一汽大众迈腾电动车窗开关
一键式功能

一键式车窗电路是车身控制的一部分，如果蓄电池断开、熔丝熔断或更换部件，则将暂时禁用。如果出现此情况，则需要重新初始化系统。按照厂家规定的程序执行初始化。

2）防夹功能。如图 9-2-7 所示，电动车窗自动上升过程中，如果中途有任何阻碍，如手指，则该装置将阻止车窗关闭。有的车型如果车窗关闭过程中遇到任何物体，则车窗将会反向操作并打开。

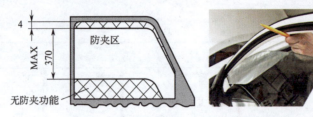

图9-2-7 电动车窗系统防夹功能示意图

2. 电动天窗的结构组成与工作原理

（1）电动天窗系统的结构组成　为了使浑浊的空气迅速地被排出车外，同时又能使新鲜的空气流入车厢，提升汽车内部环境的舒适性，有些汽车顶部安装了电动天窗系统。电动天窗系统不仅可以辅助调节温度，而且可以使车厢内光线明亮，亲近自然，如图9-2-8所示。

电动天窗系统一般由滑动机构（滑轨等）、驱动机构（电动机及驱动齿轮）、控制开关、天窗控制单元（ECU）等组成，如图9-2-9所示。

图9-2-8 汽车电动天窗

图9-2-9 电动天窗的组成

1）滑动机构。电动天窗滑动机构主要由滑轨、导水槽、排水孔，以及天窗玻璃、遮阳板、密封橡胶条等组成。

2）驱动机构。电动天窗驱动机构主要由永磁式直流电动机、传动机构等组成。

电动机通过传动机构为天窗的开启和关闭提供动力。电动机可以双向转动，即通过改变电流的方向来改变电动机的旋转方向，实现天窗的开启和关闭。

传动机构主要由蜗轮蜗杆传动机构、减速机构和驱动齿轮等组成。

3）控制开关。汽车电动天窗的控制开关主要用于控制天窗的滑动和斜升，其中滑动开关有滑动打开、滑动关闭和断开三个档位，如图9-2-10所示。

4）天窗控制单元。天窗控制单元（ECU）作用是接受天窗开关输入的信息，确定天窗电动机的动作，以控制电动天窗的开/闭状态。

（2）电动天窗控制电路和工作原理　图9-2-11

图9-2-10 电动天窗控制开关

所示为迈腾电动天窗（大众汽车称"滑动天窗"）控制电路图。当点火开关接通时，电动天窗系统可以工作。天窗开关信号（滑动天窗按钮E325、调节器E139）送入天窗控制单元

J245，天窗控制单元 J245 通过逻辑运算控制驱动电动天窗电动机 V1，从而驱动天窗的开启和关闭。天窗电动机 V1 动作的同时，限位开关检测天窗位置状态，并将此信号反馈至天窗控制单元。

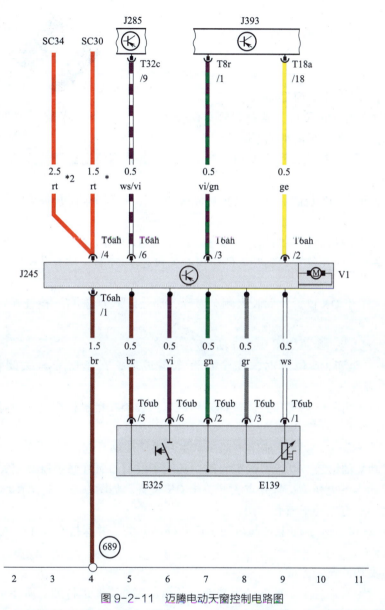

图 9-2-11　迈腾电动天窗控制电路图

E139—滑动天窗调节器　E325—滑动天窗按钮　J245—滑动天窗控制单元　J285—仪表板控制单元
J393—舒适/便捷系统的中央控制单元　V1—滑动天窗电动机　SC30/SC34—熔丝 30 号/34 号

二　基本技能

1. 电动车窗功能检查与防夹功能设定

以一汽大众迈腾为例，其他车型请参照用户手册、维修手册及相关技术资料。

（1）电动车窗的功能检查

1）检查车窗锁止开关，如图 9-2-12 所示。

① 检查并确认按下电动车窗主开关的车窗锁止开关时，前后乘客车窗的操作被禁用。

② 检查并确认再次按下车窗锁止开关时，前后乘客车窗可以操作。

2）检查手动上升/下降功能，参照如图 9-2-6、图 9-2-12 所示。

① 点火开关至于 ON 位置，驾驶人侧车窗开关部分拉起，检查并确认各个车窗都能上升。

图 9-2-12　电动车窗主开关的车窗锁止开关

② 点火开关至于 ON 位置，驾驶人侧车窗开关部分按下，检查并确认各个车窗都能下降。

③ 点火开关至于 ON 位置和车窗锁止功能关闭，各乘客侧车窗开关拉起，检查并确认各个车窗都能上升。

④ 点火开关至于 ON 位置和车窗锁止功能关闭，各乘客侧车窗开关按下，检查并确认各个车窗都能下降。

3）检查自动升降功能，参照如图 9-2-6、图 9-2-12 所示。

① 点火开关至于 ON 位置，驾驶人侧车窗开关拉起 1s 左右，检查并确认驾驶人侧车窗能上升。

② 点火开关至于 ON 位置，驾驶人侧车窗开关部分按下 1s 左右，检查并确认驾驶人侧车窗能下降。

4）检查防夹功能，参照如图 9-2-7 所示。

① 点火开关至于 ON 位置时，完全打开车窗玻璃，在车窗完全关闭位置附近放置 4~10mm 厚的检查夹具。

② 操作驾驶人侧车窗关闭功能，检查并确认车门玻璃在接触检查夹具后降下，车门玻璃下降至距离检查夹具 200~240mm 处。

③ 车窗玻璃下降时，验证不能用电动车窗主开关使玻璃升起。

（2）防夹功能的设定　以迈腾汽车为例，其他车型请参照维修手册及相关的技术资料。

1）将钥匙插入点火开关，打开点火开关至 ON 位置，如图 9-2-13 所示。

2）完全关闭所有电动车窗和车门。

3）如图 9-2-14 所示，向上拉起电动车窗升降器开关，并保持至少 1s；松开开关，然后再次向上拉起开关。

4）车窗防夹功能设定完成。

5）按顺序设定其他各个车窗的防夹功能，各个车窗都需要进行如上所述步骤设定。

图 9-2-13　打开点火开关至 ON 档

图 9-2-14　向上拉起车窗玻璃升降开关

2. 电动天窗功能检查与初始化设定

以一汽大众迈腾为例，其他车型请参照用户手册、维修手册及相关技术资料。

（1）**电动天窗的功能检查**　如图 9-2-15 所示，迈腾的电动天窗控制开关位于汽车前排车顶阅读灯位置处。前排车顶功能区还集成了迎宾灯、驾驶人阅读灯、前排乘客阅读灯、车内灯光开关等多个功能。

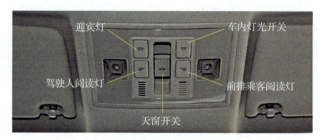

图 9-2-15　迈腾电动天窗控制开关位置和功能

天窗开关有两个位置：

1 档位置：该位置能控制天窗的开启和关闭，可部分开启天窗、全开天窗或关闭天窗。

2 档位置：按一次这个按键天窗可自动开到最终位置，不需要长按。

➤ **提示：** 如果需要打开天窗，应让车辆保持通电状态（点火开关 ON 位置）。车辆熄火后若未打开车门仍可操控天窗。

如图 9-2-16 所示，迈腾天窗功能检查方法如下：

1）自动开启电动天窗。需要自动开启天窗时，只需把按钮拉至 2 档位置。

2）关闭已打开的电动天窗。按压按钮的前端 A 至 1 档位置；按压按钮至 2 档位置即执行电动天窗自动关闭。

3）停止电动天窗自动开启 / 关闭。再次按压按钮 A 或 B。

4）水平开启电动天窗。当需要水平开启天窗时，可以把按钮 C 按压至 1 档，按压按钮到 2 档位置即可水平开启天窗。

5）关闭电动天窗。水平向前按压按钮 D 至 1 档位置；按压按钮至 2 档位置将天窗关闭。

6）停止电动天窗自动开启 / 关闭。按下 C 或 D 按钮。

图 9-2-16　迈腾电动天窗控制开关功能示意图

（2）**电动天窗初始化设定**　电动天窗如果因检修或断电等原因，会出现天窗无法自动关闭的现象，这是天窗控制单元判断天窗初始位置错误，需要对电动天窗系统进行初始化设定。初始化步骤如下：

1）连接故障诊断仪器，查询包括舒适系统在内等电动天窗相关控制系统无任何故障码记录。如有请检修后清除故障码。

2）手动将天窗关闭，确认好天窗电动机初始位置。

3）打开点火开关到 ON 位置，将天窗按钮在关闭位置按住，等待 25~30s，天窗将置于最大倾斜位置。此时天窗玻璃会抖动一下，松开并再次按住天窗按钮，此时天窗将下落，开启关闭 1 个自动循环，天窗初始化完成。

4）如果操作错误，初始化失败，天窗没有动作。应关闭点火开关 10s 或断开电源，重新按照以上步骤操作。

5）不同车型的天窗初始化步骤略有区别，请参照维修手册及相关的技术资料。

任务三　电动座椅系统检修

情境导入

情境描述

一辆 2017 年款一汽大众迈腾 B8，出现电动座椅不能前后调节的故障。你的主管把检修任务交给你，你能完成吗？

情境提示

本情境中，根据故障现象，电动座椅不能调节，可能出现故障的部位有座椅开关、电机及线路。

学习目标

知识目标

1）能描述电动座椅的作用和类型。
2）能描述电动座椅的结构组成。
3）能描述电动座椅的控制电路和工作原理。

技能目标

能进行电动座椅检查与故障诊断。

一 基本知识

1. 汽车电动座椅的作用和类型

汽车座椅的作用是支承驾驶人和乘客身体。在车内装备中，座椅是最引人注目的装备，因此其造型很重要。从乘坐舒适性和保证驾驶安全等人体工程学的角度来看，座椅是很重要的一项装置。汽车座椅有普通座椅、电动座椅，以及带特殊功能的电动座椅。

（1）**普通座椅**　汽车普通座椅不具备电动调整功能，需要乘员通过手柄放松座椅锁止机构，然后通过改变身体的坐姿和位置来带动座椅移动，最后将锁止机构的手柄锁止，将座椅固定在所选择的位置上。这种调节方式的主动施力方是座椅上的乘员，座椅调节起来也不方便。普通座椅如图 9-3-1 所示，侧面带有机械调节手柄。

（2）**电动座椅**　汽车电动座椅是由座垫、靠背、靠枕、骨架和调节机构等组成。电动座椅在调节时，座椅电动机及调节机构是施力方，乘员只需按动控制键就可以使座椅移动，无需主动改变身体的坐姿。电动座椅可以提供更加精准的调节位置，让驾驶人能够轻松的找到最适合自己的驾驶姿势，提供良好的视野，提高了行车安全性并能有效减轻驾驶疲劳。电动座椅如图 9-3-2 所示，侧面带有调节按钮。

（3）**特殊功能的电动座椅**　除了符合人体工程学设计，以及采用真皮、布艺包装的座椅外观外，为了满足驾乘人员的需求，汽车电动座椅厂家提供了多种特殊功能的选装件。

图 9-3-1 普通座椅

图 9-3-2 电动座椅

1）加热和通风座椅。如图 9-3-3 所示，一些车型具有可以加热座椅的选装件，该装置尤其适用于寒冷的天气条件下使用。座椅加热系统由加热开关、温度传感器以及控制单元调节座垫和靠背内的加热线圈加热。

除了在寒冷的天气条件下使用加热座椅外，一些车辆还可以在炎热的天气条件下使空气流过座椅，以通风的方式冷却座椅。

如图 9-3-4 所示，该座椅具备通风、加热和多个位置调节功能，包括头枕和腰部支撑调节；图中较小的圆形物体是风扇。

图 9-3-3 加热座椅

图 9-3-4 通风座椅

2）电动腰部支撑。如图 9-3-5 所示，电动腰部支撑允许驾驶人对位于座椅靠背下部的囊状物进行充气或放气。调节该支撑可以提高驾驶人的舒适度，并为脊柱的腰部下面提供支撑。

3）电动按摩座椅。如图 9-3-6 所示，在高端车型及商务车型上，为了帮助缓解驾乘人员的疲劳，按下控制按钮时，电动按摩座椅靠背内的一排排滚柱将会上下移动，达到按摩的目的。

图 9-3-5 电动腰部支撑座椅

图 9-3-6 电动按摩座椅

4）记忆座椅。高端车型采用自动控制的座椅具有座椅位置存储功能，用以实现不同驾驶人座椅位置记忆存储及自动控制调节功能。座椅存储系统可自动将驾驶人座椅调节为不同的位置，通常情况下最多有三个存储位置。通过系统自动调节位置，该装置可使不同的驾驶人都拥有自己所需的座椅位置。此外，还允许每个驾驶人根据不同的驾驶情况设定不同的位置。

图 9-3-7 所示是座椅调节控制和座椅存储器按钮。调整电动座椅时，控制开关向控制单元发送控制信号，控制单元驱动相应的座椅控制电动机，实现对座椅位置的调整。带有记忆功能的电动座椅系统，通常还增加额外的传感器，如座椅位置传感器。

图 9-3-7　座椅调节控制和座椅存储器按钮

每次调整带记忆功能的座椅调节控制单元，必须进行设置，这样才能保证座椅记忆功能的正常工作。当第一次连接到车载电源时，所有的传感器和执行元件都会被自动读取并分配给控制单元。

带遥控钥匙的控制系统，在任何时候按下遥控钥匙解锁按钮时都可以将座椅调到记忆位置。每位驾驶人都可以有自己的遥控钥匙，并且可在打开车门时选定自己的座椅位置。此外，其他系统还可以自动将电动后视镜调节至适用于各驾驶人的设定。

5）自适应和主动座椅。一些豪华车辆中配备了自适应座椅功能，可在驾驶人换档时略微移动座椅。长时间驾驶时，移动座椅可提高驾驶人的舒适度和支撑度。主动座椅可以促使脊柱和周围的肌肉不断地活动，但是几乎感觉不到。这种座椅旨在防止驾驶人因长时间坐着不动而感到腰酸背痛。座垫的左半部分和右半部分可以定期上下移动。因此，座椅饰品内集成了两块垫板，液压泵轮流向两个空腔充入水和乙二醇水溶液防冻剂的混合溶液。

2. 汽车电动座椅的结构组成

如图 9-3-8 所示，电动座椅由座椅开关、电动机（直流）、传动装置等组成。

电动座椅的调节方向一般有四向和六向两种类型，有些高端车辆最多可允许朝 16 个方向调节座椅。通常四向系统用于长条座椅，六向系统用于分离式长条座椅和斗式座椅。

在四向座椅调节系统中，整个座椅可以上下或前后调节。六向座椅调节系统除了可以上下或前后调节外，还可以调节座椅前部和后部的高度。六向以上的座椅调节系统还可以控制倾斜、前后移动、高度和座椅靠背角度。座椅靠背的调节器也可以控制头枕的高度。

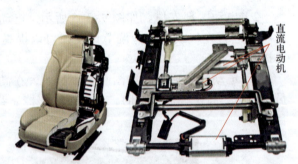

图 9-3-8　电动座椅组成示意图

在四向系统上通常使用两个电动机，而在六向系统上则使用三个电动机。电动机的名称表明了其具备的功能，如头枕调节电动机用于头枕调节。要升高或降低六向系统的整个座椅，则可同时操作前高度和后高度调节电动机。电动机通常为双向电动机总成（包括断路器），以防电路在控制开关长时间保持在激活位置时过载。

图 9-3-9 所示是迈腾车型的电动座椅，具备 4 向调节，并具备按摩功能。图 9-3-10 所示是 8 个位置 16 向电动座椅。

图 9-3-9 大众迈腾具备 4 向的按摩功能电动座椅

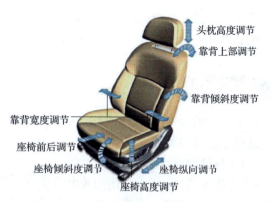

图 9-3-10 8 个位置 16 向调节的电动座椅

3. 电动座椅控制电路和工作原理

图 9-3-11 是迈腾电动座椅电路图（驾驶人侧）。驾驶人需要调整座椅位置时，例如需

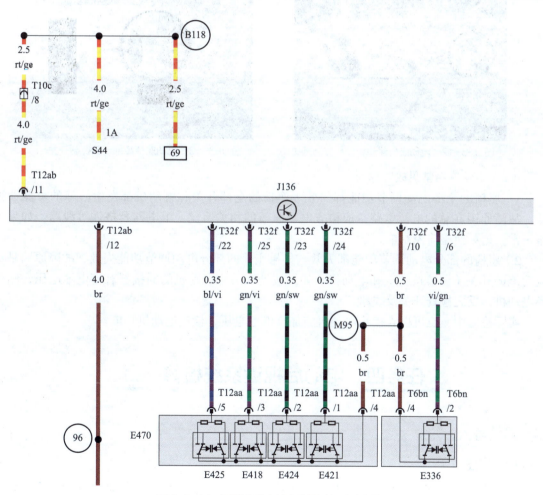

图 9-3-11 迈腾电动座椅电路图（驾驶人侧）

E336—腰部支撑前后位置调整按钮　E418—座椅纵向调整按钮　E421—座椅倾斜度调整按钮　E424—座椅高度调节按钮　E425—座椅靠背调节按钮　E470—驾驶人座椅调整操纵单元　J136—带记忆功能的座椅调节和转向柱调节装置（控制单元）　S44—驾驶人座椅调节装置的热敏熔丝　B118—连接（驾驶人侧舒适/便捷系统），在车内导线束中　M95—连接 3，在座椅调节装置导线束中　69—连接其他电路图编号 69 的线束　96—接地连接 1，在座椅加热导线束中

要前后移动，按下座椅纵向调整按钮 E418，需求信号发送到带记忆功能的座椅调节和转向柱调节控制单元 J136，由 J136 控制座椅上相应的电动机动作。

二 基本技能

以下以一汽大众迈腾为例，介绍电动座椅检查与故障诊断方法，其他车型请参照用户手册、维修手册及相关技术资料。

（1）电动座椅检查

1）如图 9-3-12 所示，使用控制开关 A，沿箭头所指的方向按动这个开关可以进行座椅调节：座椅前后调节；座椅向上/向下（倾斜）调节；使用控制开关 B，沿箭头所指的各个方向按动这个开关进行座椅靠背前后的调节。

2）如图 9-3-13 所示，使用控制开关 C，沿箭头所指方向按动这个开关可以进行对腰部的前后调节。

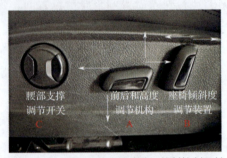
图 9-3-12 电动座椅移动和倾斜控制开关

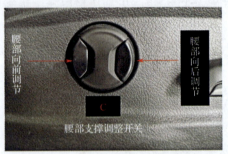
图 9-3-13 电动座椅腰部调节控制开关

（2）电动座椅常见故障诊断

1）座椅的全部电动调节功能都失效。座椅的全部开关和电动机都发生故障的可能性很低。故障原因在总的电源电路，应检查电动座椅的相关熔丝、继电器及搭铁等线路。如果电路正常，则更换座椅控制单元。

2）座椅的部分电动调节功能都失效。如果座椅的部分电动调节功能失效，故障原因是对应功能的开关（调节按钮）和电动机。如果按动开关，电动机的插接器有蓄电池电压，则更换电动机，反之检查开关及线路。

实际检修中，也可以直接给电动机施加蓄电池电压，检查电动机功能。

任务四　电动后视镜系统检修

情境导入

情境描述

一辆 2017 年款一汽大众迈腾 B8，左侧后视镜不能调节。你的主管把检修任务交给你，你能完成吗？

情境提示

本情境中，电动后视镜不能调节，可能的故障部位有调节开关、调节电动机及线路。

项目九 车身其他电气系统检修

学习目标

知识目标

1）能描述汽车后视镜的作用。
2）能描述汽车后视镜的类型和结构。

技能目标

能进行电动后视镜操作和检查。

一 基本知识

1. 汽车后视镜的作用

如图 9-4-1 所示，汽车后视镜用于反映汽车后方、侧方的情况，大型商用车（大货车和大客车）还有"下视镜"用于察看车前部的死角，使驾驶人可以间接看清楚这些位置的情况。

图 9-4-1 汽车后视镜

2. 汽车后视镜的类型和结构

汽车后视镜起着"第二只眼睛"的作用，扩大了驾驶人的视野范围。汽车后视镜属于重要安全件，它的镜面、外形和操纵都很讲究。用途不一样，镜面结构也会有所不同。一般后视镜镜面主要有两种，一种是平面镜，顾名思义镜面是平的，这与一般家庭用镜一样，可得到与目视大小相同的映像，这种平面镜常用作内后视镜。另一种是凸面镜，镜面呈球面状，具有大小不同的曲率半径，它的映像比目视小，但视野范围大，好像相机"广角镜"的作用，这种凸面镜常用作外后视镜和下视镜。

汽车后视镜，通常分为车外和车内两种。对于车外后视镜，汽车左右两侧都有，其功用主要是让驾驶人观察汽车后侧的行人、车辆以及其他障碍物的情况，确保行车或倒车安全。车内后视镜主要供驾驶人观察和注视车内乘员、物品以及车后路面的情况。当车辆夜间行驶时，车内后视镜还具有防止后随车辆前照灯光线引起眩目的功能。

汽车上的后视镜位置直接关系到驾驶人能否观察到车后的情况，与行车的安全性有着密切联系。后视镜的调整方式有两种，一种采用手动调整；另一种是电动后视镜，通过开关进行调整，操作起来十分方便。

（1）**带防眩目功能的车内后视镜** 自动防眩目后视镜安装在车厢内，是由一面特殊镜子和两个光电二极管组成。当强光照在后视镜上时，镜上的光电二极管把光信号传给控制单元，经过信号处理，控制电路使镜面变色以吸收强光，削弱强光的反射，避免反射的强光照在驾驶人的眼睛上，防止产生眩目，如图 9-4-2 所示。

（2）**车外电动后视镜** 车外电动后视镜一般由镜片、驱动电动机、控制电路及控制开关组成。在每个电动后视镜的背后装有两个可逆电动机和驱动机构，可调整后视镜上下及左右转动。上下方向的转动由一个电动机控制；左右方向的转动由另一个电动机控制。通过改变电动机的电流方向，即可完成后视镜的位置调整，但一个后视镜的两个电动机不能同时运行。后视镜控制开关位于驾驶人侧车门把手附近。车外后视镜的结构和典型开关如图 9-4-3 所示。

 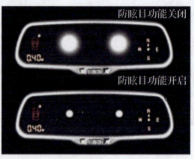

图 9-4-2　车内后视镜及防眩目效果示意图

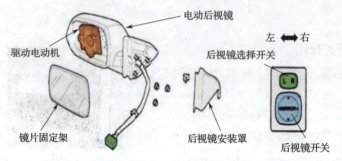

图 9-4-3　车外电动后视镜结构和控制开关示意图

如图 9-4-4 所示，为了使车辆获得最大的驻车间隙，通过尽可能狭小的路段，有的电动后视镜还带有折叠（伸缩）功能，由折叠开关控制折叠电动机工作，使两个后视镜整体回转伸出或缩回。除此之外有些后视镜还带有加热功能，当点火开关接通并且后视镜加热器打开时，后视镜被加热，可以使后视镜在寒冷的季节不结霜，不起雾，保持良好的后视线，从而提高行车安全性。

将电动后视镜开关旋转至左侧或右侧位置时，选择其中一个后视镜进行调节。上下或左右移动杆式控制开关，可将后视镜调至所需位置。双电动机传动总成位于后视镜玻璃后面。后视镜的位置可能与记忆式电动座椅联动，并可以在选择座椅位置时自动调节。

图 9-4-4　带有折叠和加热功能的电动后视镜开关

典型的电动后视镜电路是一个独立的电路，除非该电路固定在方便性存储系统中。在此情况下，控制单元可以同时控制后视镜和座椅。一些车辆内的控制单元在任何时候将变速器挂入倒档时都能自动向下倾斜乘客侧车外后视镜，这样便于使驾驶人看清盲区。

许多高端车型都配备了电镀铬车外后视镜。这些后视镜根据照射到后视镜表面上的光线强度来自动调节反射率。这些后视镜使用光敏元件来感应光线。眩光特别强时，后视镜将充分变暗（反射率降至 6%）。眩光适中时，后视镜会将反射率调节至 20%~30%。眩光减弱后，后视镜将切换为清晰的日间状态。

3. 汽车后视镜控制电路和工作原理

图 9-4-5 所示是迈腾汽车电动后视镜电路图。后视镜调节、加热、折叠的开关和按钮，信号都发送到驾驶人侧车门控制单元 J386，由 J386 控制电动后视镜内部相关的电动机、加热线等执行元件工作。

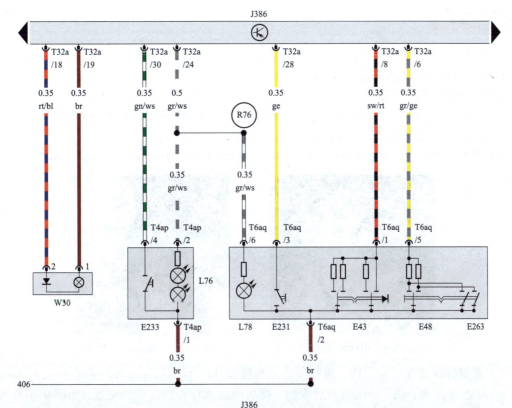
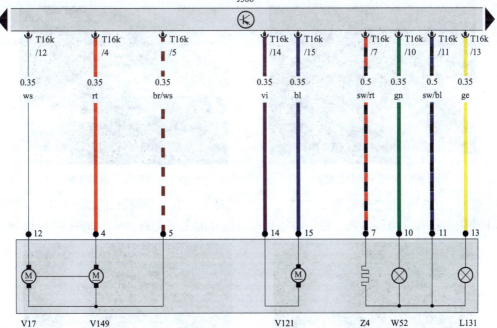

图 9-4-5 迈腾电动后视镜电路图

E43—后视镜调节开关　E48—后视镜调节转换开关　E231—车外后视镜加热按钮　E233—后盖遥控开锁按钮
E263—后视镜内折叠开关　J386—驾驶人侧车门控制单元　L76—按钮照明灯泡
L78—后视镜调节开关照明灯泡　L131—驾驶人侧外后视镜警告灯泡　V17—驾驶人侧后视镜调节电动机
V121—驾驶人侧后视镜折叠电动机　V149—前排乘客侧后视镜调节电机　W30—驾驶人侧车门警告灯
W52—驾驶人侧车外后视镜照明灯　Z4—驾驶人侧可加热车外后视镜

二 基本技能

以下以一汽大众迈腾车型为例,介绍电动后视镜检查与故障诊断方法,其他车型请参照用户手册、维修手册及相关技术资料。

（1）电动后视镜检查

1）电动后视镜调节开关一般安装在驾驶人侧的车门内饰板上,或仪表板左边的内饰板上,安装在方便驾驶人操作的地方,如图9-4-6所示。

2）将左、右后视镜选择钮调至"L"位置,选择调节左边后视镜,如图9-4-7所示。

图9-4-6　电动后视镜调节开关

图9-4-7　调至"L"位置

3）使用后视镜方向调节钮,进行左边后视镜镜片的上下左右调节,如图9-4-8所示。

4）一边操作调节钮,一边观看后视镜,将后视镜镜片调到合适的位置,如图9-4-9所示。

图9-4-8　调节后视镜

图9-4-9　左后视镜调节

5）按左、右后视镜选择钮调至"R"位置,选择调节右边后视镜,如图9-4-10所示。

6）使用后视镜方向调节钮,进行右边后视镜镜片的上下左右调节,如图9-4-11所示。

图9-4-10　调至"R"位置

图9-4-11　调节后视镜

7）一边操作调节钮，一边观看后视镜，将后视镜镜片调到合适的位置，如图 9-4-12 所示。

8）将调节钮调至电动后视镜折叠位置，可以使后视镜折叠，提高了车辆的通过性，如图 9-4-13 所示。

图 9-4-12　右后视镜调节

图 9-4-13　电动后视镜折叠位置

9）后视镜折叠起来，可以保护镜面，有效避免了刮蹭，如图 9-4-14 所示。

图 9-4-14　后视镜折叠

（2）电动后视镜故障诊断

1）如果后视镜所有功能都不动作，检查供电电路（熔丝、线束插接器）和开关总成。如果供电电路正常，则更换驾驶人侧车门控制单元 J386。

2）如果只是部分功能不动作，检查对应功能的电动机和开关。

参 考 文 献

[1] 钱强.汽车电气与电子技术[M].上海：同济大学出版社，2011.
[2] 吴荣辉.汽车文化[M].北京：北京师范大学出版社，2015.

浙江省普通高校"十三五"新形态教材

高等职业教育汽车类专业创新教材

汽车电气设备结构原理与检修
实训工单

管伟雄　吴荣辉　主编

班级：_____

姓名：_____

机械工业出版社
CHINA MACHINE PRESS

目录

项目一
汽车电气设备总体构造认知与电路图识读 / 001

任务工单一　汽车电气设备总体构造认知 / 001
任务工单二　汽车电路图识读 / 005

项目二
电源与起动系统检修 / 012

任务工单一　蓄电池性能检测 / 012
任务工单二　充电系统检修 / 015
任务工单三　起动系统检修 / 020

项目三
照明与信号系统检修 / 024

任务工单一　照明系统检修 / 024
任务工单二　信号系统检修 / 028

项目四
组合仪表系统检修 / 032

任务工单一　组合仪表识别与检查 / 032
任务工单二　组合仪表不工作检修 / 036

项目五
乘员安全防护系统检修 / 040

任务工单一　预紧式安全带检修 / 040
任务工单二　安全气囊检修 / 043

项目六
中控防盗系统检修 / 046

任务工单一　中控门锁系统检修 / 046
任务工单二　遥控与防起动钥匙系统检修 / 049

项目七
车载局域网络与互联网系统检修 / 053

任务工单一　车载局域网络系统认知与检修 / 053
任务工单二　车载互联网系统认知与应用 / 056

项目八
空调与暖风系统检修 / 059

任务工单一　空调与暖风系统认识及检查 / 059
任务工单二　空调与暖风系统维护及检修 / 063

项目九
车身其他电气系统检修 / 067

任务工单一　刮水器与洗涤器系统检修 / 067
任务工单二　电动车窗与天窗系统检修 / 071
任务工单三　电动座椅检修 / 075
任务工单四　电动后视镜检修 / 078

项目一　汽车电气设备总体构造认知与电路图识读

任务工单一　汽车电气设备总体构造认知

学生姓名		班　　级		学　　号	
实训场地		学　　时		日　　期	

➡ 技能操作

一、工作任务

本工作任务共有 1 项：

项目：汽车电气设备的认识

请根据任务要求，确定所需要的场地和物品，并对小组成员进行合理分工，制订详细的工作计划。

二、准备工作

落实安全须知，检查及记录完成任务需要的场地、设备、工具及材料。

1. 安全要求及注意事项

请认真阅读以下内容：

（1）实训车辆按要求停在指定工位上，未经老师批准不准起动；经老师批准起动，应先检查车轮的安全顶块是否放好、驻车制动是否拉好、变速杆是否放在 P 位（A/T）或空档（M/T）、车前车后没有人在操作。
（2）发动机运行时不能把手伸入，防止造成意外事故。
（3）没有经过老师批准不允许随意连接或拔下电控元器件。
（4）点火开关接通时，不允许连接或拔下电控系统元器件的插接器。
（5）蓄电池的极性不能接反，否则将烧毁 ECU 与电子元器件。
（6）禁止使用起动电源辅助起动发动机，防止损坏电控系统部件。
（7）禁止触碰任何带安全警示标志的部件。
（8）实训期间严禁嬉戏打闹。

异常记录：_____

2. 场地检查

检查工作场地是否清洁及是否存在安全隐患，如不正常，应向老师汇报并及时处理。

异常记录：_____

3. 车辆、台架、总成、部件检查（需要 / 正常打√；不需要 / 不正常打 ×，并记录）

□整车（一汽大众迈腾 B8 整车，或其他同类车辆）　　□台架（各种电气设备台架）

□总成　□部件
异常记录：＿＿＿＿＿＿＿＿＿＿＿＿＿＿＿＿＿＿＿＿＿＿＿＿＿＿＿

4. 设备及工具检查（需要/正常打√；不需要/不正常打×，并记录）

个人防护装备：□常规实训工装　　□手套　　□劳保鞋
其他：＿＿＿＿＿＿＿＿＿＿＿＿＿＿＿＿＿＿＿＿＿＿＿＿＿＿＿＿＿＿

车辆防护装备：□翼子板布　□前格栅布　□地板垫　□座椅套　□转向盘套
其他：＿＿＿＿＿＿＿＿＿＿＿＿＿＿＿＿＿＿＿＿＿＿＿＿＿＿＿＿＿＿

设备及拆装工具：□举升机　□发动机吊机　□变速器托架　□抽排气系统　□拆装工具
　　　　　　　　□故障诊断仪　□示波器　□数字万用表　□红外测温仪
其他：＿＿＿＿＿＿＿＿＿＿＿＿＿＿＿＿＿＿＿＿＿＿＿＿＿＿＿＿＿＿

异常记录：＿＿＿＿＿＿＿＿＿＿＿＿＿＿＿＿＿＿＿＿＿＿＿＿＿＿＿

5. 其他材料检查（需要/正常打√；不需要/不正常打×，并记录）

材料：□抹布　□绝缘胶布　□发动机机油　□齿轮油　□冷却液
其他：＿＿＿＿＿＿＿＿＿＿＿＿＿＿＿＿＿＿＿＿＿＿＿＿＿＿＿＿＿＿

异常记录：＿＿＿＿＿＿＿＿＿＿＿＿＿＿＿＿＿＿＿＿＿＿＿＿＿＿＿

三、操作流程

根据制订的计划实施，完成以下任务并记录。

项目：汽车电气设备的认识

提示：汽车装备的电气设备种类繁多，由于发动机和底盘相关的电气设备已经在发动机和底盘教材中介绍，本教材只介绍主要的车身电气设备。

请根据以下顺序认识车辆的电气设备。

实训车型：＿＿＿＿＿＿＿＿＿＿＿＿＿＿＿＿＿＿＿＿＿＿＿＿＿＿＿

根据实训的车型，认识以下部件/系统的外观及安装位置，并记录。

（1）电源系统认识
　　　认识的部件记录：＿＿＿＿＿＿＿＿＿＿＿＿＿＿＿＿＿＿＿
（2）起动系统认识
　　　认识的部件记录：＿＿＿＿＿＿＿＿＿＿＿＿＿＿＿＿＿＿＿
（3）照明与信号系统认识
　　　认识的部件记录：＿＿＿＿＿＿＿＿＿＿＿＿＿＿＿＿＿＿＿
（4）组合仪表系统认识
　　　认识的部件记录：＿＿＿＿＿＿＿＿＿＿＿＿＿＿＿＿＿＿＿
（5）刮水器及洗涤器系统认识
　　　认识的部件记录：＿＿＿＿＿＿＿＿＿＿＿＿＿＿＿＿＿＿＿
（6）乘员安全防护系统认识
　　　认识的部件记录：＿＿＿＿＿＿＿＿＿＿＿＿＿＿＿＿＿＿＿
（7）中控防盗系统认识
　　　认识的部件记录：＿＿＿＿＿＿＿＿＿＿＿＿＿＿＿＿＿＿＿

（8）电动车窗/天窗系统认识

　　认识的部件记录：_____

（9）空调系统认识

　　认识的部件记录：_____

（10）车载网络系统认识

　　认识的部件记录：_____

（11）舒适性系统认识

　　认识的部件记录：_____

（12）其他系统认识

　　认识的部件记录：_____

_____

任务评价

一、自我评估

1. 判断题

（1）蓄电池为直流电源。　　　　　　　　　　　　　　　　　　　　（　　）

（2）汽车上的用电设备之间都采用串联的方式。　　　　　　　　　　（　　）

（3）汽车的用电设备采用单线制，用汽车的金属机体作为公用的搭铁线。（　　）

（4）按照国际通行的做法和我国国家标准，汽车电气系统一定为负极搭铁。（　　）

（5）汽车的电源系统包括蓄电池和充电机。　　　　　　　　　　　　（　　）

2. 单项选择题

（1）目前汽油机普遍采用（　　）电源，重型柴油车多采用24V电源。

　　A. 12V　　　　　B. 24V　　　　　C. 36V　　　　　D. 48V

（2）汽车用电设备采用（　　）。

　　A. 双线制　　　B. 单线制　　　C. 多线制　　　D. 单线双线结合

（3）汽车上的电动座椅属于汽车的（　　）系统。

　　A. 起动　　　　B. 电源　　　　C. 舒适　　　　D. 安全

（4）汽车的搭铁采用（　　）。

　　A. 负极搭铁　　　　　　　　　　B. 正极搭铁

　　C. 正负极搭铁结合　　　　　　　D. 以上都不对

（5）起动机属于汽车的（　　）系统。

　　A. 起动　　　　B. 电源　　　　C. 点火　　　　D. 诊断

3. 多项选择题

（1）汽车各用电设备前均装有保险装置，包括（　　）。

　　A. 熔丝　　　　B. 易熔线　　　C. 开关　　　　D. 继电器

（2）汽车电气设备的类型分为（　　）。

　　A. 电源　　　　B. 用电设备　　C. 全车线路　　D. 配电装置

二、自我评价

1. 通过本任务的学习，对照本任务的学习目标，你认为你是否已经掌握学习目标？

知识目标：（　　）
A．掌握　　　　　　　　B．部分掌握　　　　C．未掌握
说明：_____
技能目标：（　　）
A．掌握　　　　　　　　B．部分掌握　　　　C．未掌握
说明：_____

2. 你是否积极学习，不会的内容积极向别人请教，会的内容积极帮助他人学习？（　　）
   A．积极学习　　　　　　　　　　B．积极请教
   C．积极帮助他人　　　　　　　　D．三者均不积极
3. 工具设备和零件有没有落地现象发生，有无保持作业现场的清洁？（　　）
   A．无落地且场地清洁　　　　　　B．有颗粒落地
   C．保持作业环境清洁　　　　　　D．未保持作业现场的清洁
4. 实施过程中是否注意操作质量和有责任心？（　　）
   A．注意质量，有责任心　　　　　B．不注意质量，有责任心
   C．注意质量，无责任心　　　　　D．全无
5. 在操作过程中是否注意清除隐患，在有安全隐患时是否提示其他同学？（　　）
   A．注意，提示　　　　　　　　　B．不注意，未提示

学生签名：_____　____年____月____日

三、教师评价及反馈

参照成果展示的得分，学生本次任务成绩
请在□上打✓：□不合格　□合格　□良好　□优秀
说明：_____
_____

教师签名：_____　____年____月____日

任务工单二　汽车电路图识读

学生姓名		班　　级		学　　号	
实训场地		学　　时		日　　期	

➡ 技能操作

一、工作任务

本工作任务共有 3 项：

项目 1：大众汽车电路图识读

项目 2：丰田汽车电路图识读

项目 3：通用汽车电路图识读

请根据任务要求，确定所需要的场地和物品，并对小组成员进行合理分工，制订详细的工作计划。

二、准备工作

落实安全须知，检查及记录完成任务需要的场地、设备、工具及材料。

1. 安全要求及注意事项

请认真阅读以下内容：

（1）实训车辆按要求停在指定工位上，未经老师批准不准起动；经老师批准起动，应先检查车轮的安全顶块是否放好、驻车制动是否拉好、变速杆是否放在 P 位（A/T）或空档（M/T）、车前车后没有人在操作。

（2）发动机运行时不能把手伸入，防止造成意外事故。

（3）没有经过老师批准不允许随意连接或拔下电控元器件。

（4）点火开关接通时，不允许连接或拔下电控系统元器件的插接器。

（5）蓄电池的极性不能接反，否则将烧毁 ECU 与电子元器件。

（6）禁止使用起动电源辅助起动发动机，防止损坏电控系统部件。

（7）禁止触碰任何带安全警示标志的部件。

（8）实训期间严禁嬉戏打闹。

异常记录：_____

2. 场地检查

检查工作场地是否清洁及存在安全隐患，如不正常，应向老师汇报并及时处理。

异常记录：_____

3. 车辆、台架、总成、部件检查（需要 / 正常打√；不需要 / 不正常打 ×，并记录）

□整车（一汽大众迈腾、一汽丰田卡罗拉、上汽通用别克）□台架（带相关车型电路图的台架）
□总成　□部件

异常记录：_____

4.设备及工具检查（需要/正常打√；不需要/不正常打 ×，并记录）

个人防护装备：□常规实训工装　　□手套　　□劳保鞋
其他：_____

车辆防护装备：□翼子板布　□前格栅布　□地板垫　□座椅套　□转向盘套
其他：_____

设备及拆装工具：□举升机　□发动机吊机　□变速器托架　□抽排气系统　□拆装工具
　　　　　　　　□故障诊断仪　□示波器　□数字万用表　□红外测温仪
其他：_____

异常记录：_____

5.其他材料检查（需要/正常打√；不需要/不正常打 ×，并记录）

材料：□电路图
其他：_____

异常记录：_____

三、操作流程

根据制订的计划实施，完成以下任务并记录。

项目1：大众汽车电路图识读

阅读大众汽车电路图，参照实车或台架，掌握电路图与实车的对应关系。

（1）写出指导老师指出的大众电器元件符号的名称，并在实车上找到相关部件。

蓄电池		插接器	
熔丝		倒车灯	
起动机		制动开关	
发电机		喇叭	
火花塞		室外温度传感器	
喷油器		鼓风机	

（2）写出大众电路图中带有下列字母或数字的含义。

G		T	
J		N	
F		S	
30		15	
X		31	

项目2：丰田汽车电路图识读

参照实车或台架，掌握电路图与实车的对应关系。

（1）写出指导老师指出的丰田汽车电器元件符号的名称，并在实车上找到相关部件。

蓄电池		插接器	
熔丝		倒车灯	
起动机		制动开关	
发电机		喇叭	
火花塞		室外温度传感器	
喷油器		鼓风机	

（2）根据下图，写出 A 至 N 在图中表示的含义。

* 此系统图仅作参考样图，与实际电路不同。

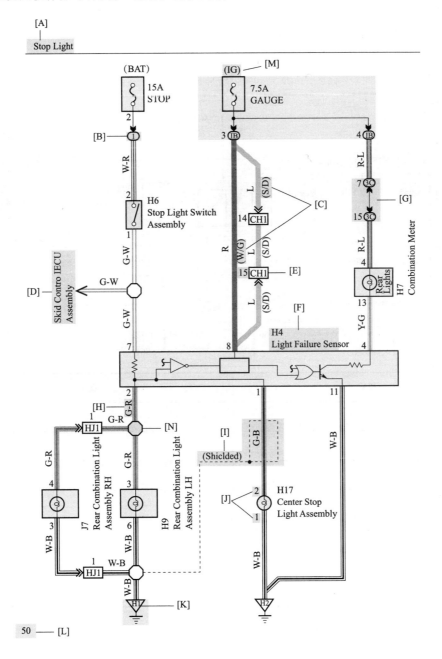

A		B	
C		D	
E		F	
G		H	
I		G	
K		L	
M		N	

项目3：通用汽车电路图识读

（1）根据下图，写出①至⑤在图中表示的含义。

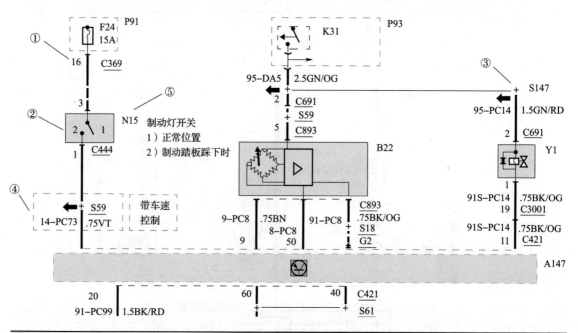

符号	意义
1	
2	
3	
4	
5	
6	
7	

（2）填写电器元件符号名称。

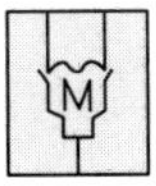 (M电机符号)		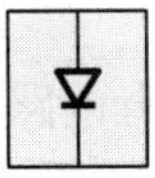 (二极管符号)	
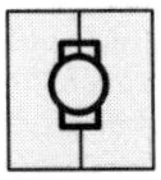 (仪表符号)		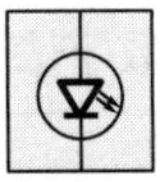 (发光二极管符号)	
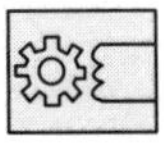 (加热器符号)		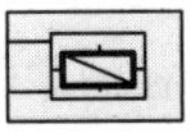 (电阻符号)	
 (喇叭符号)		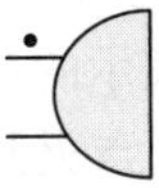 (灯符号)	

（3）写出导线颜色字母代码。

中文	英文缩写	中文	英文缩写
蓝色		橙色	
粉红		黑色	
棕色		深蓝	
红色		棕黄色	
深绿		白色	
紫色		浅蓝	
灰色		黄色	
浅绿			

任务评价

一、自我评估

1. 判断题

（1）大众电路图中 15 号线表示蓄电池的下游受开关的控制的正极（来自点火/起动开关）。（   ）

（2）大众电路图中 X 号线表示点火开关控制卸载荷继电器的蓄电池负极端子。（   ）

（3）大众电路图中 30 号线表示直接接蓄电池正极蓄电池 12V/24V 转换继电器。（   ）

（4）丰田电路图中，阴连接器序号应从一侧开始数。（   ）

（5）配线颜色的英文字母，第一个字母表示基本配线颜色，第二个字母表示条纹的颜色。（   ）

（6）丰田电路图中所有零件用天蓝色表示。（   ）

（7）丰田卡罗拉中 CPU 即中央处理器。（   ）

（8）丰田电路中表示搭铁点的代码由两个字符组成：一个字母和一个数字。（   ）

（9）通用的电路图电源线和接地线的是相对独立的。（   ）

（10）通用的电路图各个部件之间也是通过导线和插接器连接在一起的。（   ）

2. 单项选择题

（1）大众电路图的特点中所有电路（　　）排列，垂直布置。
    A. 左向　　　　B. 右向　　　　C. 横向　　　　D. 纵向

（2）大众电路图中导线旁的数字表示的是（　　）。
    A. 导线的直径　　　　　　　B. 导线的颜色
    C. 导线的长度　　　　　　　D. 导线的多少

（3）大众电路图中导线的直径的单位是（　　）。
    A. mm　　　　B. cm　　　　C. m　　　　D. km

（4）大众电路图中31号线表示的是（　　）。
    A. 电源线　　B. 点火开关线　　C. 电脑线　　D. 接地线

（5）大众车型采用（　　）解决电路交叉问题。
    A. 连线代号　　　　　　　　B. 断线代号
    C. 一般代号　　　　　　　　D. 其他代号

（6）丰田汽车中电子燃油喷射系统的简称是（　　）。
    A. FEI　　　　B. IEF　　　　C. BEF　　　　D. EFI

（7）丰田汽车中电子制动力分配系统的简称是（　　）。
    A. EBD　　　　B. BDE　　　　C. BED　　　　D. FED

（8）丰田汽车中发动机控制模块的简称是（　　）。
    A. EBM　　　　B. ECM　　　　C. BEM　　　　D. EMC

（9）丰田汽车中可变气门正时系统的简称是（　　）。
    A. TVV　　　　B. VTV　　　　C. VVT　　　　D. TTV

（10）丰田汽车中牵引力控制系统系统的简称是（　　）。
    A. TRC　　　　B. TCR　　　　C. RCT　　　　D. CRT

（11）通用公司汽车采用的是（　　）。
    A. 局部电路图　　B. 分片电路图　　C. 连接电路图　　D. 整体电路图

（12）通用公司汽车电路图中，所有开关、传感器及继电器等都处于（　　）的状态。
    A. 不工作　　　　B. 工作　　　　C. 待定　　　　D. 不一定

（13）通用公司汽车电路图中组件名称标注于该组件（　　）。
    A. 左侧　　　　B. 右侧　　　　C. 上侧　　　　D. 下侧

（14）通用公司汽车电路图中导线绝缘层的厚度取决于电路内（　　）的大小。
    A. 电容　　　　B. 电阻　　　　C. 电流　　　　D. 电压

（15）通用公司汽车电路图中通常情况下，每一电路的起点总是从诸如（　　）等提供电源的组件开始。
    A. 熔丝　　　　　　　　　　B. 点火开关
    C. 熔丝或点火开关　　　　　D. 继电器

二、自我评价

1. 通过本任务的学习，对照本任务的学习目标，你认为你是否已经掌握学习目标？
    知识目标：（　　）
    A. 掌握　　　　B. 部分掌握　　　　C. 未掌握

说明：_____

技能目标：（　　）

  A．掌握　　　　　　　B．部分掌握　　　　　C．未掌握

说明：_____

2．你是否积极学习，不会的内容积极向别人请教，会的内容积极帮助他人学习？（　　）

  A．积极学习　　　　　　　　　　B．积极请教

  C．积极帮助他人　　　　　　　　D．三者均不积极

3．工具设备和零件有没有落地现象发生，有无保持作业现场的清洁？（　　）

  A．无落地且场地清洁　　　　　　B．有颗粒落地

  C．保持作业环境清洁　　　　　　D．未保持作业现场的清洁

4．实施过程中是否注意操作质量和有责任心？（　　）

  A．注意质量，有责任心　　　　　B．不注意质量，有责任心

  C．注意质量，无责任心　　　　　D．全无

5．在操作过程中是否注意清除隐患，在有安全隐患时是否提示其他同学？（　　）

  A．注意，提示　　　　　　　　　B．不注意，木提示

          学生签名：_____　　____年____月____日

三、教师评价及反馈

参照成果展示的得分，学生本次任务成绩

请在□上打✓：□不合格　□合格　□良好　□优秀

说明：_____
_____

          教师签名：_____　　____年____月____日

项目二　电源与起动系统检修

任务工单一　蓄电池性能检测

学生姓名		班　级		学　号	
实训场地		学　时		日　期	

技能操作

一、工作任务

本工作任务共有 1 项：

项目：蓄电池的性能检测

请根据任务要求，确定所需要的场地和物品，并对小组成员进行合理分工，制订详细的工作计划。

二、准备工作

落实安全须知，检查及记录完成任务需要的场地、设备、工具及材料。

1. 安全要求及注意事项

请认真阅读以下内容：
（1）实训车辆按要求停在指定工位上，未经老师批准不准起动；经老师批准起动，应先检查车轮的安全顶块是否放好、驻车制动是否拉好、变速杆是否放在 P 位（A/T）或空档（M/T）、车前车后没有人在操作。
（2）发动机运行时不能把手伸入，防止造成意外事故。
（3）没有经过老师批准不允许随意连接或拔下电控元器件。
（4）点火开关接通时，不允许连接或拔下电控系统元器件的插接器。
（5）蓄电池的极性不能接反，否则将烧毁 ECU 与电子元器件。
（6）禁止使用起动电源辅助起动发动机，防止损坏电控系统部件。
（7）禁止触碰任何带安全警示标志的部件。
（8）实训期间严禁嬉戏打闹。
异常记录：_____

2. 场地检查

检查工作场地是否清洁及存在安全隐患，如不正常，应向老师汇报并及时处理。
异常记录：_____

3. 车辆、台架、总成、部件检查（需要 / 正常打√；不需要 / 不正常打 ×，并记录）
□整车（一汽大众迈腾 B8 整车，或其他同类车辆）　□台架（各种电气设备台架）
□总成　□部件

异常记录：_____

4.设备及工具检查（需要/正常打√；不需要/不正常打×，并记录）

个人防护装备：□常规实训工装　□手套　□劳保鞋

其他：_____

车辆防护装备：□翼子板布　□前格栅布　□地板垫　□座椅套　□转向盘套

其他：_____

设备及拆装工具：□举升机　□发动机吊机　□变速器托架　□抽排气系统　□拆装工具
　　　　　　　　□故障诊断仪　□示波器　□数字万用表　□蓄电池测试仪

其他：_____

异常记录：_____

5.其他材料检查（需要/正常打√；不需要/不正常打×，并记录）

材料：□抹布　□绝缘胶布　□发动机机油　□齿轮油　□冷却液

其他：_____

异常记录：_____

三、操作流程

根据制订的计划实施，完成以下任务并记录。

项目：蓄电池的性能检测

实训车型：_____

（1）蓄电池端电压测试

　　　结果记录：_____

（2）蓄电池冷起动测试

　　　结果记录：_____

（3）蓄电池起动电压测试

　　　结果记录：_____

（4）根据测试结果请写出维修建议

_____

_____

任务评价

一、自我评估

1.判断题

（1）汽车上采用的发电机为直流发电机。　　　　　　　　　　　　　　（　　）

（2）蓄电池常见测试方法有端电压测试、冷起动测试和起动电压测试。　（　　）

（3）蓄电池测试仪红色夹子连接在蓄电池正极，黑色夹子连接至蓄电池负极。（　　）

（4）蓄电池的额定容量指蓄电池的起动能力。　　　　　　　　　　　　（　　）

（5）目前汽车上使用的蓄电池主要有普通铅酸蓄电池和免维护蓄电池两种。（　　）

2.单项选择题

（1）免维护蓄电池没有（　　）。

　　　A．正负极板　　　B．隔板　　　C．电解液　　　D．加液孔盖

（2）蓄电池标有 6-QAW-100，请问"100"表示（　　）。
  A．额定容量 B．起动容量 C．冷起动容量 D．以上都不对
（3）一个 12V 蓄电池由（　　）个单格电池组成。
  A．3 B．4 C．5 D．6
（4）蓄电池的容量有额定容量和（　　）。
  A．冷起动容量 B．起动容量 C．热起动容量 D．以上都不对
（5）目前汽车上主要采用的发电机类型为（　　）。
  A．直流发电机 B．交流发电机 C．以上都不是 D．以上都是

3．多项选择题

（1）汽车上采用的电源主要包括（　　）。
  A．蓄电池 B．发电机 C．起动机 D．电动机
（2）蓄电池的结构组成有（　　）。
  A．极桩 B．正负极板 C．隔板 D．电解液
（3）为了满足汽车起动需要，蓄电池必须满足的测试是（　　）。
  A．端电压测试 B．冷起动测试 C．热起动测试 D．起动电压测试

二、自我评价

1．通过本任务的学习，对照本任务的学习目标，你认为你是否已经掌握学习目标？
  知识目标：（　　）
  A．掌握 B．部分掌握 C．未掌握
  说明：_____
  技能目标：（　　）
  A．掌握 B．部分掌握 C．未掌握
  说明：_____
2．你是否积极学习，不会的内容积极向别人请教，会的内容积极帮助他人学习？（　　）
  A．积极学习   B．积极请教
  C．积极帮助他人 D．三者均不积极
3．工具设备和零件有没有落地现象发生，有无保持作业现场的清洁？（　　）
  A．无落地且场地清洁 B．有颗粒落地
  C．保持作业环境清洁 D．未保持作业现场的清洁
4．实施过程中是否注意操作质量和有责任心？（　　）
  A．注意质量，有责任心 B．不注意质量，有责任心
  C．注意质量，无责任心 D．全无
5．在操作过程中是否注意清除隐患，在有安全隐患时是否提示其他同学？（　　）
  A．注意，提示 B．不注意，未提示

学生签名：_____ ____年____月____日

三、教师评价及反馈

参照成果展示的得分，学生本次任务成绩
请在□上打✓：□不合格 □合格 □良好 □优秀
说明：_____
_____

        教师签名：_____ ____年____月____日

任务工单二　充电系统检修

学生姓名		班　　级		学　　号	
实训场地		学　　时		日　　期	

➡ 技能操作

一、工作任务

本工作任务共有 2 项：

项目 1：充电系统电路检修
项目 2：发电机的解体检修

请根据任务要求，确定所需要的场地和物品，并对小组成员进行合理分工，制订详细的工作计划。

二、准备工作

落实安全须知，检查及记录完成任务需要的场地、设备、工具及材料。

1. 安全要求及注意事项

请认真阅读以下内容：
（1）实训车辆按要求停在指定工位上，未经老师批准不准起动；经老师批准起动，应先检查车轮的安全顶块是否放好、驻车制动是否拉好、变速杆是否放在 P 位（A/T）或空档（M/T）、车前车后没有人在操作。
（2）发动机运行时不能把手伸入，防止造成意外事故。
（3）没有经过老师批准不允许随意连接或拔下电控元器件。
（4）点火开关接通时，不允许连接或拔下电控系统元器件的插接器。
（5）蓄电池的极性不能接反，否则将烧毁 ECU 与电子元器件。
（6）禁止使用起动电源辅助起动发动机，防止损坏电控系统部件。
（7）禁止触碰任何带安全警示标志的部件。
（8）实训期间严禁嬉戏打闹。
异常记录：_____

2. 场地检查

检查工作场地是否清洁及存在安全隐患，如不正常，应向老师汇报并及时处理。
异常记录：_____

3. 车辆、台架、总成、部件检查（需要 / 正常打√；不需要 / 不正常打 ×，并记录）

□整车（一汽大众迈腾 B8 整车，或其他同类车辆）　　□台架　□发电机总成　□部件
异常记录：_____

4. 设备及工具检查（需要 / 正常打√；不需要 / 不正常打 ×，并记录）

个人防护装备：□常规实训工装　　□手套　　□劳保鞋

其他：_____

车辆防护装备：□翼子板布　□前格栅布　□地板垫　□座椅套　□转向盘套
其他：_____

设备及拆装工具：□举升机　□发动机吊机　□变速器托架　□抽排气系统　□拆装工具
　　　　　　　　□游标卡尺　□故障诊断仪　□示波器　□数字万用表　□蓄电池测试仪
其他：_____

异常记录：_____

5. 其他材料检查（需要/正常打√；不需要/不正常打×，并记录）
材料：□抹布　□绝缘胶布　□发动机机油　□齿轮油　□冷却液
其他：_____

异常记录：_____

三、操作流程

根据制订的计划实施，完成以下任务并记录。

项目1：充电系统电路检修

实训车型：_____

提示： 请参照相关车型发电机电路图及技术资料。

（1）画出发电机插接器端子形状，标出端子序号。

（2）写出发电机插接器端子的序号及导线颜色及作用。

端子序号	导线颜色	作用

（3）记录测量的数据。

测量项目	测量电压 V	结论
充电系统不带负载电压测量		
充电系统带负载电压测量		

（4）根据测试结果请写出维修建议

_____

项目2：发电机的解体检修

提示： 根据条件选做；参照相关车型维修手册拆装步骤。

实训车型：_____

(1) 发电机拆解

　　记录：_____

(2) 发电机检测

记录发电机解体及检测的数据：

检测项目	检测值	结论
发电机转子线圈断路检测		
发电机转子线圈搭铁检测		
发电机转子集电环绝缘检测		
发电机电刷检测		
轴承检查		

(3) 发电机组装

记录发电机组装的各螺栓拧紧力矩：

螺栓名称	规定拧紧力矩
发电机线圈总成固定螺栓	
电刷总成固定螺栓	
发电机后端盖固定螺栓	

任务评价

一、自我评估

1. 判断题

（1）未起动发动机时打开点火开关，充电指示灯不亮。　　　　　　　　　（　　）
（2）充电系统中用充电指示灯来监测充电系统的工作情况。　　　　　　　（　　）
（3）充电系统工作原理分为未起动、起动、发动机运行三个阶段。　　　　（　　）
（4）充电系统主要由交流发电机及电压调节器、充电指示灯、点火开关等组成。（　　）
（5）带有电刷的发电机定子为转子提供磁场。　　　　　　　　　　　　　（　　）
（6）整流器是限制发电机的输出电压。　　　　　　　　　　　　　　　　（　　）
（7）电压调节主要是控制定子绕组的电流大小。　　　　　　　　　　　　（　　）
（8）汽车用无刷交流发电机是指无电刷无集电环的交流发电机。　　　　　（　　）
（9）感应子式交流发电机由定子、转子、整流器和机壳组成。　　　　　　（　　）
（10）发电机无法解体维修，必须更换总成。　　　　　　　　　　　　　（　　）

2. 单项选择题

（1）迈腾发电机插接器（　　）用来控制充电指示灯搭铁。
　　　A．S　　　　　B．M　　　　　C．L　　　　　D．IG
（2）发电机向蓄电池充电和向汽车用电设备供电的端子是（　　）。
　　　A．IG　　　　B．M　　　　　C．B　　　　　D．L
（3）检查蓄电池接线柱有无松动和腐蚀，如有异常，应进行紧固和（　　）。
　　　A．清洁　　　B．清洗　　　　C．更换　　　　D．以上都不是
（4）充电系统工作原理分为未起动、起动、（　　）三个阶段。

A. 起动中   B. 发动机运行   C. 起动后   D. 运行

（5）充电指灯用来监测（　　）的工作情况。
  A. 充电系统   B. 发动机   C. 起动机   D. 以上都不是

（6）定子三相绕组大多数采用（　　）联结。
  A. 三角形   B. 星形   C. 四边形   D. 以上都不正确

（7）电刷是给（　　）部件供电。
  A. 整流器   B. 定子绕组   C. 转子绕组   D. 以上都不正确

（8）汽车用无刷交流发电机是指无电刷无集电环的（　　）。
  A. 定子绕组   B. 转子绕组
  C. 交流发电机   D. 发电机

（9）整流器按照二极管的数目可以分为6管式、8管式、9管式和（　　）。
  A. 11管式   B. 10管式   C. 12管式   D. 13管式

（10）感应子式交流发电机由定子、转子、整流器和（　　）。
  A. 定子绕组   B. 机壳   C. 转子绕组   D. 以上都不是

3. 多项选择题

（1）以下（　　）情况时，充电指示灯点亮。
  A. 未起动发动机时   B. 起动发动机时
  C. 发动机正常运行时   D. 发动机加速时

（2）发电机B端子的作用是（　　）。
  A. 识别点火开关ON   B. 向蓄电池充电
  C. 向汽车用电设备供电的端子   D. 挡位信号

（3）发电机定子三相绕组采用的连接方式有（　　）。
  A. 三角形   B. 星形
  C. 四边形   D. 以上都不正确

（4）电压调节器的类型有（　　）。
  A. 触点式电压调节器   B. 电子晶体管式电压调节器
  C. 集成电路电压调节器   D. 控制单元控制电压调节器

（5）控制单元控制发电机电压调节器的优点是（　　）。
  A. 电器系统可靠工作   B. 减轻发动机负荷
  C. 提高燃料经济性   D. 结构简单、成本低

二、自我评价

1. 通过本任务的学习，对照本任务的学习目标，你认为你是否已经掌握学习目标？
  知识目标：（　　）
  A. 掌握   B. 部分掌握   C. 未掌握
  说明：_____
  技能目标：（　　）
  A. 掌握   B. 部分掌握   C. 未掌握
  说明：_____

2. 你是否积极学习，不会的内容积极向别人请教，会的内容积极帮助他人学习？（　　）
  A. 积极学习   B. 积极请教
  C. 积极帮助他人   D. 三者均不积极

3. 工具设备和零件有没有落地现象发生,有无保持作业现场的清洁？（　　）
   A. 无落地且场地清洁　　　　　　　B. 有颗粒落地
   C. 保持作业环境清洁　　　　　　　D. 未保持作业现场的清洁
4. 实施过程中是否注意操作质量和有责任心？（　　）
   A. 注意质量,有责任心　　　　　　B. 不注意质量,有责任心
   C. 注意质量,无责任心　　　　　　D. 全无
5. 在操作过程中是否注意清除隐患,在有安全隐患时是否提示其他同学？（　　）
   A. 注意,提示　　　　　　　　　　B. 不注意,未提示

　　　　　　　　　　　　　　　　学生签名：_____　　____年____月____日

三、教师评价及反馈

参照成果展示的得分,学生本次任务成绩

请在□上打✓：□不合格　□合格　□良好　□优秀

说明：_____
_____

　　　　　　　　　　　　　　　　教师签名：_____　　____年____月____日

任务工单三　起动系统检修

学生姓名		班　　级		学　　号	
实训场地		学　　时		日　　期	

➡ 技能操作

一、工作任务

本工作任务共有 2 项：

项目 1：起动电路检修
项目 2：起动机的解体检修

请根据任务要求，确定所需要的场地和物品，并对小组成员进行合理分工，制订详细的工作计划。

二、准备工作

落实安全须知，检查及记录完成任务需要的场地、设备、工具及材料。

1. 安全要求及注意事项

请认真阅读以下内容：

（1）实训车辆按要求停在指定工位上，未经老师批准不准起动；经老师批准起动，应先检查车轮的安全顶块是否放好、驻车制动是否拉好、变速杆是否放在 P 位（A/T）或空档（M/T）、车前车后没有人在操作。
（2）发动机运行时不能把手伸入，防止造成意外事故。
（3）没有经过老师批准不允许随意连接或拔下电控元器件。
（4）点火开关接通时，不允许连接或拔下电控系统元器件的插接器。
（5）蓄电池的极性不能接反，否则将烧毁 ECU 与电子元器件。
（6）禁止使用起动电源辅助起动发动机，防止损坏电控系统部件。
（7）禁止触碰任何带安全警示标志的部件。
（8）实训期间严禁嬉戏打闹。

异常记录：_____

2. 场地检查

检查工作场地是否清洁及存在安全隐患，如不正常，应向老师汇报并及时处理。

异常记录：_____

3. 车辆、台架、总成、部件检查（需要 / 正常打√；不需要 / 不正常打 ×，并记录）

☐整车（一汽大众迈腾 B8 整车，或其他同类车辆）　　☐台架　　☐起动机总成　　☐部件

异常记录：_____

4. 设备及工具检查（需要/正常打√；不需要/不正常打×，并记录）

个人防护装备：□常规实训工装　□手套　□劳保鞋
其他：_____
车辆防护装备：□翼子板布　□前格栅布　□地板垫　□座椅套　□转向盘套
其他：_____
设备及拆装工具：□举升机　□发动机吊机　□变速器托架　□抽排气系统　□拆装工具
　　　　　　　　□游标卡尺　□故障诊断仪　□示波器　□数字万用表　□蓄电池测试仪
其他：_____
异常记录：_____

5. 其他材料检查（需要/正常打√；不需要/不正常打×，并记录）

材料：□抹布　□绝缘胶布　□发动机机油　□齿轮油　□冷却液
其他：_____
异常记录：_____

三、操作流程

根据制订的计划实施，完成以下任务并记录。

项目1：起动电路检修

提示：教师根据需要提前设置故障。

实训车型：_____
（1）故障现象：_____
（2）故障原因分析：_____
（3）检修步骤：_____
　　　　　　　_____
（4）检修建议：_____

项目2：起动机的解体检修

提示：根据条件选做；参照相关车型维修手册拆装步骤。

实训车型：_____
（1）起动机分解
　　　异常记录：_____
（2）起动机组装
　　　异常记录：_____
（3）起动机检查
　　　检查结果记录：_____

起动机组装的各螺栓拧紧力矩记录：

螺栓名称	规定拧紧力矩
电刷架总成固定螺栓	
电动机固定螺栓	
电磁开关固定螺栓	

任务评价

一、自我评估

1. 判断题

（1）起动系统由蓄电池、起动机、起动机控制电路组成。　　　　　　　　　（　　）
（2）蓄电池是给起动机提供动力的装置。　　　　　　　　　　　　　　　　（　　）
（3）起动机控制系统电路故障诊断使用万用表、测试灯、二极管灯等。　　　（　　）
（4）起动机将蓄电池的机械能转化为电能。　　　　　　　　　　　　　　　（　　）
（5）起动系统的故障主要是起动机故障。　　　　　　　　　　　　　　　　（　　）
（6）传动机构主要作用是起动时将电动机产生的转矩传递给发动机。　　　　（　　）
（7）目前汽车上普遍使用摩擦片式单向离合器。　　　　　　　　　　　　　（　　）
（8）电磁开关中有吸引线圈和保持线圈。　　　　　　　　　　　　　　　　（　　）
（9）电磁开关前端胶木盖上有1个主接线柱，在外部分别连接蓄电池和电动机。（　　）
（10）电磁开关在外部分别连接蓄电池和电动机。　　　　　　　　　　　　（　　）

2. 单项选择题

（1）蓄电池是给起动机提供（　　）的装置。
　　　A．电能　　　　　B．动力　　　　　C．电力　　　　　D．以上都不是
（2）起动机控制系统电路故障诊断使用万用表、测试灯和（　　）。
　　　A．一极管　　　　B．二极管　　　　C．晶体管　　　　D．以上都不是
（3）起动机将蓄电池的电能转化为（　　）。
　　　A．热能　　　　　B．电热能　　　　C．机械能　　　　D．电能
（4）开关控制型起动机控制电路，直接由点火开关和（　　）开关控制。
　　　A．空档　　　　　B．钥匙　　　　　C．发动机　　　　D．以上都不是
（5）起动系统的故障主要有起动机故障和起动机控制系统（　　）故障。
　　　A．开关　　　　　B．电路　　　　　C．发动机　　　　D．机械
（6）起动机中直流串励式电动机所起的作用是（　　）。
　　　A．将电能转化为机械能　　　　　B．将机械能转化为电能
　　　C．将电能转化为化学能　　　　　D．以上都不正确
（7）起动机（　　）提供电机旋转磁场。
　　　A．定子磁轭　　　B．转子电枢　　　C．电磁开关　　　D．以上都不正确
（8）电枢又称为（　　）。
　　　A．转子　　　　　B．电磁　　　　　C．电能　　　　　D．以上都不是
（9）起动机电枢的作用是（　　）。
　　　A．将电能转化为机械能　　　　　B．提高电压
　　　C．将机械能转化为电能　　　　　D．以上都不是
（10）电磁开关前端胶木盖上有（　　）个主接线柱。
　　　A．1　　　　　　B．2　　　　　　C．3　　　　　　D．4

3. 多项选择题

（1）起动系统的组成部分有（　　）。
　　　A．电源和电源线路　　　　　　　B．起动机总成
　　　C．起动机控制系统　　　　　　　D．飞轮

（2）起动机不转，但能听到动作声音，可能的故障部位是（   ）。
    A．起动机总成　　　　　　　　B．蓄电池和接线柱
    C．发动机机械　　　　　　　　D．点火开关
（3）点火开关位于起动档（ST）时，起动机无任何反应，不运转，也听不到响声。故障原因可能是（   ）。
    A．起动机有故障　　　　　　　B．起动机控制电路故障
    C．蓄电池没电　　　　　　　　D．挡位开关不良
（4）以下属于串励式直流起动机组成部分的是（   ）。
    A．电源　　　　　　　　　　　B．直流串励电动机
    C．传动机构　　　　　　　　　D．操纵机构
（5）常见单向离合器的类型有（   ）。
    A．滚柱式单向　　B．摩擦片式　　C．弹簧式　　D．电磁式

二、自我评价

1．通过本任务的学习，对照本任务的学习目标，你认为你是否已经掌握学习目标？
    知识目标：（   ）
    A．掌握　　　　　　B．部分掌握　　　C．未掌握
    说明：_____
    技能目标：（   ）
    A．掌握　　　　　　B．部分掌握　　　C．未掌握
    说明：_____
2．你是否积极学习，不会的内容积极向别人请教，会的内容积极帮助他人学习？（   ）
    A．积极学习　　　　　　　　　B．积极请教
    C．积极帮助他人　　　　　　　D．三者均不积极
3．工具设备和零件有没有落地现象发生，有无保持作业现场的清洁？（   ）
    A．无落地且场地清洁　　　　　B．有颗粒落地
    C．保持作业环境清洁　　　　　D．未保持作业现场的清洁
4．实施过程中是否注意操作质量和有责任心？（   ）
    A．注意质量，有责任心　　　　B．不注意质量，有责任心
    C．注意质量，无责任心　　　　D．全无
5．在操作过程中是否注意清除隐患，在有安全隐患时是否提示其他同学？（   ）
    A．注意，提示　　　　　　　　B．不注意，未提示

                    学生签名：_____　　____年____月____日

三、教师评价及反馈

参照成果展示的得分，学生本次任务成绩
请在□上打✓：□不合格　□合格　□良好　□优秀
说明：_____

                    教师签名：_____　　____年____月____日

项目三　照明与信号系统检修

任务工单一　照明系统检修

学生姓名		班　　级		学　　号	
实训场地		学　　时		日　　期	

技能操作

一、工作任务

本工作任务共有 1 项：

项目：照明系统操作及检查

请根据任务要求，确定所需要的场地和物品，并对小组成员进行合理分工，制订详细的工作计划。

二、准备工作

落实安全须知，检查及记录完成任务需要的场地、设备、工具及材料。

1. 安全要求及注意事项

请认真阅读以下内容：

（1）实训车辆按要求停在指定工位上，未经老师批准不准起动；经老师批准起动，应先检查车轮的安全顶块是否放好、驻车制动是否拉好、变速杆是否放在 P 位（A/T）或空档（M/T）、车前车后没有人在操作。

（2）发动机运行时不能把手伸入，防止造成意外事故。

（3）没有经过老师批准不允许随意连接或拔下电控元器件。

（4）点火开关接通时，不允许连接或拔下电控系统元器件的插接器。

（5）蓄电池的极性不能接反，否则将烧毁 ECU 与电子元器件。

（6）禁止使用起动电源辅助起动发动机，防止损坏电控系统部件。

（7）禁止触碰任何带安全警示标志的部件。

（8）实训期间严禁嬉戏打闹。

异常记录：_____

2. 场地检查

检查工作场地是否清洁及存在安全隐患，如不正常，应向老师汇报并及时处理。

异常记录：_____

3. 车辆、台架、总成、部件检查（需要 / 正常打√；不需要 / 不正常打 ×，并记录）

☐整车（一汽大众迈腾 B8 整车，或其他同类车辆）　　☐台架（照明与信号系统台架）

□总成　□部件
异常记录：_____

4. 设备及工具检查（需要/正常打√；不需要/不正常打×，并记录）

个人防护装备：□常规实训工装　□手套　□劳保鞋
其他：_____
车辆防护装备：□翼子板布　□前格栅布　□地板垫　□座椅套　□转向盘套
其他：_____
设备及拆装工具：□举升机　□发动机吊机　□变速器托架　□抽排气系统　□拆装工具
　　　　　　　　□故障诊断仪　□示波器　□数字万用表
其他：_____
异常记录：_____

5. 其他材料检查（需要/正常打√；不需要/不正常打×，并记录）

材料：□抹布　□绝缘胶布
其他：_____
异常记录：_____

三、操作流程

根据制订的计划实施，完成以下任务并记录。

项目：照明系统操作及检查

实训车型：_____
（1）检查仪表灯
　　　检查结果记录：_____
（2）检查前照灯近、远光及其指示灯
　　　检查结果记录：_____
（3）检查前雾灯及其指示灯
　　　检查结果记录：_____
（4）检查后雾灯及其指示灯
　　　检查结果记录：_____
（5）检查超车灯和指示灯
　　　检查结果记录：_____
（6）检查其他照明灯光
　　　检查结果记录：_____
　　　照明系统维修建议：_____

任务评价

一、自我评估

1. 判断题

（1）前照灯有两灯制和四灯制之分。　　　　　　　　　　　　　　（　　）
（2）前照灯越亮越好。　　　　　　　　　　　　　　　　　　　　（　　）
（3）雾灯的光色规定为光波较长的白色。　　　　　　　　　　　　（　　）

（4）汽车照明系统可以分为车外照明和车内照明两部分。（   ）
（5）顶灯装于驾驶室或车厢顶部，用于车内照明。（   ）

2. 单项选择题

（1）以下属于前照灯结构组成的是（   ）。
　　A. 灯泡　　　　B. 反射镜　　　　C. 配光镜　　　　D. 以上都是

（2）前照灯的自动点亮功能依靠的是（   ）。
　　A. 环境光照传感器　　　　B. 红外测温仪
　　C. 转速传感器　　　　　　D. 仪表照明灯

（3）以下符合雾灯的光色规定的是（   ）。
　　A. 黄色　　　　B. 橙色　　　　C. 红色　　　　D. 以上都是

（4）汽车前照灯的要求：前照灯应能保证车前有明亮而又均匀的照明，且必须有足够的亮度和照明范围，使驾驶人能看清车前（   ）内路面上的障碍物。
　　A. 50m　　　　B. 100m　　　　C. 150m　　　　D. 200m

（5）汽车前照灯灯泡的功率一般为（   ）。
　　A. 20~30W　　　B. 30~40W　　　C. 40~60W　　　D. 60~80W

3. 多项选择题

（1）以下属于车外照明的是（   ）。
　　A. 前照灯　　　B. 雾灯　　　　C. 牌照灯　　　D. 转向灯

（2）以下属于车内照明的是（   ）。
　　A. 踏步灯　　　B. 仪表灯　　　C. 顶灯　　　　D. 开关照明灯

（3）某一侧的前照灯不亮，可能的故障部位是（   ）。
　　A. 对应的灯泡　　　　　　B. 对应的熔丝
　　C. 前照灯继电器　　　　　D. 前照灯开关

二、自我评价

1. 通过本任务的学习，对照本任务的学习目标，你认为你是否已经掌握学习目标？
　　知识目标：（   ）
　　A. 掌握　　　　B. 部分掌握　　　C. 未掌握
　　说明：_____
　　技能目标：（   ）
　　A. 掌握　　　　B. 部分掌握　　　C. 未掌握
　　说明：_____

2. 你是否积极学习，不会的内容积极向别人请教，会的内容积极帮助他人学习？（   ）
　　A. 积极学习　　　　　　　B. 积极请教
　　C. 积极帮助他人　　　　　D. 三者均不积极

3. 工具设备和零件有没有落地现象发生，有无保持作业现场的清洁？（   ）
　　A. 无落地且场地清洁　　　B. 有颗粒落地
　　C. 保持作业环境清洁　　　D. 未保持作业现场的清洁

4. 实施过程中是否注意操作质量和有责任心？（   ）
　　A. 注意质量，有责任心　　B. 不注意质量，有责任心
　　C. 注意质量，无责任心　　D. 全无

5. 在操作过程中是否注意清除隐患,在有安全隐患时是否提示其他同学?(　　)
　　A. 注意,提示　　　　　　　　　　B. 不注意,未提示

学生签名:_____　　____年____月____日

三、教师评价及反馈

参照成果展示的得分,学生本次任务成绩

请在□上打 ✓:□不合格　□合格　□良好　□优秀

说明:_____

_____

教师签名:_____　　____年____月____日

任务工单二 信号系统检修

学生姓名		班　　级		学　　号	
实训场地		学　　时		日　　期	

➡ 技能操作

一、工作任务

本工作任务共有 1 项：

项目：灯光信号系统操作及检查

请根据任务要求，确定所需要的场地和物品，并对小组成员进行合理分工，制订详细的工作计划。

二、准备工作

落实安全须知，检查及记录完成任务需要的场地、设备、工具及材料。

1. 安全要求及注意事项

请认真阅读以下内容：
（1）实训车辆按要求停在指定工位上，未经老师批准不准起动；经老师批准起动，应先检查车轮的安全顶块是否放好、驻车制动是否拉好、变速杆是否放在 P 位（A/T）或空档（M/T）、车前车后没有人在操作。
（2）发动机运行时不能把手伸入，防止造成意外事故。
（3）没有经过老师批准不允许随意连接或拔下电控元器件。
（4）点火开关接通时，不允许连接或拔下电控系统元器件的插接器。
（5）蓄电池的极性不能接反，否则将烧毁 ECU 与电子元器件。
（6）禁止使用起动电源辅助起动发动机，防止损坏电控系统部件。
（7）禁止触碰任何带安全警示标志的部件。
（8）实训期间严禁嬉戏打闹。

异常记录：_____

2. 场地检查

检查工作场地是否清洁及存在安全隐患，如不正常，应向老师汇报并及时处理。
异常记录：_____

3. 车辆、台架、总成、部件检查（需要 / 正常打√；不需要 / 不正常打 ×，并记录）

□整车（一汽大众迈腾 B8 整车，或其他同类车辆）　　□台架（照明与信号系统台架）
□总成　　□部件
异常记录：_____

4. 设备及工具检查（需要 / 正常打√；不需要 / 不正常打 ×，并记录）

个人防护装备：□常规实训工装　　□手套　　□劳保鞋

其他：_____
车辆防护装备：□翼子板布　□前格栅布　□地板垫　□座椅套　□转向盘套
其他：_____
设备及拆装工具：□举升机　□发动机吊机　□变速器托架　□抽排气系统　□拆装工具
　　　　　　　　□故障诊断仪　□示波器　□数字万用表
其他：_____
异常记录：_____

5. 其他材料检查（需要 / 正常打√；不需要 / 不正常打 ×，并记录）

材料：□抹布　□绝缘胶布
其他：_____
异常记录：_____

三、操作流程

根据制订的计划实施，完成以下任务并记录。

项目：灯光信号系统操作及检查

实训车型：_____
（1）检查左转向灯
　　　检查结果记录：_____
（2）检查右转向灯
　　　检查结果记录：_____
（3）检查危险警告灯
　　　检查结果记录：_____
（4）检查转向灯开关自动回位功能
　　　检查结果记录：_____
（5）检查制动灯
　　　检查结果记录：_____
（6）检查倒车灯
　　　检查结果记录：_____
（7）检查其他灯光信号
　　　检查结果记录：_____
　　　灯光信号系统维修建议：_____

任务评价

一、自我评估

1. 判断题

（1）危险警告灯与转向信号灯共用灯具。　　　　　　　　　　　　（　　）
（2）示宽灯装于汽车左右两侧边缘，用于标示汽车夜间行驶或停车时的宽度轮廓。
　　　　　　　　　　　　　　　　　　　　　　　　　　　　　　（　　）
（3）汽车上的危险警告灯与制动灯是同一个灯具。　　　　　　　　（　　）

（4）当车辆发生故障停在路面上时，按下危险警告开关，转向灯全部闪亮，提醒后方车辆注意避让。　　　　　　　　　　　　　　　　　　　　（　　）

（5）制动灯多采用组合式灯具，灯光颜色为红色。　　　　　　　　（　　）

2. 单项选择题

（1）汽车上都装有转向信号灯，转向信号灯一般有（　　）。
  A. 1只或2只　　　　　　　　　B. 2只或3只
  C. 3只或4只　　　　　　　　　D. 4只或6只

（2）转向信号灯一般应具有一定的频闪，国标中规定（　　）。
  A. 30~40次/min　　　　　　　B. 40~50次/min
  C. 60~80次/min　　　　　　　D. 60~120次/min

（3）汽车上的转向信号灯的频闪由（　　）控制。
  A. 闪光器　　B. 电动机　　C. 开关　　D. 继电器

（4）汽车制动灯安装的位置比较高，叫做（　　）。
  A. 高位制动灯　　B. 危险警告灯　　C. 示宽灯　　D. 特殊制动灯

（5）示宽灯灯光的颜色是（　　）。
  A. 红色　　B. 黄色　　C. 白色　　D. 琥珀色

3. 多项选择题

（1）以下属于信号系统的组成有（　　）。
  A. 转向信号灯　　B. 危险警告灯　　C. 制动灯　　D. 倒车灯

（2）以下灯泡共用的两个灯是（　　）。
  A. 小灯　　B. 转向灯　　C. 危险警告灯　　D. 制动灯

（3）某侧的转向灯不亮，可能的故障是（　　）。
  A. 灯泡　　B. 熔丝　　C. 开关　　D. 继电器

（4）只有一侧的制动灯不亮，不可能的故障是（　　）。
  A. 灯泡　　B. 熔丝　　C. 制动灯开关　　D. 继电器

（5）倒车灯不亮，可能的故障是（　　）。
  A. 灯泡　　B. 熔丝　　C. 倒车灯开关　　D. 线路

二、自我评价

1. 通过本任务的学习，对照本任务的学习目标，你认为你是否已经掌握学习目标？
 知识目标：（　　）
 A. 掌握　　　　B. 部分掌握　　　　C. 未掌握
 说明：_____
 技能目标：（　　）
 A. 掌握　　　　B. 部分掌握　　　　C. 未掌握
 说明：_____

2. 你是否积极学习，不会的内容积极向别人请教，会的内容积极帮助他人学习？（　　）
 A. 积极学习　　　　　　　　　B. 积极请教
 C. 积极帮助他人　　　　　　　D. 三者均不积极

3. 工具设备和零件有没有落地现象发生，有无保持作业现场的清洁？（　　）
 A. 无落地且场地清洁　　　　　B. 有颗粒落地

  C．保持作业环境清洁   D．未保持作业现场的清洁
4．实施过程中是否注意操作质量和有责任心？（   ）
  A．注意质量，有责任心   B．不注意质量，有责任心
  C．注意质量，无责任心   D．全无
5．在操作过程中是否注意清除隐患，在有安全隐患时是否提示其他同学？（   ）
  A．注意，提示   B．不注意，未提示

学生签名：_____   ___年___月___日

三、教师评价及反馈

参照成果展示的得分，学生本次任务成绩

请在□上打 ✓：□不合格 □合格 □良好 □优秀

说明：_____

_____

教师签名：_____   ___年___月___日

项目四　组合仪表系统检修

任务工单一　组合仪表识别与检查

学生姓名		班　级		学　号	
实训场地		学　时		日　期	

➡ 技能操作

一、工作任务

本工作任务共有1项：

项目：组合仪表识别与检查

请根据任务要求，确定所需要的场地和物品，并对小组成员进行合理分工，制订详细的工作计划。

二、准备工作

落实安全须知，检查及记录完成任务需要的场地、设备、工具及材料。

1. 安全要求及注意事项

请认真阅读以下内容：

（1）实训车辆按要求停在指定工位上，未经老师批准不准起动；经老师批准起动，应先检查车轮的安全顶块是否放好、驻车制动是否拉好、变速杆是否放在P位（A/T）或空档（M/T）、车前车后没有人在操作。

（2）发动机运行时不能把手伸入，防止造成意外事故。

（3）没有经过老师批准不允许随意连接或拔下电控元器件。

（4）点火开关接通时，不允许连接或拔下电控系统元器件的插接器。

（5）蓄电池的极性不能接反，否则将烧毁ECU与电子元器件。

（6）禁止使用起动电源辅助起动发动机，防止损坏电控系统部件。

（7）禁止触碰任何带安全警示标志的部件。

（8）实训期间严禁嬉戏打闹。

异常记录：

2. 场地检查

检查工作场地是否清洁及存在安全隐患，如不正常，应向老师汇报并及时处理。

异常记录：

3. 车辆、台架、总成、部件检查（需要/正常打√；不需要/不正常打×，并记录）

☐整车（一汽大众迈腾B8整车，或其他同类车辆）　　☐台架（整车电气系统台架）

□总成 □部件

异常记录：_____

4. 设备及工具检查（需要 / 正常打√；不需要 / 不正常打 ×，并记录）

个人防护装备：□常规实训工装 □手套 □劳保鞋

其他：_____

车辆防护装备：□翼子板布 □前格栅布 □地板垫 □座椅套 □转向盘套

其他：_____

设备及拆装工具：□举升机 □发动机吊机 □变速器托架 □抽排气系统 □拆装工具
　　　　　　　　□故障诊断仪 □示波器 □数字万用表

其他：_____

异常记录：_____

5. 其他材料检查（需要 / 正常打√；不需要 / 不正常打 ×，并记录）

材料：□抹布 □绝缘胶布

其他：_____

异常记录：_____

三、操作流程

根据制订的计划实施，完成以下任务并记录。

项目：组合仪表识别与检查

实训车型：_____

（1）点火钥匙在 ON 位置时，记录有哪些指示灯 / 仪表 / 信息点亮。

序号	指示灯 / 仪表 / 信息	功能说明	是否正常
1			
2			
3			
4			
5			
6			
7			
8			
9			
10			

（2）起动发动机时，记录有哪些指示灯 / 仪表 / 信息点亮。

序号	指示灯/仪表/信息	功能说明	是否正常
1			
2			
3			
4			
5			
6			
7			
8			
9			
10			

任务评价

一、自我评估

1. 判断题

（1）驻车制动拉起时，驻车制动指示灯应熄灭。　　　　　　　　　　　　（　）
（2）仪表绿色指示灯点亮，必须立即停车检查。　　　　　　　　　　　　（　）
（3）内燃机汽车组合仪表上常见的有发动机转速表、车速里程表、冷却液温度表、
　　燃油表。　　　　　　　　　　　　　　　　　　　　　　　　　　　（　）
（4）仪表黄色灯亮其实应尽快检查故障原因。　　　　　　　　　　　　　（　）
（5）仪表是反映车辆各个系统工作状况的装置。　　　　　　　　　　　　（　）

2. 单项选择题

（1）下列（　）不是内燃机汽车上常见的仪表。
　　　A. 发动机转速表　　B. 车速里程表　　C. 燃油表　　　　D. 电流表
（2）仪表（　）灯闪或点亮，有时伴有声响警报，表示汽车已经出现影响汽车正常行
　　　驶的故障，切勿继续行驶。
　　　A. 红色　　　　　　B. 黄色　　　　　C. 绿色　　　　　D. 白色
（3）仪表（　）灯闪或点亮，有时伴有声响警报，表示车辆存在功能故障或车用油液
　　　不足可能损坏车辆或因故障抛锚，应尽快检查故障原因。
　　　A. 红色　　　　　　B. 黄色　　　　　C. 绿色　　　　　D. 白色
（4）仪表（　）灯点亮，显示或提示驾驶人相应的操作。
　　　A. 红色　　　　　　B. 黄色　　　　　C. 绿色　　　　　D. 白色
（5）仪表报警灯指示灯三种颜色是红色、黄色和（　　）。
　　　A. 黑色　　　　　　B. 白色　　　　　C. 紫色　　　　　D. 绿色

3. 多项选择题

（1）仪表（　）灯闪或点亮，表示汽车已经出现影响汽车正常行驶的故障。
　　　A. 红色　　　　　　B. 黄色　　　　　C. 绿色　　　　　D. 白色

（2）仪表警告灯、指示灯的颜色种类是（　　　）。
　　A．红色　　　　B．黄色　　　　C．绿色　　　　D．白色
（3）（　　　）指示灯在发动机运转时点亮，表示不正常。
　　A．安全气囊　　B．机油压力　　C．蓄电池充电　　D．驻车制动

二、自我评价

1. 通过本任务的学习，对照本任务的学习目标，你认为你是否已经掌握学习目标？
   知识目标：（　　　）
   　　A．掌握　　　　　　B．部分掌握　　　　C．未掌握
   说明：_____

   技能目标：（　　　）
   　　A．掌握　　　　　　B．部分掌握　　　　C．未掌握
   说明：_____

2. 你是否积极学习，不会的内容积极向别人请教，会的内容积极帮助他人学习？（　　　）
   　　A．积极学习　　　　　　　　B．积极请教
   　　C．积极帮助他人　　　　　　D．三者均不积极

3. 工具设备和零件有没有落地现象发生，有无保持作业现场的清洁？（　　　）
   　　A．无落地且场地清洁　　　　B．有颗粒落地
   　　C．保持作业环境清洁　　　　D．未保持作业现场的清洁

4. 实施过程中是否注意操作质量和有责任心？（　　　）
   　　A．注意质量，有责任心　　　B．不注意质量，有责任心
   　　C．注意质量，无责任心　　　D．全无

5. 在操作过程中是否注意清除隐患，在有安全隐患时是否提示其他同学？（　　　）
   　　A．注意，提示　　　　　　　B．不注意，未提示

学生签名：_____　　____年____月____日

三、教师评价及反馈

参照成果展示的得分，学生本次任务成绩
请在□上打✓：□不合格　□合格　□良好　□优秀
说明：_____
_____

教师签名：_____　　____年____月____日

任务工单二　组合仪表不工作检修

学生姓名		班　　级		学　　号	
实训场地		学　　时		日　　期	

➡ 技能操作

一、工作任务

本工作任务共有 1 项：

项目：车速表不动作检修

请根据任务要求，确定所需要的场地和物品，并对小组成员进行合理分工，制订详细的工作计划。

二、准备工作

落实安全须知，检查及记录完成任务需要的场地、设备、工具及材料。

1. 安全要求及注意事项

请认真阅读以下内容：
（1）实训车辆按要求停在指定工位上，未经老师批准不准起动；经老师批准起动，应先检查车轮的安全顶块是否放好、驻车制动是否拉好、变速杆是否放在 P 位（A/T）或空档（M/T）、车前车后没有人在操作。
（2）发动机运行时不能把手伸入，防止造成意外事故。
（3）没有经过老师批准不允许随意连接或拔下电控元器件。
（4）点火开关接通时，不允许连接或拔下电控系统元器件的插接器。
（5）蓄电池的极性不能接反，否则将烧毁 ECU 与电子元器件。
（6）禁止使用起动电源辅助起动发动机，防止损坏电控系统部件。
（7）禁止触碰任何带安全警示标志的部件。
（8）实训期间严禁嬉戏打闹。

异常记录：_____

2. 场地检查

检查工作场地是否清洁及存在安全隐患，如不正常，应向老师汇报并及时处理。
异常记录：_____

3. 车辆、台架、总成、部件检查（需要 / 正常打√；不需要 / 不正常打 ×，并记录）

□整车（一汽大众迈腾 B8 整车，或其他同类车辆）　　□台架（整车电气系统台架）
□总成　　□部件
异常记录：_____

4. 设备及工具检查（需要 / 正常打√；不需要 / 不正常打 ×，并记录）

个人防护装备：□常规实训工装　　□手套　　□劳保鞋

其他：＿＿

车辆防护装备：□翼子板布　□前格栅布　□地板垫　□座椅套　□转向盘套

其他：＿＿

设备及拆装工具：□举升机　□发动机吊机　□变速器托架　□抽排气系统　□拆装工具
　　　　　　　　□故障诊断仪　□示波器　□数字万用表

其他：＿＿

异常记录：＿＿＿＿＿＿＿＿＿＿＿＿＿＿＿＿＿＿＿＿＿＿＿＿＿＿＿＿＿＿＿＿＿＿＿＿＿＿

5. 其他材料检查（需要/正常打√；不需要/不正常打×，并记录）

材料：□抹布　□绝缘胶布

其他：＿＿

异常记录：＿＿＿＿＿＿＿＿＿＿＿＿＿＿＿＿＿＿＿＿＿＿＿＿＿＿＿＿＿＿＿＿＿＿＿＿＿＿

三、操作流程

根据制订的计划实施，完成以下任务并记录。

项目：车速表不动作检修

提示：教师根据需要提前设置故障。

实训车型：＿＿＿＿＿＿＿＿＿＿＿＿＿＿＿＿＿＿＿＿＿＿＿＿＿＿＿＿＿＿＿＿＿＿＿＿＿＿

（1）自动变速器车型车速表不动作检修

　　车速表动作测试：＿＿＿＿＿＿＿＿＿＿＿＿＿＿＿＿＿＿＿＿＿＿＿＿＿＿＿＿＿＿＿＿

　　测试结果：＿＿＿＿＿＿＿＿＿＿＿＿＿＿＿＿＿＿＿＿＿＿＿＿＿＿＿＿＿＿＿＿＿＿

　　结论：＿＿＿＿＿＿＿＿＿＿＿＿＿＿＿＿＿＿＿＿＿＿＿＿＿＿＿＿＿＿＿＿＿＿＿＿

（2）手动变速器车型车速表不动作检修

　1）车速表动作测试

　　测试结果：＿＿＿＿＿＿＿＿＿＿＿＿＿＿＿＿＿＿＿＿＿＿＿＿＿＿＿＿＿＿＿＿＿＿

　　结论：＿＿＿＿＿＿＿＿＿＿＿＿＿＿＿＿＿＿＿＿＿＿＿＿＿＿＿＿＿＿＿＿＿＿＿＿

　2）磁感应式车速传感器的万用表检测

　　电阻阻值：＿＿＿＿＿＿＿＿＿＿＿＿＿＿＿＿＿＿＿＿＿＿＿＿＿＿＿＿＿＿＿＿＿＿

　　信号电压：＿＿＿＿＿＿＿＿＿＿＿＿＿＿＿＿＿＿＿＿＿＿＿＿＿＿＿＿＿＿＿＿＿＿

　　结论：＿＿＿＿＿＿＿＿＿＿＿＿＿＿＿＿＿＿＿＿＿＿＿＿＿＿＿＿＿＿＿＿＿＿＿＿

　3）诊断仪器检测

　　故障码读取：＿＿＿＿＿＿＿＿＿＿＿＿＿＿＿＿＿＿＿＿＿＿＿＿＿＿＿＿＿＿＿＿＿

　　数据流检测：＿＿＿＿＿＿＿＿＿＿＿＿＿＿＿＿＿＿＿＿＿＿＿＿＿＿＿＿＿＿＿＿＿

　　车速表动作测试：＿＿＿＿＿＿＿＿＿＿＿＿＿＿＿＿＿＿＿＿＿＿＿＿＿＿＿＿＿＿＿

　　结论：＿＿＿＿＿＿＿＿＿＿＿＿＿＿＿＿＿＿＿＿＿＿＿＿＿＿＿＿＿＿＿＿＿＿＿＿

任务评价

一、自我评估

1. 判断题

（1）车速传感器用来检测发动机速度。（　　）
（2）有些车型车速信号来自于轮速传感器。（　　）
（3）常见的车速传感器有磁电式、霍尔式等几种类型。（　　）
（4）车速传感器一般安装在变速器的输入轴上。（　　）
（5）车速传感器的作用只是给车速表提供信号。（　　）

2. 单项选择题

（1）下列（　　）不属于车速传感器的类型。
　　A. 磁感应式　　　B. 压电式　　　C. 霍尔式　　　D. 以上都不是
（2）万用表检测磁电式车速传感器电阻时，应将万用表选择开关转至（　　）的电阻档位置。
　　A. 20Ω　　　　　B. 200Ω　　　　C. 10kΩ　　　　D. MΩ
（3）就车测量车速传感器输出脉冲时，应将车辆用举升机顶起，让变速杆位于（　　）位置，用手转动悬空的驱动轮，连接车速传感器的连接器，用万用表测量车速传感器有无脉冲感应电压。
　　A. 前进档　　　　B. 倒车档　　　C. 空档　　　　D. 驻车档
（4）在检查车速表是否正常时，应采用（　　）进入动作测试功能。
　　A. 万用表　　　　B. 示波器　　　C. 故障诊断仪　　D. 发动机分析仪
（5）下列（　　）是霍尔式车速传感器的波形。
　　A. 正弦波　　　　B. 余弦波　　　C. 锯齿波　　　　D. 方波

3. 多项选择题

（1）组合仪表采用的车速信号，来源有（　　）。
　　A. 车速传感器　　　　　　B. ABS的控制单元
　　C. 变速器的控制单元　　　D. 发动机控制单元
（2）常见的车速传感器类型有（　　）。
　　A. 磁感应　　　　B. 光电　　　　C. 霍尔式　　　　D. 电位计
（3）采用带车速传感器的手动变速器车辆，发生车速表不动作，可能原因有（　　）。
　　A. 车速传感器不良　　　　B. 车速表不良
　　C. 发动机控制单元不良　　D. 线路断路

二、自我评价

1. 通过本任务的学习，对照本任务的学习目标，你认为你是否已经掌握学习目标？
　　知识目标：（　　）
　　A. 掌握　　　　　B. 部分掌握　　　C. 未掌握
　　说明：_____
　　技能目标：（　　）
　　A. 掌握　　　　　B. 部分掌握　　　C. 未掌握
　　说明：_____

2. 你是否积极学习，不会的内容积极向别人请教，会的内容积极帮助他人学习？（   ）
   A. 积极学习　　　　B. 积极请教　　　C. 积极帮助他人　D. 三者均不积极
3. 工具设备和零件有没有落地现象发生，有无保持作业现场的清洁？（   ）
   A. 无落地且场地清洁　　　　　　　B. 有颗粒落地
   C. 保持作业环境清洁　　　　　　　D. 未保持作业现场的清洁
4. 实施过程中是否注意操作质量和有责任心？（   ）
   A. 注意质量，有责任心　　　　　　B. 不注意质量，有责任心
   C. 注意质量，无责任心　　　　　　D. 全无
5. 在操作过程中是否注意清除隐患，在有安全隐患时是否提示其他同学？（   ）
   A. 注意，提示　　　　　　　　　　B. 不注意，未提示

学生签名：_____　　___年___月___日

三、教师评价及反馈

参照成果展示的得分，学生本次任务成绩

请在□上打 ✓：□不合格　□合格　□良好　□优秀

说明：_____
_____

教师签名：_____　　___年___月___日

项目五　乘员安全防护系统检修

任务工单一　预紧式安全带检修

学生姓名		班　级		学　号	
实训场地		学　时		日　期	

技能操作

一、工作任务

本工作任务共有 1 项：

项目：预紧式安全带系统检查

请根据任务要求，确定所需要的场地和物品，并对小组成员进行合理分工，制订详细的工作计划。

二、准备工作

落实安全须知，检查及记录完成任务需要的场地、设备、工具及材料。

1. 安全要求及注意事项

请认真阅读以下内容：
（1）实训车辆按要求停在指定工位上，未经老师批准不准起动；经老师批准起动，应先检查车轮的安全顶块是否放好、驻车制动是否拉好、变速杆是否放在 P 位（A/T）或空档（M/T）、车前车后没有人在操作。
（2）发动机运行时不能把手伸入，防止造成意外事故。
（3）没有经过老师批准不允许随意连接或拔下电控元器件。
（4）点火开关接通时，不允许连接或拔下电控系统元器件的插接器。
（5）蓄电池的极性不能接反，否则将烧毁 ECU 与电子元器件。
（6）禁止使用起动电源辅助起动发动机，防止损坏电控系统部件。
（7）禁止触碰任何带安全警示标志的部件。
（8）实训期间严禁嬉戏打闹。

异常记录：

2. 场地检查

检查工作场地是否清洁及存在安全隐患，如不正常，应向老师汇报并及时处理。

异常记录：

3. 车辆、台架、总成、部件检查（需要 / 正常打√；不需要 / 不正常打 ×，并记录）

□整车（一汽大众迈腾 B8 整车，或其他同类车辆）　　□台架（座椅安全带系统台架）

□总成　□部件

异常记录：_____

4. 设备及工具检查（需要/正常打√；不需要/不正常打×，并记录）

个人防护装备：□常规实训工装　□手套　□劳保鞋

其他：_____

车辆防护装备：□翼子板布　□前格栅布　□地板垫　□座椅套　□转向盘套

其他：_____

设备及拆装工具：□举升机　□发动机吊机　□变速器托架　□抽排气系统　□拆装工具　□故障诊断仪　□示波器　□数字万用表

其他：_____

异常记录：_____

5. 其他材料检查（需要/正常打√；不需要/不正常打×，并记录）

材料：□抹布　□绝缘胶布

其他：_____

异常记录：_____

三、操作流程

根据制订的计划实施，完成以下任务并记录。

项目：预紧式安全带系统检查

实训车型：_____

预紧式安全带功能检查记录：

检查项目	检查结果
驾驶人侧安全带警告灯检查	
乘客安全带警告灯检查	
安全带的检查	
带扣的检查	
卷收器的检查	

任务评价

一、自我评估

1. 判断题

（1）如果没有坐人或放重物、前排乘客安全带未系时，安全带警告灯不亮。　（　　）

（2）车辆如果装备了安全气囊，就不需要安全带了。　（　　）

（3）车辆要配合安全带和安全气囊一起使用。　（　　）

（4）检查安全带时要特别注意安全带上承受压力最大的部位，例如带扣、D形环和卷收器。　（　　）

（5）安全带卷收器都可以互换。（　　）

2. 单项选择题

（1）安全带的放松方法是用手指按下锁止元件上的（　　）。
  A. 红色按钮 B. 绿色按钮 C. 黄色按钮 D. 不用按

（2）车辆安全带要配合（　　）一起使用。
  A. 转向盘 B. 安全气囊 C. 车钥匙 D. 以上都用

（3）安全带的标准形式是尼尔斯发明的（　　）安全带。
  A. 一点式 B. 二点式 C. 三点式 D. 四点式

（4）预紧式安全带由（　　）组成。
  A. 座椅安全带 B. 警告灯 C. 卷收器 D. 以上都是

（5）卷收器凸舌上标记的R指示仅适用于（　　）。
  A. 左侧 B. 右侧 C. 两侧都可以 D. 两侧都不可以

二、自我评价

1. 通过本任务的学习，对照本任务的学习目标，你认为你是否已经掌握学习目标？
知识目标：（　　）
  A. 掌握 B. 部分掌握 C. 未掌握
说明：_____
技能目标：（　　）
  A. 掌握 B. 部分掌握 C. 未掌握
说明：_____

2. 你是否积极学习，不会的内容积极向别人请教，会的内容积极帮助他人学习？（　　）
  A. 积极学习   B. 积极请教
  C. 积极帮助他人 D. 三者均不积极

3. 工具设备和零件有没有落地现象发生，有无保持作业现场的清洁？（　　）
  A. 无落地且场地清洁 B. 有颗粒落地
  C. 保持作业环境清洁 D. 未保持作业现场的清洁

4. 实施过程中是否注意操作质量和有责任心？（　　）
  A. 注意质量，有责任心 B. 不注意质量，有责任心
  C. 注意质量，无责任心 D. 全无

5. 在操作过程中是否注意清除隐患，在有安全隐患时是否提示其他同学？（　　）
  A. 注意，提示 B. 不注意，未提示

          学生签名：_____ ___年___月___日

三、教师评价及反馈

参照成果展示的得分，学生本次任务成绩
请在□上打✓：□不合格 □合格 □良好 □优秀
说明：_____

          教师签名：_____ ___年___月___日

任务工单二　安全气囊检修

学生姓名		班　　级		学　　号	
实训场地		学　　时		日　　期	

技能操作

一、工作任务

本工作任务共有 1 项：

项目：安全气囊系统检查与故障诊断

请根据任务要求，确定所需要的场地和物品，并对小组成员进行合理分工，制订详细的工作计划。

二、准备工作

落实安全须知，检查及记录完成任务需要的场地、设备、工具及材料。

1. 安全要求及注意事项

请认真阅读以下内容：

（1）实训车辆按要求停在指定工位上，未经老师批准不准起动；经老师批准起动，应先检查车轮的安全顶块是否放好、驻车制动是否拉好、变速杆是否放在 P 位（A/T）或空档（M/T）、车前车后没有人在操作。
（2）发动机运行时不能把手伸入，防止造成意外事故。
（3）没有经过老师批准不允许随意连接或拔下电控元器件。
（4）点火开关接通时，不允许连接或拔下电控系统元器件的插接器。
（5）蓄电池的极性不能接反，否则将烧毁 ECU 与电子元器件。
（6）禁止使用起动电源辅助起动发动机，防止损坏电控系统部件。
（7）禁止触碰任何带安全警示标志的部件。
（8）实训期间严禁嬉戏打闹。

异常记录：＿＿＿＿＿＿＿＿＿＿＿＿＿＿＿＿＿＿＿＿＿＿＿＿＿＿＿＿＿＿＿＿＿＿＿

2. 场地检查

检查工作场地是否清洁及存在安全隐患，如不正常，应向老师汇报并及时处理。

异常记录：＿＿＿＿＿＿＿＿＿＿＿＿＿＿＿＿＿＿＿＿＿＿＿＿＿＿＿＿＿＿＿＿＿＿＿

3. 车辆、台架、总成、部件检查（需要 / 正常打√；不需要 / 不正常打 ×，并记录）

□整车（一汽大众迈腾 B8 整车，或其他同类车辆）　□台架（安全气囊系统台架）
□总成　□部件

异常记录：＿＿＿＿＿＿＿＿＿＿＿＿＿＿＿＿＿＿＿＿＿＿＿＿＿＿＿＿＿＿＿＿＿＿＿

4. 设备及工具检查（需要 / 正常打√；不需要 / 不正常打 ×，并记录）

个人防护装备：□常规实训工装　□手套　□劳保鞋

其他：_____

车辆防护装备：□翼子板布　□前格栅布　□地板垫　□座椅套　□转向盘套

其他：_____

设备及拆装工具：□举升机　□发动机吊机　□变速器托架　□抽排气系统　□拆装工具
　　　　　　　□故障诊断仪　□示波器　□数字万用表

其他：_____

异常记录：_____

5. 其他材料检查（需要/正常打√；不需要/不正常打×，并记录）

材料：□抹布　□绝缘胶布

其他：_____

异常记录：_____

三、操作流程

根据制订的计划实施，完成以下任务并记录。

项目：安全气囊系统检查与故障诊断
提示： 教师请预先设置故障。

实训车型：_____

提示： 教师请预先设置故障。

（1）安全气囊模块、线束、插接器检查
　　异常记录：_____
（2）安全气囊警告灯检查
　　异常记录：_____
（3）安全气囊故障码读取与清除
　　故障码内容：_____
　　维修建议：_____

任务评价

一、自我评估

1. 判断题

（1）安全气囊系统只要接收到碰撞传感器的信号，都将会引爆安全气囊。　（　）
（2）有了安全气囊，就可以不用系安全带了。　（　）
（3）将安全气囊放到台架上时，使装饰件和安全气囊朝下放置。　（　）
（4）拆卸了蓄电池桩头，就可以立即拆卸和检修安全气囊。　（　）
（5）安全气囊ECU和碰撞传感器安装位置必须根据厂家规定。　（　）

2. 单项选择题

（1）辅助约束系统简称（　　）。
　　A. SAS　　　　B. SRS　　　　C. RSA　　　　D. ASR

（2）气囊在（　　）内张开达到最大容积，在乘员与车内装备之间形成一个气垫。
　　A．10~50ms　　　B．20~60ms　　　C．20~50ms　　　D．20~70ms
（3）SRS警告灯应亮，并持续亮大约（　　）。
　　A．3s　　　　　B．4s　　　　　C．5s　　　　　D．6s
（4）在正常情况下，当点火开关转至ON位时，此安全气囊警告灯先常亮约（　　），然后再熄灭。
　　A．9s　　　　　B．8s　　　　　C．5s　　　　　D．2s
（5）在对安全气囊系统或其周围执行任何维修前，应在断开电池后等待至少（　　）。
　　A．10min　　　　B．30min　　　C．40min　　　D．20min

二、自我评价

1．通过本任务的学习，对照本任务的学习目标，你认为你是否已经掌握学习目标？
　　知识目标：（　　）
　　A．掌握　　　　　B．部分掌握　　　C．未掌握
　　说明：_____
　　技能目标：（　　）
　　A．掌握　　　　　B．部分掌握　　　C．未掌握
　　说明：_____
2．你是否积极学习，不会的内容积极向别人请教，会的内容积极帮助他人学习？（　　）
　　A．积极学习　　　　　　　　　B．积极请教
　　C．积极帮助他人　　　　　　　D．三者均不积极
3．工具设备和零件有没有落地现象发生，有无保持作业现场的清洁？（　　）
　　A．无落地且场地清洁　　　　　B．有颗粒落地
　　C．保持作业环境清洁　　　　　D．未保持作业现场的清洁
4．实施过程中是否注意操作质量和有责任心？（　　）
　　A．注意质量，有责任心　　　　B．不注意质量，有责任心
　　C．注意质量，无责任心　　　　D．全无
5．在操作过程中是否注意清除隐患，在有安全隐患时是否提示其他同学？（　　）
　　A．注意，提示　　　　　　　　B．不注意，未提示

学生签名：_____　　____年____月____日

三、教师评价及反馈

参照成果展示的得分，学生本次任务成绩
请在□上打 ✓：□不合格　□合格　□良好　□优秀
说明：_____
_____

教师签名：_____　　____年____月____日

项目六　中控防盗系统检修

任务工单一　中控门锁系统检修

学生姓名		班　　级		学　　号	
实训场地		学　　时		日　　期	

技能操作

一、工作任务

本工作任务共有 1 项：

项目：前门锁总成的更换

请根据任务要求，确定所需要的场地和物品，并对小组成员进行合理分工，制订详细的工作计划。

二、准备工作

落实安全须知，检查及记录完成任务需要的场地、设备、工具及材料。

1. 安全要求及注意事项

请认真阅读以下内容：

（1）实训车辆按要求停在指定工位上，未经老师批准不准起动；经老师批准起动，应先检查车轮的安全顶块是否放好、驻车制动是否拉好、变速杆是否放在 P 位（A/T）或空档（M/T）、车前车后没有人在操作。

（2）发动机运行时不能把手伸入，防止造成意外事故。

（3）没有经过老师批准不允许随意连接或拔下电控元器件。

（4）点火开关接通时，不允许连接或拔下电控系统元器件的插接器。

（5）蓄电池的极性不能接反，否则将烧毁 ECU 与电子元器件。

（6）禁止使用起动电源辅助起动发动机，防止损坏电控系统部件。

（7）禁止触碰任何带安全警示标志的部件。

（8）实训期间严禁嬉戏打闹。

异常记录：_____

2. 场地检查

检查工作场地是否清洁及存在安全隐患，如不正常，应向老师汇报并及时处理。

异常记录：_____

3. 车辆、台架、总成、部件检查（需要 / 正常打√；不需要 / 不正常打 ×，并记录）

□整车（一汽大众迈腾 B8 整车，或其他同类车辆）　　□台架（中控门锁台架）

□总成　□部件
异常记录：＿＿＿＿＿＿＿＿＿＿＿＿＿＿＿＿＿＿＿＿＿＿＿＿＿＿＿＿＿＿＿＿＿＿

4. 设备及工具检查（需要／正常打√；不需要／不正常打×，并记录）

个人防护装备：□常规实训工装　□手套　□劳保鞋
其他：＿＿＿＿＿＿＿＿＿＿＿＿＿＿＿＿＿＿＿＿＿＿＿＿＿＿＿＿＿＿＿＿＿＿＿
车辆防护装备：□翼子板布　□前格栅布　□地板垫　□座椅套　□转向盘套
其他：＿＿＿＿＿＿＿＿＿＿＿＿＿＿＿＿＿＿＿＿＿＿＿＿＿＿＿＿＿＿＿＿＿＿＿
设备及拆装工具：□举升机　□发动机吊机　□变速器托架　□抽排气系统　□拆装工具
　　　　　　　　□故障诊断仪　□示波器　□数字万用表
其他：＿＿＿＿＿＿＿＿＿＿＿＿＿＿＿＿＿＿＿＿＿＿＿＿＿＿＿＿＿＿＿＿＿＿＿
异常记录：＿＿＿＿＿＿＿＿＿＿＿＿＿＿＿＿＿＿＿＿＿＿＿＿＿＿＿＿＿＿＿＿＿

5. 其他材料检查（需要／正常打√；不需要／不正常打×，并记录）

材料：□抹布　□绝缘胶布
其他：＿＿＿＿＿＿＿＿＿＿＿＿＿＿＿＿＿＿＿＿＿＿＿＿＿＿＿＿＿＿＿＿＿＿＿
异常记录：＿＿＿＿＿＿＿＿＿＿＿＿＿＿＿＿＿＿＿＿＿＿＿＿＿＿＿＿＿＿＿＿＿

三、操作流程

根据制订的计划实施，完成以下任务并记录。

项目：前门锁总成的更换

实训车型：＿＿＿＿＿＿＿＿＿＿＿＿＿＿＿＿＿＿＿＿＿＿＿＿＿＿＿＿＿＿＿＿＿＿＿
（1）前门锁总成拆卸
异常记录：＿＿＿＿＿＿＿＿＿＿＿＿＿＿＿＿＿＿＿＿＿＿＿＿＿＿＿＿＿＿＿＿＿
＿＿＿＿＿＿＿＿＿＿＿＿＿＿＿＿＿＿＿＿＿＿＿＿＿＿＿＿＿＿＿＿＿＿＿＿＿＿＿

（2）前门锁总成安装
异常记录：＿＿＿＿＿＿＿＿＿＿＿＿＿＿＿＿＿＿＿＿＿＿＿＿＿＿＿＿＿＿＿＿＿
＿＿＿＿＿＿＿＿＿＿＿＿＿＿＿＿＿＿＿＿＿＿＿＿＿＿＿＿＿＿＿＿＿＿＿＿＿＿＿

（3）前门锁总成测试
异常记录：＿＿＿＿＿＿＿＿＿＿＿＿＿＿＿＿＿＿＿＿＿＿＿＿＿＿＿＿＿＿＿＿＿
＿＿＿＿＿＿＿＿＿＿＿＿＿＿＿＿＿＿＿＿＿＿＿＿＿＿＿＿＿＿＿＿＿＿＿＿＿＿＿

任务评价

一、自我评估

1. 判断题

（1）当按下主门锁止键后只打开主门门锁。　　　　　　　　　　　　　　（　　）
（2）使用钥匙开门时可以打开所有的车门。　　　　　　　　　　　　　　（　　）
（3）乘客侧车门内没有门控开关。　　　　　　　　　　　　　　　　　　（　　）
（4）使用机械钥匙操作驾驶人门锁，可向门锁控制 ECU 发送锁止或解锁的请求信号。（　　）
（5）在拆解车窗门锁时应该断开蓄电池的负极。　　　　　　　　　　　　（　　）

2. 单项选择题

（1）门锁控制开关一般安装在（　　）的钥匙门上。
　　A. 左前门　　　　B. 右前门　　　　C. 左后门　　　　D. 右后门

（2）中控门锁可以控制（　　）上锁和解锁。
　　A. 所有门　　　　B. 前门　　　　　C. 后门　　　　　D. 驾驶座车门

（3）汽车上的前排乘客座的车门和后排乘客座的车门除了中控门锁可以打开，还可以通过（　　）进行打开。
　　A. 钥匙　　　　　B. 门把手　　　　C. 机械锁　　　　D. ECU

（4）门锁总成主要由（　　）组成。
　　A. 门锁传动机构　B. 门锁位置开关　C. 外壳　　　　　D. 以上都是

（5）在门锁控制电路中，执行器是（　　）。
　　A. 门锁控制 ECU　B. 门锁电动机　　C. 门锁开关　　　D. 门锁位置开关

二、自我评价

1. 通过本任务的学习，对照本任务的学习目标，你认为你是否已经掌握学习目标？
　　知识目标：（　　）
　　A. 掌握　　　　　B. 部分掌握　　　C. 未掌握
　　说明：_____
　　技能目标：（　　）
　　A. 掌握　　　　　B. 部分掌握　　　C. 未掌握
　　说明：_____
　　技能目标：（　　）

2. 你是否积极学习，不会的内容积极向别人请教，会的内容积极帮助他人学习？（　　）
　　A. 积极学习　　　　　　　　　　　B. 积极请教
　　C. 积极帮助他人　　　　　　　　　D. 三者均不积极

3. 工具设备和零件有没有落地现象发生，有无保持作业现场的清洁？（　　）
　　A. 无落地且场地清洁　　　　　　　B. 有颗粒落地
　　C. 保持作业环境清洁　　　　　　　D. 未保持作业现场的清洁

4. 实施过程中是否注意操作质量和有责任心？（　　）
　　A. 注意质量，有责任心　　　　　　B. 不注意质量，有责任心
　　C. 注意质量，无责任心　　　　　　D. 全无

5. 在操作过程中是否注意清除隐患，在有安全隐患时是否提示其他同学？（　　）
　　A. 注意，提示　　　　　　　　　　B. 不注意，未提示

　　　　　　　　　　　　　　　　　　学生签名：_____　　____年____月____日

三、教师评价及反馈

参照成果展示的得分，学生本次任务成绩
请在□上打✓：□不合格　□合格　□良好　□优秀
说明：_____
_____

　　　　　　　　　　　　　　　　　　教师签名：_____　　____年____月____日

任务工单二　遥控与防起动钥匙系统检修

学生姓名		班　　级		学　　号	
实训场地		学　　时		日　　期	

技能操作

一、工作任务

本工作任务共有 2 项：

项目 1：遥控器的功能检查
项目 2：遥控钥匙匹配

请根据任务要求，确定所需要的场地和物品，并对小组成员进行合理分工，制订详细的工作计划。

二、准备工作

落实安全须知，检查及记录完成任务需要的场地、设备、工具及材料。

1. 安全要求及注意事项

请认真阅读以下内容：
（1）实训车辆按要求停在指定工位上，未经老师批准不准起动；经老师批准起动，应先检查车轮的安全顶块是否放好、驻车制动是否拉好、变速杆是否放在 P 位（A/T）或空档（M/T）、车前车后没有人在操作。
（2）发动机运行时不能把手伸入，防止造成意外事故。
（3）没有经过老师批准不允许随意连接或拔下电控元器件。
（4）点火开关接通时，不允许连接或拔下电控系统元器件的插接器。
（5）蓄电池的极性不能接反，否则将烧毁 ECU 与电子元器件。
（6）禁止使用起动电源辅助起动发动机，防止损坏电控系统部件。
（7）禁止触碰任何带安全警示标志的部件。
（8）实训期间严禁嬉戏打闹。
异常记录：_____

2. 场地检查

检查工作场地是否清洁及存在安全隐患，如不正常，应向老师汇报并及时处理。
异常记录：_____

3. 车辆、台架、总成、部件检查（需要/正常打√；不需要/不正常打 ×，并记录）
□整车（一汽大众迈腾 B8 整车，或其他同类车辆）　　□台架（遥控防盗系统台架）
□总成　　□部件
异常记录：_____

4. 设备及工具检查（需要/正常打√；不需要/不正常打×，并记录）

个人防护装备：□常规实训工装　□手套　□劳保鞋

其他：＿＿＿＿＿＿＿＿＿＿＿＿＿＿＿＿＿＿＿＿＿＿＿＿＿＿＿＿＿＿＿＿＿

车辆防护装备：□翼子板布　□前格栅布　□地板垫　□座椅套　□转向盘套

其他：＿＿＿＿＿＿＿＿＿＿＿＿＿＿＿＿＿＿＿＿＿＿＿＿＿＿＿＿＿＿＿＿＿

设备及拆装工具：□举升机　□发动机吊机　□变速器托架　□抽排气系统　□拆装工具
　　　　　　　　□故障诊断仪　□示波器　□数字万用表

其他：＿＿＿＿＿＿＿＿＿＿＿＿＿＿＿＿＿＿＿＿＿＿＿＿＿＿＿＿＿＿＿＿＿

异常记录：＿＿＿＿＿＿＿＿＿＿＿＿＿＿＿＿＿＿＿＿＿＿＿＿＿＿＿＿＿＿＿

5. 其他材料检查（需要/正常打√；不需要/不正常打×，并记录）

材料：□抹布　□绝缘胶布

其他：＿＿＿＿＿＿＿＿＿＿＿＿＿＿＿＿＿＿＿＿＿＿＿＿＿＿＿＿＿＿＿＿＿

异常记录：＿＿＿＿＿＿＿＿＿＿＿＿＿＿＿＿＿＿＿＿＿＿＿＿＿＿＿＿＿＿＿

三、操作流程

根据制订的计划实施，完成以下任务并记录。

项目1：遥控器的功能检查

实训车型：＿＿＿＿＿＿＿＿＿＿＿＿＿＿＿＿＿＿＿＿＿＿＿＿＿＿＿＿＿＿＿

根据实训车型的技术资料，进行遥控钥匙功能检查，并记录遥控钥匙的功能情况：

检查项目	检测结果	维修方案
基本功能检查		
自动锁止功能检查		
车内照明灯的亮起功能检查		
应答功能检查		
开关操作的失效保护功能检查		

项目2：遥控钥匙匹配（选做）

实训车型：＿＿＿＿＿＿＿＿＿＿＿＿＿＿＿＿＿＿＿＿＿＿＿＿＿＿＿＿＿＿＿

根据实际车型，查询相关的资料，进行遥控钥匙匹配

异常记录：＿＿＿＿＿＿＿＿＿＿＿＿＿＿＿＿＿＿＿＿＿＿＿＿＿＿＿＿＿＿＿

➡ 任务评价

一、自我评估

1. 判断题

（1）遥控器不能遥控打开行李舱门门锁。　　　　　　　　　　　　　　（　　）

（2）用遥控器开门危险警告灯闪烁一次。　　　　　　　　　　　　　　（　　）

（3）车门控制发射器即遥控器。　　　　　　　　　　　　　　　　（　　）
（4）当有人非法进入车内时，可能触发防盗系统。　　　　　　　　（　　）
（5）车内安全指示灯亮起或开始闪烁，说明防盗系统工作中。　　　（　　）

2. 单项选择题

（1）遥控门锁控制系统由（　　）控制。
　　A. ECU　　　　　B. 钥匙　　　　　C. 门锁总成　　　D. 手持式发射器

（2）车门控制发射器向车门控制接收器发送（　　）。
　　A. 红外线　　　　B. 紫外线　　　　C. 强无线电波　　D. 弱无线电波

（3）前、后门控灯开关在（　　）时接通，灯亮起。
　　A. 车门打开　　　B. 车门关闭　　　C. 车门半开　　　D. 任何时刻

（4）如果车门通过遥控门锁控制解锁后，在（　　）没有打开任何车门，则所有车门将再次自动锁止。
　　A. 20s 内　　　　B. 30s 内　　　　C. 40s 内　　　　D. 60s 内

（5）在检查遥控器的基本功能时，检查并确认按下各开关（　　）时，发射器 LED 灯亮起（　　），并且按住各开关时 LED 闪烁，如 LED 未亮则更换遥控器电池。
　　A. 2次，3次　　　B. 1次，2次　　　C. 2次，4次　　　D. 3次，4次

（6）下列（　　）不是防起动钥匙系统的执行装置。
　　A. 转向信号灯　　B. 危险警告灯　　C. 车门锁电动机　D. 点火开关

（7）大众汽车第一代汽车防盗器的工作原理是：每个防盗器中的防盗点火钥匙除了拥有一般车钥匙的功能外，还装有一个（　　）。
　　A. 识别码　　　　B. 防盗锁　　　　C. 密码芯片　　　D. ECU

（8）大众汽车第二代防盗系统，当一把钥匙丢失，为了安全起见，必须把其他所有合法钥匙重新进行（　　），这样就可以使丢失的钥匙变为非法钥匙，不能再用来起动发动机。
　　A. 重配　　　　　B. 翻新　　　　　C. 依次匹配　　　D. 一次匹配

（9）大众汽车第三代防盗器通过（　　）打开/锁止发动机控制单元，可以有效防止汽车在未被授权的情况下靠自己本身的动力被开走。
　　A. W 线或 CAN 总线　　　　　　　　B. W 线
　　C. CAN 总线　　　　　　　　　　　　D. 插头

（10）大众汽车第四防盗器不是一个单独的控制单元，而是一项功能：防盗控制单元是（　　）中的一个集成部分。
　　A. 安全系统　　　　　　　　　　　　B. 制动系统
　　C. 转向系统　　　　　　　　　　　　D. 舒适系统

二、自我评价

1. 通过本任务的学习，对照本任务的学习目标，你认为你是否已经掌握学习目标？
　　知识目标：（　　）
　　A. 掌握　　　　　B. 部分掌握　　　C. 未掌握
　　说明：_____
　　技能目标：（　　）
　　A. 掌握　　　　　B. 部分掌握　　　C. 未掌握
　　说明：_____

2. 你是否积极学习，不会的内容积极向别人请教，会的内容积极帮助他人学习？（　　）
　　A．积极学习　　　　　　　　　B．积极请教
　　C．积极帮助他人　　　　　　　D．三者均不积极
3. 工具设备和零件有没有落地现象发生，有无保持作业现场的清洁？（　　）
　　A．无落地且场地清洁　　　　　B．有颗粒落地
　　C．保持作业环境清洁　　　　　D．未保持作业现场的清洁
4. 实施过程中是否注意操作质量和有责任心？（　　）
　　A．注意质量，有责任心　　　　B．不注意质量，有责任心
　　C．注意质量，无责任心　　　　D．全无
5. 在操作过程中是否注意清除隐患，在有安全隐患时是否提示其他同学？（　　）
　　A．注意，提示　　　　　　　　B．不注意，未提示

　　　　　　　　　　　　　　　　　　学生签名：_____　　___年___月___日

三、教师评价及反馈

参照成果展示的得分，学生本次任务成绩
请在□上打✓：□不合格　□合格　□良好　□优秀
说明：_____
　　　_____

　　　　　　　　　　　　　　　　　　教师签名：_____　　___年___月___日

项目七　车载局域网络与互联网系统检修

任务工单一　车载局域网络系统认知与检修

学生姓名		班　级		学　号	
实训场地		学　时		日　期	

➡ 技能操作

一、工作任务

本工作任务共有 2 项：

项目 1：车载局域网络系统结构认知
项目 2：车载局域网络系统终端电阻测量

请根据任务要求，确定所需要的场地和物品，并对小组成员进行合理分工，制订详细的工作计划。

二、准备工作

落实安全须知，检查及记录完成任务需要的场地、设备、工具及材料。

1. 安全要求及注意事项

请认真阅读以下内容：

(1) 实训车辆按要求停在指定工位上，未经老师批准不准起动；经老师批准起动，应先检查车轮的安全顶块是否放好、驻车制动是否拉好、变速杆是否放在 P 位（A/T）或空档（M/T）、车前车后没有人在操作。
(2) 发动机运行时不能把手伸入，防止造成意外事故。
(3) 没有经过老师批准不允许随意连接或拔下电控元器件。
(4) 点火开关接通时，不允许连接或拔下电控系统元器件的插接器。
(5) 蓄电池的极性不能接反，否则将烧毁 ECU 与电子元器件。
(6) 禁止使用起动电源辅助起动发动机，防止损坏电控系统部件。
(7) 禁止触碰任何带安全警示标志的部件。
(8) 实训期间严禁嬉戏打闹。

异常记录：_____

2. 场地检查

检查工作场地是否清洁及存在安全隐患，如不正常，应向老师汇报并及时处理。

异常记录：_____

3. 车辆、台架、总成、部件检查（需要 / 正常打√；不需要 / 不正常打 ×，并记录）
□整车（一汽大众迈腾 B8 整车，或其他同类车辆）　□台架（车载局域网络系统台架）
□总成　　□部件
异常记录：_____

4. 设备及工具检查（需要 / 正常打√；不需要 / 不正常打 ×，并记录）
个人防护装备：□常规实训工装　□手套　□劳保鞋
其他：_____
车辆防护装备：□翼子板布　□前格栅布　□地板垫　□座椅套　□转向盘套
其他：_____
设备及拆装工具：□举升机　□发动机吊机　□变速器托架　□抽排气系统
　　　　　　　　□拆装工具　□故障诊断仪　□示波器　□数字万用表
其他：_____
异常记录：_____

5. 其他材料检查（需要 / 正常打√；不需要 / 不正常打 ×，并记录）
材料：□抹布　□绝缘胶布
其他：_____
异常记录：_____

三、操作流程

根据制订的计划实施，完成以下任务并记录。

项目 1：车载局域网络系统结构认知
实训车型：_____
利用实训台架或整车电路图，查找车辆中的 CAN、LIN 和 MOST 的总线节点，并画出并讨论各个网络的总线拓扑图。
讨论记录：_____

项目 2：车载局域网络系统终端电阻测量
实训车型：_____
请记录测量诊断插座 CAN 的终端电阻值。
步骤：_____

终端电阻测量值 /Ω	终端电阻标准值 /Ω	结论

任务评估

一、自我评估

1. 判断题
（1）车载网络系统的数据线一定为 2 条。　　　　　　　　　　　　　　　　（　　）
（2）终端电阻越大越好。　　　　　　　　　　　　　　　　　　　　　　　（　　）
（3）CAN 总线中的所有控制单元都能收到信息。　　　　　　　　　　　　　（　　）

（4）LIN 总线使用双绞线传输信号。　　　　　　　　　　　　　　（　　）
（5）高速 CAN 在终端有 120Ω 的终端电阻。　　　　　　　　　　（　　）

2. 单项选择题

（1）以下关于 CAN 总线优点说法正确的是（　　）。
　　A. 传输速度快　　　B. 减少线束数量　　C. 高效率诊断　　D. 以上都正确
（2）LIN 总线采用（　　）作为传输介质。
　　A. 单线　　　　　　B. 双绞线　　　　　C. 同轴电缆　　　D. 塑料光纤
（3）CAN 总线采用（　　）作为传输介质。
　　A. 单线　　　　　　B. 双绞线　　　　　C. 同轴电缆　　　D. 塑料光纤
（4）CAN 总线的拓扑结构属于（　　）。
　　A. 总线型　　　　　B. 环型　　　　　　C. 星型　　　　　D. 混合型
（5）总线的维修拆开在损坏点处的缠绕线，对损坏点处进行维修。在维修时需注意：为了屏蔽干扰，尽可能少拆解缠绕节，并且维修点之间的距离应保持至少（　　）。
　　A. 20 mm　　　　　B. 40 mm　　　　　C. 80 mm　　　　D. 100mm
（6）一般与汽车安全相关的总线系统属于（　　）总线标准。
　　A. A 类　　　　　　B. B 类　　　　　　C. C 类　　　　　D. D 类

二、自我评价

1. 通过本任务的学习，对照本任务的学习目标，你认为你是否已经掌握学习目标？
　　知识目标：（　　）
　　A. 掌握　　　　　　B. 部分掌握　　　　C. 未掌握
　　说明：_____
　　技能目标：（　　）
　　A. 掌握　　　　　　B. 部分掌握　　　　C. 未掌握
　　说明：_____
2. 你是否积极学习，不会的内容积极向别人请教，会的内容积极帮助他人学习？（　　）
　　A. 积极学习　　　　B. 积极请教　　　　C. 积极帮助他人　D. 三者均不积极
3. 工具设备和零件有没有落地现象发生，有无保持作业现场的清洁？（　　）
　　A. 无落地且场地清洁　　　　　　　　　B. 有颗粒落地
　　C. 保持作业环境清洁　　　　　　　　　D. 未保持作业现场的清洁
4. 实施过程中是否注意操作质量和有责任心？（　　）
　　A. 注意质量，有责任心　　　　　　　　B. 不注意质量，有责任心
　　C. 注意质量，无责任心　　　　　　　　D. 全无
5. 在操作过程中是否注意清除隐患，在有安全隐患时是否提示其他同学？（　　）
　　A. 注意，提示　　　　　　　　　　　　B. 不注意，未提示

　　　　　　　　　　　　　　　学生签名：_____　　___年___月___日

三、教师评价及反馈

参照成果展示的得分，学生本次任务成绩
请在□上打 ✓：□不合格　□合格　□良好　□优秀
说明：_____

　　　　　　　　　　　　　　　教师签名：_____　　___年___月___日

任务工单二　车载互联网系统认知与应用

学生姓名		班　　级		学　　号	
实训场地		学　　时		日　　期	

技能操作

一、工作任务

本工作任务共有 2 项：

项目 1：利用互联网查询车载互联网系统的现状和发展

项目 2：车载互联网系统的操作

请根据任务要求，确定所需要的场地和物品，并对小组成员进行合理分工，制订详细的工作计划。

二、准备工作

落实安全须知，检查及记录完成任务需要的场地、设备、工具及材料。

1. 安全要求及注意事项

请认真阅读以下内容：

（1）实训车辆按要求停在指定工位上，未经老师批准不准起动；经老师批准起动，应先检查车轮的安全顶块是否放好、驻车制动是否拉好、变速杆是否放在 P 位（A/T）或空档（M/T）、车前车后没有人在操作。

（2）发动机运行时不能把手伸入，防止造成意外事故。

（3）没有经过老师批准不允许随意连接或拔下电控元器件。

（4）点火开关接通时，不允许连接或拔下电控系统元器件的插接器。

（5）蓄电池的极性不能接反，否则将烧毁 ECU 与电子元器件。

（6）禁止使用起动电源辅助起动发动机，防止损坏电控系统部件。

（7）禁止触碰任何带安全警示标志的部件。

（8）实训期间严禁嬉戏打闹。

异常记录：_____

2. 场地检查

检查工作场地是否清洁及存在安全隐患，如不正常，应向老师汇报并及时处理。

异常记录：_____

3. 车辆、台架、总成、部件检查（需要/正常打√；不需要/不正常打×，并记录）

□整车（一汽大众迈腾 B8 整车，或其他同类车辆）　　□台架（车载移动互联网络系统台架）

异常记录：_____

4. 设备及工具检查（需要/正常打√；不需要/不正常打×，并记录）

个人防护装备：□常规实训工装　　□手套　　□劳保鞋

其他：_____

车辆防护装备：□翼子板布　□前格栅布　□地板垫　□座椅套　□转向盘套
其他：_____
设备及拆装工具：□举升机　□发动机吊机　□变速器托架　□抽排气系统
　　　　　　　　□拆装工具　□故障诊断仪　□示波器　□数字万用表
其他：_____
异常记录：_____

5. 其他材料检查（需要/正常打√；不需要/不正常打×，并记录）

材料：□抹布　□绝缘胶布
其他：_____
异常记录：_____

三、操作流程

根据制订的计划实施，完成以下任务并记录。

项目1：利用互联网查询车载互联网系统的现状和发展

打开电脑或移动终端（手机）的浏览器，利用"百度"等浏览器搜索功能，搜索"车载互联网""车联网""现状""发展"等关键词，查询并记录相关的信息。

记录：_____

项目2：车载互联网系统的操作

根据整车或示教版，参考用户手册，进行车载互联网系统的操作。

记录：_____

任务评价

一、自我评估

1. 判断题

（1）移动互联网是移动通信网络与互联网的融合。　　　　　　　　　　　　（　　）
（2）车载移动互联网通过短距离无线通信技术构建的车与互联网之间的网络。（　　）
（3）车载移动互联网的典型应用就是车联网。　　　　　　　　　　　　　　（　　）
（4）以太网的最大传输速率比任何一种现场总线都快。　　　　　　　　　　（　　）
（5）车载移动互联网络与传统无线通信网络技术结构组成相同。　　　　　　（　　）

2. 单项选择题

（1）移动互联网3个要素包括（　　　）。
　　　A. 移动终端　　　B. 移动网络　　　C. 应用服务　　　D. 以上都是
（2）解决限制车载移动互联网发展的技术瓶颈（带宽问题）的技术（　　　）。
　　　A. 蓝牙技术　　　B. 红外技术　　　C. 基站建设　　　D. 5G技术
（3）以太网支持多种传输介质，包括（　　　）。
　　　A. 同轴电缆　　　B. 双绞线　　　C. 光缆　　　D. 以上都是

3. 多项选择题

（1）以下属于车载移动互联网具有特点的是（　　　）。
　　　A. 终端移动性　　　B. 业务及时性　　　C. 服务便利性

    D．业务/终端/网络强关联性 E．终端和网络的局限性
 （2）车载移动互联网的接入方式主要有（　　）等。
    A．卫星通信网络 B．无线城域网 C．无线局域网
    D．无线个域网 E．蜂窝网络
 （3）车载互联网系统在实际中的应用包括（　　）。
    A．车辆数据采集终端 B．车联网维修保养
    C．车联网远程监控诊断、救援系统 D．道路事故处理系统
    E．用户便捷功能

二、自我评价

1．通过本任务的学习，对照本任务的学习目标，你认为你是否已经掌握学习目标？
  知识目标：（　　）
   A．掌握   B．部分掌握 C．未掌握
  说明：_____

  技能目标：（　　）
   A．掌握   B．部分掌握 C．未掌握
  说明：_____

2．你是否积极学习，不会的内容积极向别人请教，会的内容积极帮助他人学习？（　　）
   A．积极学习   B．积极请教
   C．积极帮助他人   D．三者均不积极

3．工具设备和零件有没有落地现象发生，有无保持作业现场的清洁？（　　）
   A．无落地且场地清洁   B．有颗粒落地
   C．保持作业环境清洁   D．未保持作业现场的清洁

4．实施过程中是否注意操作质量和有责任心？（　　）
   A．注意质量，有责任心   B．不注意质量，有责任心
   C．注意质量，无责任心   D．全无

5．在操作过程中是否注意清除隐患，在有安全隐患时是否提示其他同学？（　　）
   A．注意，提示   B．不注意，未提示

            学生签名：_____　　____年____月____日

三、教师评价及反馈

参照成果展示的得分，学生本次任务成绩
请在□上打 ✓：□不合格 □合格 □良好 □优秀
说明：_____

            教师签名：_____　　____年____月____日

项目八　空调与暖风系统检修

任务工单一　空调与暖风系统认识及检查

学生姓名		班　　级		学　　号	
实训场地		学　　时		日　　期	

技能操作

一、工作任务

本工作任务共有 1 项：

项目：汽车空调控制面板的认识与功能检查

请根据任务要求，确定所需要的场地和物品，并对小组成员进行合理分工，制订详细的工作计划。

二、准备工作

落实安全须知，检查及记录完成任务需要的场地、设备、工具及材料。

1. 安全要求及注意事项

请认真阅读以下内容：

（1）实训车辆按要求停在指定工位上，未经老师批准不准起动；经老师批准起动，应先检查车轮的安全顶块是否放好、驻车制动是否拉好、变速杆是否放在 P 位（A/T）或空档（M/T）、车前车后没有人在操作。
（2）发动机运行时不能把手伸入，防止造成意外事故。
（3）没有经过老师批准不允许随意连接或拔下电控元器件。
（4）点火开关接通时，不允许连接或拔下电控系统元器件的插接器。
（5）蓄电池的极性不能接反，否则将烧毁 ECU 与电子元器件。
（6）禁止使用起动电源辅助起动发动机，防止损坏电控系统部件。
（7）禁止触碰任何带安全警示标志的部件。
（8）实训期间严禁嬉戏打闹。

异常记录：_____

2. 场地检查

检查工作场地是否清洁及存在安全隐患，如不正常，应向老师汇报并及时处理。

异常记录：_____

3. 车辆、台架、总成、部件检查（需要/正常打√；不需要/不正常打×，并记录）

□整车（一汽大众迈腾 B8 整车，或其他同类车辆）　　□台架（空调与暖风系统台架）

□总成　□部件
异常记录：_____

4. 设备及工具检查（需要/正常打√；不需要/不正常打×，并记录）

个人防护装备：□常规实训工装　□手套　□劳保鞋
其他：_____

车辆防护装备：□翼子板布　□前格栅布　□地板垫　□座椅套　□转向盘套
其他：_____

设备及拆装工具：□举升机　□发动机吊机　□变速器托架　□抽排气系统
　　　　　　　　□拆装工具　□故障诊断仪　□示波器　□数字万用表
其他：_____
异常记录：_____

5. 其他材料检查（需要/正常打√；不需要/不正常打×，并记录）

材料：□抹布　□绝缘胶布
其他：_____
异常记录：_____

三、操作流程

根据制订的计划实施，完成以下任务并记录。

项目：汽车空调控制面板的认识与功能检查

实训车型：_____

提示： 不同车型的空调面板的布局有差异，请操作用户手册的内容。

（1）控制面板功能检查

根据以下步骤操作，检查空调控制面板的功能。

1）起动发动机，并预热至正常工作温度，使发动机处于怠速运转状态。
2）按 AUTO 按钮，使汽车空调进入工作状态。
3）按鼓风机"+""–"键，观察出风口风量的变化。
4）按温度"+""–"键，观察面板显示屏与测量出风口温度的变化。
5）按模式门键，观察面板显示屏与各个出风口风量的变化。
6）按"A/C"键，等待 5min，观察出风口温度的变化。
7）按"除霜"键，观察各个出风口风量的变化。
8）按"内外循环键"，观察鼓风机运转的声音和风速的变化。
9）请尝试调节各种按钮，使空调系统出风口温度变化。

结果记录：_____

（2）夏季制冷操作

思考： 夏日，当车辆长时间位于阳光直射下时，车内温度很高，如何快速降温呢？

1）先打开车窗，释放积聚在车内的热气。
2）关上车窗，打开空调 A/C 开关。
3）将温度选择开关调到蓝色区域（蓝色为冷风，红色为暖风），将鼓风机速度选择开关开到最大档位，空气循环模式选择外界空气循环模式，调节空调出风口向上。因为冷气空气会向下沉，风向档位最好选择脸部出风模式，不开启除霜模式，因为风窗玻璃的温度是很高的，会抵消一部分制冷效果，阻止快速降温。
4）待车内温度达到舒适状态时，可调小鼓风机档位至2档或1档，空气循环模式选择内循环模式，维持车内舒适的温度和风速。
5）如果温度不是很高，可以关闭A/C按钮，此时空调系统只吹风不制冷，可以节省燃料。
结果记录：_____

（3）夏季去除风窗玻璃的雾气
思考： 在雨天或潮湿的天气，风窗玻璃和车窗很容易结雾，影响正常驾驶，如何处理？
1）打开一点车窗，利用外界空气，快速降低驾驶室内的湿度。
2）也可以打开空调A/C开关，选择室外空气循环模式，空气流分配方向选择除雾模式，利用空调制冷除湿功能去除雾气。
3）湿度过大时，两者配合使用效果更好。
结果记录：_____

（4）采暖除霜
思考： 冬季行驶车内温度很低，经常出现前后风窗玻璃结霜等情况，需暖风快速升温、除霜、采暖。
1）起动发动机，热车。冬季进入车内，不要急于打开暖风，要等车热了，冷却液温度升高了再开暖风，以防止因为开暖风导致发动机温度上升缓慢。
2）把内部空气循环模打开，记住一定要把A/C开关关掉。
3）把温度选择开关，调到红色区域，鼓风机风速选择开关打到最大档位；气流分配方向选择除雾模式。
4）当风窗玻璃雾除去后，空气循环模式选择外界空气循环模式，鼓风机风速至1档，气流分配方向选择除霜及脚部通风模式，出风口向下。
5）按压后窗除霜开关，利用电热丝除去后窗玻璃的霜。
结果记录：_____

任务评价

一、自我评估

1. 判断题

（1）汽车空调与暖风系统能够提高行车的安全性。　　　　　　　　　　（　　）
（2）制冷装置的作用只是制冷。　　　　　　　　　　　　　　　　　　（　　）
（3）空调制冷系统工作时会使车辆油耗增加。　　　　　　　　　　　　（　　）
（4）大多数汽车采用电加热作为取暖的热源。　　　　　　　　　　　　（　　）
（5）手动空调与暖风系统不具备车内温度和空气配送自动调节功能。　　（　　）

2. 单项选择题

（1）汽车空调与暖风系统的目的是（　　）。
　　A. 调节车内空气的温度、湿度　　　B. 改善车内空气的流动性
　　C. 提高空气的清洁度　　　　　　　D. 以上都正确
（2）汽车空调与暖风系统按控制方式区分的类型是（　　）。
　　A. 手动　　　　　　　　　　　　　B. 半自动
　　C. 全自动（智能）　　　　　　　　D. 以上都是

（3）以下说法不正确的是（　　　）。
　　A．夏季时不要把空调温度调得太低　　B．冬季冷车时应尽快打开暖风
　　C．停车后使用空调时间不宜过长　　　D．汽车在熄火前要事先关掉空调
（4）以下说法不正确的是（　　　）。
　　A．每次车辆保养时应该清洁空调滤芯
　　B．在灰层大的区域应空调滤芯更换缩短周期
　　C．每次车辆保养时应该更换空调滤芯
　　D．换季建议进行蒸发箱及空调管道清洗除菌除臭
（5）空调面板上 按键是（　　　）。
　　A．冷气模式　　　B．出风模式　　　C．前风窗除霜　　D．循环空气模式

二、自我评价

1. 通过本任务的学习，对照本任务的学习目标，你认为你是否已经掌握学习目标？
   知识目标：（　　　）
   　　A．掌握　　　　　B．部分掌握　　　　C．未掌握
   说明：_____
   技能目标：（　　　）
   　　A．掌握　　　　　B．部分掌握　　　　C．未掌握
   说明：_____
2. 你是否积极学习，不会的内容积极向别人请教，会的内容积极帮助他人学习？（　　　）
   　　A．积极学习　　　　　　　　　　B．积极请教
   　　C．积极帮助他人　　　　　　　　D．三者均不积极
3. 工具设备和零件有没有落地现象发生，有无保持作业现场的清洁？（　　　）
   　　A．无落地且场地清洁　　　　　　B．有颗粒落地
   　　C．保持作业环境清洁　　　　　　D．未保持作业现场的清洁
4. 实施过程中是否注意操作质量和有责任心？（　　　）
   　　A．注意质量，有责任心　　　　　B．不注意质量，有责任心
   　　C．注意质量，无责任心　　　　　D．全无
5. 在操作过程中是否注意清除隐患，在有安全隐患时是否提示其他同学？（　　　）
   　　A．注意，提示　　　　　　　　　B．不注意，未提示

学生签名：_____　____年____月____日

三、教师评价及反馈

参照成果展示的得分，学生本次任务成绩
请在□上打✓：□不合格　□合格　□良好　□优秀
说明：_____

教师签名：_____　____年____月____日

任务工单二　空调与暖风系统维护及检修

学生姓名		班　级		学　号	
实训场地		学　时		日　期	

➡ 技能操作

一、工作任务

本工作任务共有 2 项：

项目 1：汽车空调制冷剂量的检查
项目 2：汽车空调不制冷故障诊断与排除

请根据任务要求，确定所需要的场地和物品，并对小组成员进行合理分工，制订详细的工作计划。

二、准备工作

落实安全须知，检查及记录完成任务需要的场地、设备、工具及材料。

1. 安全要求及注意事项

请认真阅读以下内容：

（1）实训车辆按要求停在指定工位上，未经老师批准不准起动；经老师批准起动，应先检查车轮的安全顶块是否放好、驻车制动是否拉好、变速杆是否放在 P 位（A/T）或空档（M/T）、车前车后没有人在操作。
（2）发动机运行时不能把手伸入，防止造成意外事故。
（3）没有经过老师批准不允许随意连接或拔下电控元器件。
（4）点火开关接通时，不允许连接或拔下电控系统元器件的插接器。
（5）蓄电池的极性不能接反，否则将烧毁 ECU 与电子元器件。
（6）禁止使用起动电源辅助起动发动机，防止损坏电控系统部件。
（7）禁止触碰任何带安全警示标志的部件。
（8）实训期间严禁嬉戏打闹。

异常记录：_____

2. 场地检查

检查工作场地是否清洁及存在安全隐患，如不正常，应向老师汇报并及时处理。

异常记录：_____

3. 车辆、台架、总成、部件检查（需要 / 正常打√；不需要 / 不正常打 ×，并记录）

□整车（一汽大众迈腾 B8 整车，或其他同类车辆）　　□台架（空调与暖风系统台架）
□总成　□部件

异常记录：_____

4. 设备及工具检查（需要/正常打√；不需要/不正常打×，并记录）

个人防护装备：□常规实训工装　□手套　□劳保鞋

其他：_____

车辆防护装备：□翼子板布　□前格栅布　□地板垫　□座椅套　□转向盘套

其他：_____

设备及拆装工具：□举升机　□发动机吊机　□变速器托架　□抽排气系统　□拆装工具
　　　　　　　　□故障诊断仪　□数字万用表　□歧管压力表　□真空泵　□电子检漏仪

其他：_____

异常记录：_____

5. 其他材料检查（需要/正常打√；不需要/不正常打×，并记录）

材料：□抹布　□绝缘胶布

其他：_____

异常记录：_____

三、操作流程

根据制订的计划实施，完成以下任务并记录。

项目1：汽车空调制冷剂量的检查

实训车型：_____

（1）车上检查

从空调管道上的观察孔，检查制冷剂状况。

症状	制冷剂量	建议纠正措施

（2）用歧管压力表组检查制冷剂压力

压力	读数	正常值	是否正常	纠正措施
低压压力				
高压压力				

项目2：汽车空调不制冷故障诊断与排除

提示：教师提前设置故障。

实训车型：_____

（1）故障现象确认

出风口温度：_____是否正常：_____

（2）控制系统检查

电源（熔丝、继电器、线路）是否正常：_____

控制面板（按键）是否正常：_____

空调系统故障码及数据流是否正常：_____

（3）制冷循环系统检查

制冷剂压力是否正常：_____

检查结论及维修方案：_____

任务评价

一、自我评估

1. 判断题

（1）歧管压力表组是汽车空调系统维修中必不可少的设备。　　　　（　　）

（2）歧管压力表组蓝色软管用于高压侧。　　　　　　　　　　　　（　　）

（3）如果系统内有制冷剂存在，补加时是不需要抽真空的。　　　　（　　）

（4）补充冷冻润滑油时，务必使用指定牌号的冷冻润滑油。　　　　（　　）

（5）制冷循环视液镜内没有气泡出现，也看不见液体流动，一定是制冷剂漏光了。

（　　）

2. 单项选择题

（1）汽车空调歧管压力表组的作用是（　　）。

  A．制冷剂排空、加注制冷剂　　　　B．系统抽真空、添加冷冻机油

  C．诊断制冷系统故障　　　　　　　D．以上都正确

（2）以下汽车空调最方便的检漏方法是（　　）。

  A．制冷剂加染料　　B．正压检漏　　C．负压检漏　　D．电子检漏仪

（3）在车外温度25℃时，高压表压力是（　　）MPa。

  A．0.10~0.15　　　B．1.05~1.25　　C．1.35~1.55　　D．1.45~1.80

（4）在正常情况下，制冷循环管路表面都会结有水露的是（　　）。

  A．高压端　　　　　　　　　　　　B．低压端

  C．高压低压都会　　　　　　　　　D．高压低压都不会

（5）以下可能造成暖风系统不供暖的是（　　）。

  A．鼓风机及线路损坏　　　　　　　B．节温器损坏

  C．加热器管路堵塞　　　　　　　　D．以上都是

二、自我评价

1. 通过本任务的学习，对照本任务的学习目标，你认为你是否已经掌握学习目标？

  知识目标：（　　　）

  A．掌握　　　　　　B．部分掌握　　　　C．未掌握

  说明：_____

  技能目标：（　　　）

  A．掌握　　　　　　B．部分掌握　　　　C．未掌握

  说明：_____

2. 你是否积极学习，不会的内容积极向别人请教，会的内容积极帮助他人学习？（　　）

  A．积极学习　　　B．积极请教　　　C．积极帮助他人　　D．三者均不积极

3. 工具设备和零件有没有落地现象发生，有无保持作业现场的清洁？（　　　）

  A．无落地且场地清洁　　　　　　　B．有颗粒落地

　　　　C．保持作业环境清洁　　　　　　　　D．未保持作业现场的清洁
　4．实施过程中是否注意操作质量和有责任心？（　　　）
　　　　A．注意质量，有责任心　　　　　　　B．不注意质量，有责任心
　　　　C．注意质量，无责任心　　　　　　　D．全无
　5．在操作过程中是否注意清除隐患，在有安全隐患时是否提示其他同学？（　　　）
　　　　A．注意，提示　　　　　　　　　　　B．不注意，未提示
　　　　　　　　　　　　　　　　　　　学生签名：_____　　____年____月____日

三、教师评价及反馈

参照成果展示的得分，学生本次任务成绩
请在□上打✓：□不合格　□合格　□良好　□优秀
说明：_____
　　　　　　　　　　　　　　　　　　　教师签名：_____　　____年____月____日

项目九　车身其他电气系统检修

任务工单一　刮水器与洗涤器系统检修

学生姓名		班　　级		学　　号	
实训场地		学　　时		日　　期	

技能操作

一、工作任务

本工作任务共有 2 项：

项目 1：刮水器系统检修
项目 2：洗涤器系统检修

请根据任务要求，确定所需要的场地和物品，并对小组成员进行合理分工，制订详细的工作计划。

二、准备工作

落实安全须知，检查及记录完成任务需要的场地、设备、工具及材料。

1. 安全要求及注意事项

请认真阅读以下内容：
（1）实训车辆按要求停在指定工位上，未经老师批准不准起动；经老师批准起动，应先检查车轮的安全顶块是否放好、驻车制动是否拉好、变速杆是否放在 P 位（A/T）或空档（M/T）、车前车后没有人在操作。
（2）发动机运行时不能把手伸入，防止造成意外事故。
（3）没有经过老师批准不允许随意连接或拔下电控元器件。
（4）点火开关接通时，不允许连接或拔下电控系统元器件的插接器。
（5）蓄电池的极性不能接反，否则将烧毁 ECU 与电子元器件。
（6）禁止使用起动电源辅助起动发动机，防止损坏电控系统部件。
（7）禁止触碰任何带安全警示标志的部件。
（8）实训期间严禁嬉戏打闹。

异常记录：＿＿＿＿＿＿＿＿＿＿＿＿＿＿＿＿＿＿＿＿＿＿＿＿＿＿＿＿＿＿＿＿＿＿＿

2. 场地检查

检查工作场地是否清洁及存在安全隐患，如不正常，应向老师汇报并及时处理。

异常记录：＿＿＿＿＿＿＿＿＿＿＿＿＿＿＿＿＿＿＿＿＿＿＿＿＿＿＿＿＿＿＿＿＿＿＿

3. 车辆、台架、总成、部件检查（需要/正常打√；不需要/不正常打×，并记录）

☐整车（一汽大众迈腾 B8 整车，或其他同类车辆）　☐台架（整车电气系统台架）
☐总成　☐部件
异常记录：_____

4. 设备及工具检查（需要/正常打√；不需要/不正常打×，并记录）

个人防护装备：☐常规实训工装　☐手套　☐劳保鞋
其他：_____
车辆防护装备：☐翼子板布　☐前格栅布　☐地板垫　☐座椅套　☐转向盘套
其他：_____
设备及拆装工具：☐举升机　☐发动机吊机　☐变速器托架　☐抽排气系统　☐拆装工具
　　　　　　　☐故障诊断仪　☐示波器　☐数字万用表
其他：_____
异常记录：_____

5. 其他材料检查（需要/正常打√；不需要/不正常打×，并记录）

材料：☐抹布　☐绝缘胶布
其他：_____
异常记录：_____

三、操作流程

根据制订的计划实施，完成以下任务并记录。

项目 1：刮水器系统检修

实训车型：_____

（1）刮水器电动机的拆卸

异常记录：_____

（2）刮水器电动机的检查

刮水器电动机的检查记录：

检查项目	检查结果	维修方案
低速检查		
高速检查		
间歇检查		

（3）刮水器电动机的安装

异常记录：_____

项目 2：洗涤器系统检修

实训车型：_____

提示：教师提前设置故障

（1）故障验证

确认洗涤液液位及验证故障是否存在。

验证记录：_____

（2）记录洗涤器系统不工作的检查项目

检查项目	检查结果	维修方案
熔丝、继电器、线路		
洗涤器开关检查		
洗涤泵电动机检查		
洗涤器系统其他检查		
发动机舱盖开关检查		

任务评价

一、自我评估

1. 判断题

（1）雨水少的地区的车辆没必要装备刮水器系统。 （   ）
（2）刮水器电动机通常采用永磁交流电动机。 （   ）
（3）刮水片需要定期检查和更换。 （   ）
（4）刮水器在开关关闭后应该能够复位。 （   ）
（5）风窗玻璃洗涤器配合刮水片一起工作以清洁风窗玻璃。 （   ）

2. 单项选择题

（1）刮水器系统由（   ）组成。
　　A．电动机　　　B．传动机构　　C．摇臂和刮水片　　D．以上都是
（2）常见的刮水器系统档位有（   ）。
　　A．关闭　　　　B．低速、高速　　C．间歇　　　　　D．以上都是
（3）电动机转动大约（   ）圈时，复位停靠开关保持在运行位置。
　　A．9/10　　　　B．1/10　　　　　C．2/10　　　　　D．以上都错误
（4）蓄电池电压施加到的绕组越少，磁力越小，电动机转速（   ）。
　　A．变低　　　　B．一样　　　　　C．变高　　　　　D．以上都错误
（5）洗涤器储液罐内的液位降至低于满刻度线的（   ）位置时，洗涤液液位开关将会关闭。
　　A．1/2　　　　　B．1/3　　　　　C．1/4　　　　　D．1/5
（6）为了让驾驶人及时发现玻璃清洗液不足，一些车辆配备了（   ）指示灯。
　　A．准确液位　　B．基本液位　　　C．高液位　　　　D．低液位

二、自我评价

1. 通过本任务的学习，对照本任务的学习目标，你认为你是否已经掌握学习目标？
　　知识目标：（   ）
　　A．掌握　　　　B．部分掌握　　　C．未掌握
　　说明：_____
　　技能目标：（   ）
　　A．掌握　　　　B．部分掌握　　　C．未掌握

说明：_____

2. 你是否积极学习，不会的内容积极向别人请教，会的内容积极帮助他人学习？（　　）
   A．积极学习　　　　　　　　　　B．积极请教
   C．积极帮助他人　　　　　　　　D．三者均不积极
3. 工具设备和零件有没有落地现象发生，有无保持作业现场的清洁？（　　）
   A．无落地且场地清洁　　　　　　B．有颗粒落地
   C．保持作业环境清洁　　　　　　D．未保持作业现场的清洁
4. 实施过程中是否注意操作质量和有责任心？（　　）
   A．注意质量，有责任心　　　　　B．不注意质量，有责任心
   C．注意质量，无责任心　　　　　D．全无
5. 在操作过程中是否注意清除隐患，在有安全隐患时是否提示其他同学？（　　）
   A．注意，提示　　　　　　　　　B．不注意，未提示

　　　　　　　　　　　　　　　　学生签名：_____　　____年____月____日

三、教师评价及反馈

参照成果展示的得分，学生本次任务成绩

请在□上打✓：□不合格　□合格　□良好　□优秀

说明：_____

　　　　　　　　　　　　　　　　教师签名：_____　　____年____月____日

任务工单二　电动车窗与天窗系统检修

学生姓名		班　　级		学　　号	
实训场地		学　　时		日　　期	

技能操作

一、工作任务

本工作任务共有 2 项：

项目 1：电动车窗功能检查与防夹功能设定

项目 2：电动天窗功能检查与初始化设定

请根据任务要求，确定所需要的场地和物品，并对小组成员进行合理分工，制订详细的工作计划。

二、准备工作

落实安全须知，检查及记录完成任务需要的场地、设备、工具及材料。

1. 安全要求及注意事项

请认真阅读以下内容：

（1）实训车辆按要求停在指定工位上，未经老师批准不准起动；经老师批准起动，应先检查车轮的安全顶块是否放好、驻车制动是否拉好、变速杆是否放在 P 位（A/T）或空档（M/T）、车前车后没有人在操作。
（2）发动机运行时不能把手伸入，防止造成意外事故。
（3）没有经过老师批准不允许随意连接或拔下电控元器件。
（4）点火开关接通时，不允许连接或拔下电控系统元器件的插接器。
（5）蓄电池的极性不能接反，否则将烧毁 ECU 与电子元器件。
（6）禁止使用起动电源辅助起动发动机，防止损坏电控系统部件。
（7）禁止触碰任何带安全警示标志的部件。
（8）实训期间严禁嬉戏打闹。

异常记录：

2. 场地检查

检查工作场地是否清洁及存在安全隐患，如不正常，应向老师汇报并及时处理。

异常记录：

3. 车辆、台架、总成、部件检查（需要 / 正常打√；不需要 / 不正常打 ×，并记录）

□整车（一汽大众迈腾 B8 整车，或其他同类车辆）　□台架（整车电气系统台架）
□总成　□部件

异常记录：

4. 设备及工具检查（需要/正常打√；不需要/不正常打×，并记录）

个人防护装备：□常规实训工装　□手套　□劳保鞋
其他：_____
车辆防护装备：□翼子板布　□前格栅布　□地板垫　□座椅套　□转向盘套
其他：_____
设备及拆装工具：□举升机　□发动机吊机　□变速器托架　□抽排气系统　□拆装工具
　　　　　　　　□故障诊断仪　□示波器　□数字万用表
其他：_____
异常记录：_____

5. 其他材料检查（需要/正常打√；不需要/不正常打×，并记录）

材料：□抹布　□绝缘胶布
其他：_____
异常记录：_____

三、操作流程

根据制订的计划实施，完成以下任务并记录。

项目1：电动车窗功能检查与防夹功能设定

实训车型：_____

（1）电动车窗功能检查

电动车窗功能检查与防夹设定记录：

检查项目	检查结果
检查车窗锁止开关	
检查手动上升/下降功能	
检查自动升降功能	
检查防夹功能	

（2）防夹功能设定操作

异常记录：_____

项目2：电动天窗功能检查与初始化设定

实训车型：_____

（1）电动天窗功能检查

电动天窗功能检查记录：

检查项目	检查结果
电动天窗自动开启/关闭功能检查	
点火开关置于OFF位置后滑动天窗的工作情况检查	
电动天窗防夹功能检查	

（2）初始化设定操作

异常记录：_____

任务评价

一、自我评估

1. 判断题

（1）电动车窗开关位于驾驶人侧，能锁止所有车窗的操作功能。（   ）
（2）每个电动车窗装有两套控制开关，分别由驾驶人和所在位置的乘客控制。（   ）
（3）如果蓄电池断开、熔丝熔断或更换部件，一键式车窗功能可能失效。（   ）
（4）驱动电动车窗的升和降的电动机属于交流电动机。（   ）
（5）电动车窗防夹功能起作用时车窗无法动作。（   ）
（6）电动机通过传动机构为天窗的开启和关闭提供动力。（   ）
（7）电动天窗关闭后自动打开，一定是电动机坏了。（   ）
（8）电动天窗一般可以滑动和斜升。（   ）
（9）天窗控制开关一般安装在前排座椅的车顶中央部位，为方便操作，有些天窗控制开关和车内阅读灯开关放在一块。（   ）

2. 单项选择题

（1）以下（   ）不属于天窗的功能。
　　A. 通风　　　　　B. 透气　　　　C. 提供动力性　　D. 视野好
（2）电动车窗主要由（   ）等组成。
　　A. 控制开关　　　　　　　　　　B. 带车窗电动机的玻璃升降器
　　C. 车窗玻璃　　　　　　　　　　D. 以上都是
（3）以迈腾车型为例，电动车窗电路图中车窗电动机的代号是（   ）。
　　A. J386　　　　B. V147　　　　C. E710　　　　D. E715
（4）常见的电动车窗玻璃升降器的类型是（   ）。
　　A. 手动式和电动式　　　　　　　B. 手动式和自动式
　　C. 齿扇式和绳轮式　　　　　　　D. 齿轮式和螺杆式
（5）电动车窗关闭过程中遇到任何物体，则车窗将会反向操作并打开，这个功能称为（   ）。
　　A. 自动下降功能　　　　　　　　B. 自动上升功能
　　C. 防夹功能　　　　　　　　　　D. 保护功能
（6）以迈腾车型为例，天窗控制电路图中，J245代表（   ）。
　　A. 中央控制单元　　　　　　　　B. 天窗按钮
　　C. 天窗电动机　　　　　　　　　D. 天窗控制单元

二、自我评价

1. 通过本任务的学习，对照本任务的学习目标，你认为你是否已经掌握学习目标？
　　知识目标：（   ）
　　A. 掌握　　　　B. 部分掌握　　　C. 未掌握
　　说明：_____

技能目标：（　　）
  A．掌握　　　　　　　　B．部分掌握　　　C．未掌握
  说明：_____

2．你是否积极学习，不会的内容积极向别人请教，会的内容积极帮助他人学习？（　　）
  A．积极学习　　　　　　　　　　B．积极请教
  C．积极帮助他人　　　　　　　　D．三者均不积极

3．工具设备和零件有没有落地现象发生，有无保持作业现场的清洁？（　　）
  A．无落地且场地清洁　　　　　　B．有颗粒落地
  C．保持作业环境清洁　　　　　　D．未保持作业现场的清洁

4．实施过程中是否注意操作质量和有责任心？（　　）
  A．注意质量，有责任心　　　　　B．不注意质量，有责任心
  C．注意质量，无责任心　　　　　D．全无

5．在操作过程中是否注意清除隐患，在有安全隐患时是否提示其他同学？（　　）
  A．注意，提示　　　　　　　　　B．不注意，未提示

              学生签名：_____　　____年____月____日

三、教师评价及反馈

参照成果展示的得分，学生本次任务成绩
请在□上打 ✓：□不合格　□合格　□良好　□优秀
说明：_____

              教师签名：_____　　____年____月____日

任务工单三　电动座椅检修

学生姓名		班　级		学　号	
实训场地		学　时		日　期	

▶ 技能操作

一、工作任务

本工作任务共有 1 项：

项目：电动座椅检查与故障诊断

请根据任务要求，确定所需要的场地和物品，并对小组成员进行合理分工，制订详细的工作计划。

二、准备工作

落实安全须知，检查及记录完成任务需要的场地、设备、工具及材料。

1. 安全要求及注意事项

请认真阅读以下内容：

（1）实训车辆按要求停在指定工位上，未经老师批准不准起动；经老师批准起动，应先检查车轮的安全顶块是否放好、驻车制动是否拉好、变速杆是否放在 P 位（A/T）或空档（M/T）、车前车后没有人在操作。

（2）发动机运行时不能把手伸入，防止造成意外事故。

（3）没有经过老师批准不允许随意连接或拔下电控元器件。

（4）点火开关接通时，不允许连接或拔下电控系统元器件的插接器。

（5）蓄电池的极性不能接反，否则将烧毁 ECU 与电子元器件。

（6）禁止使用起动电源辅助起动发动机，防止损坏电控系统部件。

（7）禁止触碰任何带安全警示标志的部件。

（8）实训期间严禁嬉戏打闹。

异常记录：_____

2. 场地检查

检查工作场地是否清洁及存在安全隐患，如不正常，应向老师汇报并及时处理。

异常记录：_____

3. 车辆、台架、总成、部件检查（需要/正常打√；不需要/不正常打 ×，并记录）

□整车（一汽大众迈腾 B8 整车，或其他同类车辆）　□台架（电动座椅台架）

□总成　□部件

异常记录：_____

4. 设备及工具检查（需要/正常打√；不需要/不正常打 ×，并记录）

个人防护装备：□常规实训工装　□手套　□劳保鞋

其他：_____

车辆防护装备：□翼子板布　　□前格栅布　　□地板垫　　□座椅套　　□转向盘套
其他：_____
设备及拆装工具：□举升机　　□发动机吊机　　□变速器托架　　□抽排气系统　　□拆装工具
　　　　　　　　□故障诊断仪　　□示波器　　□数字万用表
其他：_____
异常记录：_____

5.其他材料检查（需要/正常打√；不需要/不正常打×，并记录）
材料：□抹布　　□绝缘胶布
其他：_____
异常记录：_____

三、操作流程

根据制订的计划实施，完成以下任务并记录。

项目：电动座椅检查与故障诊断

实训车型：_____

提示：教师提前设置故障。

（1）电动座椅检查

电动座椅检查记录：

检查项目	检查结果
检查座椅前后移动功能	
检查座椅倾斜功能	
检查座椅其他功能	

（2）电动座椅故障诊断

如果电动座椅发生故障，写出维修方案。
全部调节功能失效：_____
部分调节功能失效：_____

任务评价

一、自我评估

1.判断题

（1）电动座椅可以有效减轻驾驶疲劳。　　　　　　　　　　　　　　　　　　　　（　　）
（2）电动座椅的靠枕都不能进行电动的调节。　　　　　　　　　　　　　　　　　（　　）
（3）有些车型电动座椅还具有电加热和记忆功能。　　　　　　　　　　　　　　　（　　）
（4）电动座椅熔丝烧断只会导致电动座椅一个方向不能调节。　　　　　　　　　　（　　）
（5）电动座椅的调节电动机一般可以进行两个方向的调节。　　　　　　　　　　　（　　）

2.单项选择题

（1）下列（　　）不属于电动座椅不能上下调节的可能原因。
　　　A．座椅开关故障　　　　　　　　　　B．上下移动电动机故障

C．电动座椅熔丝熔断　　　　　　　D．以上都不对
（2）高端车型电动座椅系统针对（　　）具有座椅位置记忆功能。
　　A．驾驶人座椅　　B．前排乘客座椅　C．后排座椅　　D．全部座椅
（3）为了帮助缓解驾乘人员的疲劳按下控制按钮时，座椅靠背内的一排排滚柱将会上下移动，这是座椅的（　　）功能。
　　A．调节　　　　　B．腰部支撑　　　C．按摩　　　　D．以上都不对
（4）电动座椅中，四个方向可以调的通常使用（　　）电动机。
　　A．1个　　　　　B．2个　　　　　C．3个　　　　D．4个
（5）迈腾车型电路图中，（　　）代表座椅纵向调整按钮。
　　A．E336　　　　B．E418　　　　C．E421　　　D．J136

二、自我评价

1．通过本任务的学习，对照本任务的学习目标，你认为你是否已经掌握学习目标？
　　知识目标：（　　）
　　A．掌握　　　　　B．部分掌握　　　C．未掌握
　　说明：_____
　　技能目标：（　　）
　　A．掌握　　　　　B．部分掌握　　　C．未掌握
　　说明：_____
2．你是否积极学习，不会的内容积极向别人请教，会的内容积极帮助他人学习？（　　）
　　A．积极学习　　　　　　　　　　　B．积极请教
　　C．积极帮助他人　　　　　　　　　D．三者均不积极
3．工具设备和零件有没有落地现象发生，有无保持作业现场的清洁？（　　）
　　A．无落地且场地清洁　　　　　　　B．有颗粒落地
　　C．保持作业环境清洁　　　　　　　D．未保持作业现场的清洁
4．实施过程中是否注意操作质量和有责任心？（　　）
　　A．注意质量，有责任心　　　　　　B．不注意质量，有责任心
　　C．注意质量，无责任心　　　　　　D．全无
5．在操作过程中是否注意清除隐患，在有安全隐患时是否提示其他同学？（　　）
　　A．注意，提示　　　　　　　　　　B．不注意，未提示

　　　　　　　　　　　　　　　学生签名：_____　___年___月___日

三、教师评价及反馈

参照成果展示的得分，学生本次任务成绩
请在□上打✓：□不合格　□合格　□良好　□优秀
说明：_____

　　　　　　　　　　　　　　　教师签名：_____　___年___月___日

任务工单四　电动后视镜检修

学生姓名		班　　级		学　　号	
实训场地		学　　时		日　　期	

技能操作

一、工作任务

本工作任务共有 1 项：

项目：电动后视镜检查与故障诊断

请根据任务要求，确定所需要的场地和物品，并对小组成员进行合理分工，制订详细的工作计划。

二、准备工作

落实安全须知，检查及记录完成任务需要的场地、设备、工具及材料。

1. 安全要求及注意事项

请认真阅读以下内容：

（1）实训车辆按要求停在指定工位上，未经老师批准不准起动；经老师批准起动，应先检查车轮的安全顶块是否放好、驻车制动是否拉好、变速杆是否放在 P 位（A/T）或空档（M/T）、车前车后没有人在操作。
（2）发动机运行时不能把手伸入，防止造成意外事故。
（3）没有经过老师批准不允许随意连接或拔下电控元器件。
（4）点火开关接通时，不允许连接或拔下电控系统元器件的插接器。
（5）蓄电池的极性不能接反，否则将烧毁 ECU 与电子元器件。
（6）禁止使用起动电源辅助起动发动机，防止损坏电控系统部件。
（7）禁止触碰任何带安全警示标志的部件。
（8）实训期间严禁嬉戏打闹。

异常记录：_____

2. 场地检查

检查工作场地是否清洁及存在安全隐患，如不正常，应向老师汇报并及时处理。
异常记录：_____

3. 车辆、台架、总成、部件检查（需要/正常打√；不需要/不正常打×，并记录）

☐整车（一汽大众迈腾 B8 整车，或其他同类车辆）　☐台架（整车电气系统台架）
☐总成　☐部件
异常记录：_____

4. 设备及工具检查（需要/正常打√；不需要/不正常打×，并记录）

个人防护装备：☐常规实训工装　☐手套　☐劳保鞋
其他：_____

车辆防护装备：□翼子板布　□前格栅布　□地板垫　□座椅套　□转向盘套
其他：_____
设备及拆装工具：□举升机　□发动机吊机　□变速器托架　□抽排气系统　□拆装工具
　　　　　　　　□故障诊断仪　□示波器　□数字万用表
其他：_____
异常记录：_____

5. 其他材料检查（需要/正常打√；不需要/不正常打×，并记录）

材料：□抹布　□绝缘胶布
其他：_____
异常记录：_____

三、操作流程

根据制订的计划实施，完成以下任务并记录。

项目：电动后视镜检查与故障诊断

实训车型：_____

提示：教师提前设置故障。

（1）电动后视镜检查

电动后视镜检查记录：

检查项目	检查结果
检查左边后视镜调节功能	
检查右边后视镜调节功能	
检查左边后视镜折叠功能	
检查右边后视镜折叠功能	
检查后视镜其他功能	

（2）电动后视镜故障诊断

如果电动后视镜发生故障，写出维修方案。

全部调节功能失效：_____
部分调节功能失效：_____

任务评价

一、自我评估

1. 判断题

（1）汽车后视镜用于反映汽车后方的情况。　　　　　　　　　　　　（　　）
（2）汽车后视镜，通常分为车外和车内两种。　　　　　　　　　　　（　　）
（3）车内后视镜一般都具有防眩目功能。　　　　　　　　　　　　　（　　）
（4）汽车后视镜的加热功能很多时候是因为里面加装了加热丝。　　　（　　）
（5）有的车型后视镜具备可折叠功能。　　　　　　　　　　　　　　（　　）

2. 单项选择题

（1）汽车后视镜属于重要（　　），它的镜面、外形和操纵都颇讲究。
　　A．易损件　　　　B．消耗件　　　　C．保险件　　　　D．安全件

（2）凸面镜，镜面呈球面状，具有大小不同的曲率半径，它的映像比目视（　　），但视野范围大。
　　A．小　　　　　　B．大　　　　　　C．远　　　　　　D．近

（3）自动防眩目后视镜一般安装在车厢内，是由一面特殊镜子和两个（　　）组成。
　　A．光电二极管　　B．环境光照传感器　C．红外测温仪　　D．霍尔传感器

（4）典型的电动后视镜电路是一个（　　）。
　　A．独立的电路　　B．非独立回路　　C．单开关回路　　D．双开关回路

（5）按下电动后视镜折叠键，可以使后视镜折叠，提高了车辆的（　　）。
　　A．动力性　　　　B．经济性　　　　C．环保性　　　　D．通过性

二、自我评价

1. 通过本任务的学习，对照本任务的学习目标，你认为你是否已经掌握学习目标？
　　知识目标：（　　）
　　A．掌握　　　　　B．部分掌握　　　C．未掌握
　　说明：_____
　　技能目标：（　　）
　　A．掌握　　　　　B．部分掌握　　　C．未掌握
　　说明：_____

2. 你是否积极学习，不会的内容积极向别人请教，会的内容积极帮助他人学习？（　　）
　　A．积极学习　　　　　　　　　　　B．积极请教
　　C．积极帮助他人　　　　　　　　　D．三者均不积极

3. 工具设备和零件有没有落地现象发生，有无保持作业现场的清洁？（　　）
　　A．无落地且场地清洁　　　　　　　B．有颗粒落地
　　C．保持作业环境清洁　　　　　　　D．未保持作业现场的清洁

4. 实施过程中是否注意操作质量和有责任心？（　　）
　　A．注意质量，有责任心　　　　　　B．不注意质量，有责任心
　　C．注意质量，无责任心　　　　　　D．全无

5. 在操作过程中是否注意清除隐患，在有安全隐患时是否提示其他同学？（　　）
　　A．注意，提示　　　　　　　　　　B．不注意，未提示

学生签名：_____　　____年____月____日

三、教师评价及反馈

参照成果展示的得分，学生本次任务成绩
请在□上打 ✓：□不合格　□合格　□良好　□优秀
说明：_____

教师签名：_____　　____年____月____日

策划编辑◎齐福江/封面设计◎张静

策划编辑电话：010-88379160

ISBN 978-7-111-69963-7

定价：69.00元